생활인 이규보

이 저서는 2008년도 정부재원(교육부 인문사회연구역량강화사업비)으로
한국연구재단의 지원을 받아 연구되었음(NRF-2008-812-A002602).

생활인 이규보

김용선 지음

일조각

그의 시를 읊고, 그의 글을 읽으면서도,

그를 알지 못한대서야 쓰겠느냐?

頌其詩 讀其書 不知其人 可乎

(『맹자孟子』 만장萬章 하下)

차 례

머리글 왜 이규보인가? 9

제1장
수험생

1. 아버지 이윤수 21
2. 성명재 입학 24
3. 사학의 특별교육 28
4. 과외 33
5. 국자감시 38
6. 예부시 43

제2장
관리

1. 구직 55
2. 파면 68
3. 두 번째 구직 72
4. 좌천 79
5. 유배 85

제3장
가장

1. 집안 101
(1) 친가 · 외가 · 형제 _ 101
(2) 처가 _ 107
(3) 아내 _ 109
(4) 자녀 _ 118

2. 살림 126
3. 가난 133

제4장
인맥

1. 7현 143

2. 좌주·동년·문생 149

(1) 국자감시 _ 149
(2) 예부시 _ 151
(3) 문생 _ 155

3. 친구 158

4. 승려 166

제5장
음주와 풍류

1. 음주 177

(1) 주마酒魔 _ 177
(2) 백주白酒 _ 184
(3) 질그릇 잔 _ 187

2. 풍류 189

(1) 서실 풍경 _ 190
(2) 사륜정四輪亭 _ 200

제6장
질병

1. 젊은 시절 209

2. 질환 214

3. 의료지식 215

4. 노병老病과 시병詩病 220

나머지 말 229

이규보 연보 233
끝머리에 243
찾아보기 245

1.

이 책은 고려사람 이규보李奎報(1168~1241)가 어떻게 살아갔는가 하는 것을 탐구한 이야기이다. 이규보는 중국 당나라의 위대한 시인인 이태백李太白에 빗대어 '주필 이당백走筆 李唐白'이라는 별명을 들을 만큼 문학적 명성을 크게 떨쳤고, 장편 서사시인 「동명왕편東明王篇」을 비롯한 유명한 작품을 많이 지은 인물로 잘 알려져 있다. 그러나 이 책에서 다루고자 하는 내용은 그의 문학 세계와는 관련이 없는 다른 이야기이다.

이규보는 1168년(의종 22)에 태어나 1241년(고종 28)에 죽기까지 74년이라는 긴 생애를 보냈다. 그가 살던 12~13세기는 고려 무인정권 시대이기도 한데, 당시 격변하던 사회 안에서 그는 기나긴 생애만큼이나 다양한 삶을 살았다.

우선 당시의 대다수 문인들과 마찬가지로, 그도 출세를 하기 위해서는 무엇보다도 과거에 합격하는 것을 가장 중요하게 여겼다. 그러나 어려서부터 뛰어난 문학적 재능을 보였음에도 불구하고 정작 그가 과거에 합격하기까지 걸어야 했던 길은 그리 순탄한 것만은 아니었다. 또 과거에 합격한 뒤의 희망찬 기대와는 달리 그가 관직을 처음 받은 것은 합격한 지 10년이나 지나서였다. 역시 온갖 어려움 끝에 겨우 얻은 그 관직이라는 것도 중앙 부처가 아니라 먼 지방의 일개 말단 행정직에 불과했다. 그러나 그마저도 임기를 미처 다 채우지 못하고 1년 조금 지나 파면되고 말았다. 이후에도 관운은 따라 주지 않아 갖은 고생을 겪다가, 나이 40세가 되어서야 중앙의 하위 관직, 그것도 임시직을 얻게 되었고, 중견 관리라 할 수 있는 6품직에 임명된 것은 40대의 후반이나 되어서였다. 이제 겨우 출세의 길이 보이는가 했지만 50대에는 탄핵을 당해 다시 면직되었다가 지방으로 좌천되었고, 또 60세가 넘은 나이에는 외딴섬으로 유배를 가는 등 고비마다 관료로서의 쓴맛을 골고루 경험했다. 이러한 점에서 이규보의 이야기는 무인정권 시대를 살다 간 한 문인 지식인의 이야기이자, 순탄하지 않은 관직생활을 한 고려시대 한 관료의 이야기이기도 하다.

한편 신분적으로 전통적인 문벌귀족이 아니라 지방 향리가문 출신이었던 이규보는 경제적으로는 중소지주 계층이었다. 그러나 장기간의 실직 상태는 그를 극도의 궁핍 속으로 몰아넣었고, 그의 가족들도 극심한 가난에 시달릴 수밖에 없었다. 또한 가세家勢가 그다지 번성하지 않은 가문 출신이었던 그는 가족의 부양을 위해 한때는 본인이 직접 토지를 경작하기도 했다. 뿐만 아니라, 양식이 떨어지자 의복을 전당 잡혀 먹을 것을 바꿔 오는 일도 있었고, 이불은 고사하고 취사와 난방을 위한 숯이 없어서 온 식구들이 차디찬 냉골에서 한겨울 추위와 굶주림에 떠는 일도 다반사였다. 또 60대의 후반기에는 고위직에 오르기는 했으나, 몽고와의 항쟁을 위해 강화도로 갑작스럽게 수도를 옮기는 바람에 녹봉도 제대로 받지 못하는 등 피난지에서 여전히 생활고에 시달려야 했다. 그러므로 이러한 점에서 이규보의 이야기는 당시 격변하던 사회에서 가족을 어떻게 부양하고 자녀를 어떻게 가르치면서 가정을 꾸려 갔는가 하는 한 가장의 이야기이기도 하다.

정치적으로 불우하고 경제적으로 무능한 이규보였지만, 그에게는 많은 친구들이 있었다. 이들 중에는 최고 권력자의 자제들도 있었지만 반체제적인 지식인도 있었고, 과거시험 동기생이 있는가 하면 승려도 있었고, 또 연령을 초월하여 깊은 교분을 맺은 친구들도 있었다. 이처럼 다양한 출신과 성향을 가진 인물들과 인맥을 형성한 이규보는 어려움에 처할 때마다 그들에게 정신적인 도움은 물론이고, 정치적이거나 물질적인 도움도 크게 받았다. 또 이들 친구의 자녀 중에는 이규보의 자녀들과 혼인관계를 맺은 이도 있다. 그러므로 이러한 점에서 이 이야기는 폐쇄적인 신분제 사회에서 인맥이 어떻게 형성되고, 복잡하게 얽힌 그 관계는 개인의 생활에 어떠한 영향을 주었는가 하는 점을 보여 주는 것이기도 하다.

이규보는 참으로 술을 좋아했다. 본인 자신이 엄청난 애주가이자 호주가였던 터에 친구들과의 사귐에서도 술은 절대로 빠질 수가 없었다. 경제적으로 매우 쪼들리던 당시에도 친구가 찾아오면 옷가지를 전당 잡혀서라도 술을 구해 와 대접할 정도였다. 그렇다면 이규보가 즐겨 마신 술은 어떠한 종류의 것이었고, 그에게 술은 어떠한 의미가 있었는지 궁금해진다. 당시 사회에서도 술이라는 것은 단순한 음식이기 이전에, 음주라고 하는 행위를 통하여 그 사회를 엿볼 수 있는 중요한 문화의 코드로 확고하게 자리를 잡고 있었던 것이다.

이 술자리에서는 당연히 자신들이 지은 시를 읊거나 타인의 작품을 감상하고 토론하는 문학적 성찬도 마련되었지만, 동시에 음악을 연주한다거나 바둑을 두는 등 갖가지 운치 있는 일들도 행해졌다. 이런 것들을 뭉뚱그려서 '풍류風流'라고 부를 수 있을 것이다. 정작 이규보 자신도 문학 이외에 거문고 연주나 바둑에도 일가견이 있었고, 비록 화려하지는 않았지만 서실을 나름대로 격조 있게 꾸미는 등 여러 가지로 풍류를 즐겼다. 이러한 점에서 이규보의 이야기는 당시 교양 있는 지식인들이라면 필수적으로 누렸던 풍류생활의 모습이 어떠한 것이었는가 하는 점도 잘 보여 준다.

이규보는 74세의 긴 생애를 보내면서 여러 가지 병고에 시달리기도 했다.

태어난 지 석 달 만에 악성 종기가 온몸에 퍼져 생사의 기로를 헤맨 이후, 자라서도 소갈증이나 수전증, 피부병, 심한 안질 등 갖가지 질병을 앓았다. 이규보는 이들 질환을 치료하고자 제도권 의학에 의존하기도 했으나 때로는 민간요법에 의한 효험도 많이 보았다. 또한 본인 자신이 적지 않은 의학적 소양을 갖추고 있기도 했다. 그러므로 각종 질환에 시달리던 이규보의 이야기는 당시 의료체제의 실상을 보여 주는 이야기가 되기도 한다.

2.

이규보의 생애를 추적하면서 이 책에서 보여 주고자 하는 이야기를 이와 같이 대략 적었거니와, 이것은 다시 말해 궁극적으로 이규보라는 이름을 가진 사람을 통해 12~13세기의 고려시대 사람이 어떻게 살아갔는가 하는 모습을 찾아가는 이야기이다. 그는 천재적인 문학가이기 이전에 과거 합격을 위해 안간힘을 쓰던 수험생이었고, 파직과 탄핵과 유배라는 쓴맛을 골고루 겪은 관리였고, 가족의 경제와 자녀의 교육을 책임져야 했던 가장인 동시에 술과 풍류를 즐기던 사람이었으며, 한편으로 갖가지 병고에 시달리던 사람이었다는 점에 주목하고자 한다.

그는 일생을 살아가면서 자신에게 닥친 불우함에 대해 분노하고 좌절하기도 했고, 때로는 극심한 배신감을 느끼기도 했다. 그 상황에서 벗어나고자 타협하거나 굴복하거나 자존심을 굽히는 경우도 자주 있었다. 그러나 그는 기본적으로는 소탈하면서도 낙천적인 성격을 가진 채 나름대로 소신과 원칙을 지키려고 애를 썼고, 가부장적인 신분제 사회에서도 아내와 자녀를 매우 사랑했으며, 친구들과도 이해관계를 떠나서 깊은 우정을 나눈 인물이었다.

어쩌면 이와 같은 모습은 비단 이규보가 아니더라도 당시 고려시대의 인물이라면 누구나 겪었음 직한 일이기도 할 것이다. 그러므로 이규보라는 한 인간이 살아가면서 경험해야 했던 다양한 일들을 구체적으로 추적해 가면서, 이 책의 서술형식은 일반적인 '평전評傳'과는 전혀 다른 태도를 유지하기로 한다. 이 책에서 이규보의 행위나 판단과 결정에 대해 그것이 긍정적이었다거나 또는 부정적이었다거나 하는 주관적 평가를 내릴 의도는 전혀 없다. 그에 대한 옹호나 변론, 비난이나 비판보다는 그러한 삶을 살 수밖에 없었던 바로 그 입장을 '이해'하고자 할 뿐이다. 이에 따라 가능한 한 가치중립적이고 객관적인 역사가의 시각으로 12~13세기의 고려 무인정권 사회라는 거대한 틀 안에서 한 사람의 삶이 어떻게 전개되었고, 그러한 삶은 그 사회와 어떠한 상관관계를 가졌는가를 보고자 하는 것이다. 이러한 점에서 이 책은 미시사적인 시각으로 접근하는 고려시대의 사회사 또는 생활사에 대한 연구라고 말하고 싶다. 이 책의 제목을 '생활인 이규보'라고 붙인 이유도 바로 여기에 있다.

이규보에 대한 주요한 기록으로는 당연히 그의 문집인 『동국이상국집東國李相國集』을 꼽을 수밖에 없다. 이 책은 방대한 작품을 남긴 위대한 문학자를 기리기 위해 당시 집권자인 최우崔瑀(최이崔怡)의 적극적인 지원 아래 이규보의 생전에 이미 출간이 기획된 것이었다. 그러나 아쉽게도 이규보는 이 책의 출간을 직접 보지 못하고 사망했는데, 이 책은 그가 죽은 지 석 달 뒤인 고종 28년(1241) 12월에 간행되었다. 이때, 처음부터 문집의 편찬을 주도했던 이규보의 아들 이함李涵은 『동국이상국집』 41권에 누락되어 있는 작품 800여 편을 다시 발굴하고 정리하여 『후집後集』 12권을 추가로 간행함으로써, 『동국이상국집』은 총 53권으로 이루어지게 되었다.[1] 특히 이함은 부친의 「연보」를 작성하여 이 문집의 앞머리에 붙였는데, 이 연보는 이규보의 세세한 이력이나 작품 제작시기 등을 찾아보는 데 큰 도움을 주고 있다.

이 문집에는 이규보가 지은 시 이외에도 편지[手書·手簡]·어록語錄·기記·설說·서書·묘지명墓誌銘·제문祭文 등 다양한 장르의 글들이 수록되어 있다. 그러나 이 책에서는 이 작품들을 문학적 탐구대상이 아니라 그의 삶의 궤적을 보여 주는 하나의 텍스트, 즉 사료로서 이해하고 분석하고자 한다. 예컨대 다음과 같은 시 한 편을 들어 보기로 하자.

옥당의 늙은이가 임금의 행차를 수행할 때	玉堂老漢隨黃屋
궁궐의 선인이 자주색 관복을 보내 주었네	金闕仙人寄紫衣
청산의 소나무 아래 길은 10리에 뻗쳤는데	十里青山松下路
온몸 가득히 무늬가 빛나니 아침 햇살이 시샘하네	滿身文彩鬪朝暉

(『동국이상국집』 전집 권13 고율시)

이 시는 옥당, 즉 한림원에 근무하던 이규보가 임금의 행차를 수행하면서의 경험과 느낌을 적은 것이다. 이규보는 이 시에서 자주색 관복을 입은 자신의 출세를 아침 햇살이 시샘할 정도라고 자랑스럽게 여기고 있다. 그러나그 자랑스러운 마음을 그가 표현한 그대로 받아들일 수 있을 것인가? 이 시가 지어진 시점이나 당시의 상황을 '확대경을 들고' 좀 더 세밀하게 검토해 보기로 하자.

이규보의 「연보」를 보면, 오랜 실직생활 끝에 겨우 관직을 받아 처음으로한림원에 들어가게 된 것은 그의 나이 40세 때였다. 따라서 이 시는 그 직후에 지은 것으로 추정할 수 있는데, 이 시에서 이규보는 자신을 '늙은이[老漢]'라고 표현하고 있다. 군이 이러한 단어를 쓴 것은, 사실은 다른 사람보다이 관직에의 부임이 상당히 늦었다는 사실을 말해 준다. 약간의 쑥스러움과함께 비꼬는 듯한 말투에서, 그토록 바라던 관직을 얻기는 했지만 마냥 기뻐할 노릇만은 아니라는 심정을 느낄 수 있다.

이러한 착잡한 기분과 관련하여 이 시의 제목도 중요한 사실을 담고 있다.제목이 「영통사에서 임금의 행차를 호종하며 아무개 한림원 관리에게서 자주색 관복을 빌려 입었다가 시와 함께 돌려주다[扈駕靈通寺 借某天院紫衣 以詩奉還]」라고 길게 붙여져 있는데, 제목 그 자체만으로도 당시 이규보의 옹색한 처지를 잘 보여 준다. 즉, 이 시는 40대에 겨우 한림원의 관리가 되기는했으나, 자신의 관복을 마련할 처지가 되지 못해 남의 옷을 빌려 입어야 했던 가난하고 나이 든 한 관리의 신세를 보여 주고 있는 것이라고 이해할 수 있다. 그와 같은 가난은 그동안의 오랜 실직 상태에서 비롯된 것임은 두말할 나위가 없다. 결국 이규보는 이 시에서 뒤늦은 출세가 자랑스럽기는 하지만, 한편으로는 여전히 경제적 궁핍에 시달리던 자신의 처지를 솔직하면서도 담담하게 말하고 있는 것이다.

이 책에서 다루고자 하는 방법론을 미리 보여 주기 위한 하나의 사례로 이 시를 언급했지만, 이와 같이 하나의 작품이 쓰인 배경이나 상황을 미시사적 관점을 통해 '확대기로 자세하게 들여다보면', 보면 볼수록 그 속에는 더 많은 이야기들이 들어 있다는 사실을 알 수 있다. 한 걸음 더 나아가 보면 겉으로 드러나는 이야기뿐만 아니라, 그와 같은 이야기를 들려주는 한 인물의 마음속 깊숙한 곳까지도 들여다볼 수 있게 되지 않을까 한다. 말하자면 서정시도 서사적인 구조로 읽어내되, 논·설 같은 산문이나 서사시도 그 아래에 깔린 정서를 찾아내어 서정적으로 읽어낸다는 것이다. 이 책은 바로 이러한 방식의 접근을 통해 고려시대를 살던 한 인간의 심성 및 다양하게 전개되던 삶의 모습을 구체적으로 찾아보고, 그가 살던 사회와 세계를 재구성하자는 데 그 근본 목적이 있는 것이다.[2]

3.

그렇다면 왜 하필이면 이규보인가?

무엇보다도 먼저 자료의 문제를 꼽을 수밖에 없다. 일상사나 생활사 연구를 하는 데 자료가 많을수록 한 개인의 삶을 더 세밀하게 파악할 수 있다는 것은 새삼스러운 사실도 아니다. 이러한 점에서 한국사의 경우 조선시대에 비해 고려시대의 연구는 큰 제약을 받을 수밖에 없다. 그러한 중에서도 이규보는 비교적 풍부한 자료를 남기고 있다.

어려서부터 신동 소리를 듣던 이규보는 74년이란 긴 세월을 살면서 실로 많은 작품을 지었다. 정확한 숫자는 알 수 없지만, 이규보는 자신이 평생 지은 시만 해도 8,000여 수는 될 것이라고 말한 바가 있다.[3] 그러나 그중에는 남들이 가져가서 돌려주지 않은 것도 있고 잃어버린 것도 있으며 또 스스로 불살라 없앤 것도 있어서, 이규보 생전에 이미 남아 있는 시는 열 중 두셋밖에 되지 않았다고 한다.[4] 이규보가 지은 모든 작품들이 지금 다 남아 있었으면 하는 아쉬움이 크지만, 다행스럽게도 『동국이상국집』에는 2,000여 편이 넘는 시와 산문이 수록되어 전해지고 있다. 이 정도 분량이면 지금 남아 있는 고려시대의 문집 중에서는 상당히 많은 편에 속한다.

다음으로, 작품의 양도 중요하지만 그에 못지않게 중요한 것은 내용이나 질이다. 이규보의 글 중에는 자신의 심정을 솔직하게 밝힌 것이 상당히 많다. 이와 관련하여 그가 '주필走筆의 대가'라는 평가를 받았다는 사실을 떠올릴 수 있을 것이다. 이러한 평판대로 그는 정말 시를 빠르게 지었다. 평상시에도 그러했지만 술에 대취했을 때에도 그러한 재능은 막힘이 없어서, 최충헌 같은 독재자도 이규보가 시를 짓는 광경을 직접 눈으로 보고는 '눈물을 흘릴' 정도로 감탄했다고 한다. 물론 그의 작품 중에는 장편 서사시인 「동명왕편」과 같이 오랫동안 시상이나 시구를 갈고닦으면서 완성시켰으리라고 짐작되는 것들도 있지만, 즉흥적으로 지은 것이 분명한 시도 상당히 많이 남아 있다. 즉흥적으로 지었다고 해서 그렇지 않은 시에 비해 반드시 더 진솔하다고 말할 수는 없을 것이다. 그러나 이와 같이 지은 시의 대부분에는 그 글을 지을 때의 꾸밈없는 모습이나 솔직한 심정이 잘 드러나 있다. 예컨대 「미인과 희롱하는 꿈을 꾸다가 깨고 나서 짓다」와 「이튿날 꿈에 또 미인과 희롱하다가 깨고 나서 또 짓다」라는 시는 74세 때의 3월 15일과 16일에 각각 지은 것인데(『동국이상국집』 후집 권9 고율시), 부인과의 잠자리를 달리한 지도 벌써 오래되었는데 민망하게도 미인과 희롱하는 꿈을 연거푸 꾼 자신의 심정을 솔직하면서도 담백하게 적고 있다. 이러한 시들은 이규보의 소탈하고도 진솔한 성품을 그대로 보여 주는 것으로, 고려 후기 성리학자들의 근엄하고 도학자연道學者然하는 작품들과는 매우 대조적이기도 하다.

한편 이규보는 자신의 작품을 통해 그 시가 지어진 배경을 설명하는 기록도 많이 남겼다. 남의 관복을 빌려 입은 사실을 제목에 밝힌 경우는 앞에서 보았지만, 이외에도 서문序文이나 협주夾註 등을 통해 그 작품을 쓰게 된 배경이나 그 내용의 일부를 설명해 주는 경우도 상당히 많다. 예컨대 30대 후반의 그가 구직을 애걸하며 지은 글인 「조영인 영공趙永仁 令公에게 올림」이라는 시는 작품 중간에 '나는 상국相國의 막내아들과 가장 친하고, 또 같은 해에 과거에 급제했습니다'라는 협주를 달아 놓았다.[5] 매우 짧은 기록이지만, 이 구절은 이규보가 구직운동을 하면서 친구 또는 친구의 아버지라는 인맥을 최대한 이용하고 있다는 점을 분명하게 보여 준다. 그 밖에도 이규보의 글 중에는 어찌 보면 중간중간에 지나가듯이 무심코 적은 기록 같은 것이 많다. 파편과도 같은 이 기록들을 조심스럽게 주목하면, 이규보의 삶과 관련하여 매우 소중한 정보를 얻어낼 수 있는 그야말로 제1급의 훌륭한 역사적 자료가 된다.

물론 대부분의 문학작품이 그러하듯이, 이규보의 글 역시 그 자체로 객관적인 역사적 사실을 말해 주지는 않는다. 특히 산문이 아닌 시 같은 것은 지나치게 온축된 표현이나 언어의 유희 등을 통해 객관적 사실은커녕 작가의 의도조차 제대로 이해할 수 없게 만드는 경우도 많다. 또 이규보는 어디까지나 당시 사회에서 엘리트에 속한 신분이었으므로, 그의 삶 자체가 당시의 기층적 신분이었던 민중들의 그것과 어떤 부분은 상당히 다를 수밖에 없을 것임은 분명하다. 이러한 점에서 그가 보여 주는 다양한 삶의 모습이 고려시대의 보편적인 생활사나 일상사와는 거리가 있을 수 있다.

그렇다고 하더라도 위에서 열거한 바와 같이 이규보는 고려시대 사람 그 누구보다도 자신의 삶의 모습에 관한 다양하고도 자세한 정보를 많이 제공해 주고 있다. 이 정보를 어떻게 효율적으로 수집하고 해독하고 이용할 것인가는 전적으로 우리의 몫이다. 우리에게 주어진 이 몫을 활용해 시간을 뛰어넘고 과거로 통하는 길을 찾아내어 이 책에서 그와 다시 만나게 되기를 기대한다. 이규보 역시 시공을 뛰어넘어 그러한 만남을 기다리고 있을 것이라 믿는다.

다음의 글에서 보듯이 이규보는 어느새 70대로 접어드는 자신의 모습을 보여 주면서, 무엇보다도 그 속에 담긴 자신의 참마음이 우리 후손들에게 전해지기를 간곡하게 희망하고 있기 때문이다.

수염은 거칠고 더부룩하며 입술은 두텁고 붉네	鬚鬖而靡 脣厚且頳
이는 어떤 사람인가 춘경(이규보의 字)과 닮은 듯하네	此何人者 似若春卿
과연 춘경이라면 그림자인가 실제인가	果是春卿 影耶形耶
실제라면 오히려 허망하여 다만 꿈과 같을 것이고	形尙虛妄 惟夢之似
더구나 그림자라면 꿈속의 꿈일 따름이네	何況是影 夢中夢爾
60여 년 세월의 부침이 이 한몸에 담겼으니	五紀升沈 區區一身
여덟 폭 흰 비단 가운데 엄연히 사람과 같네	八幅素中 儼然似人
마음을 그리기는 비록 어렵겠지만 조금은 진실을 드러내었으니	寫心雖難 微露于眞
무릇 내 자손들은 못난 내 모습을 비웃지 말고	凡我子孫 毋笑予醜
단지 그 마음만 전해 주면 조상들에게도 욕됨이 없으리	但傳其心 無忝祖考

「정이안이 내 초상화를 그렸기에 스스로 찬을 지어 말하다[丁而安寫予眞 自作贊曰]」,
『동국이상국집』 후집 권11 찬)

여러분이라면 이규보의 어떤 모습을 떠올릴 것인가. 그리고 그 속에 담긴 그의 마음을 어떻게 읽어낼 것인가.

주

1 앞으로 이 책에서는 원래의 『동국이상국집』에 실린 글을 '전집', 뒤에 추가로 보충한 글을 '후집'이라고 부르기로 한다. 『동국이상국집』의 편찬과 간행에 대해서는 김태욱, 「고려무인정권기 『동국이상국집』의 편찬과 간행」, 『아시아문화』 12, 한림대학교 아시아문화연구소, 1996 참고.

2 이 책의 원고를 출판사에 넘기고 교정을 보는 동안, 『이색의 삶과 생각』(이익주, 일조각, 2013)이라는 책이 출간되었다. 이 책은 이색의 문집인 『목은집』에 실린 시문을 주요 자료로 삼아 그의 삶과 생각을 밝히고 있는데, 이러한 연구방법론은 이 책에서 시도한 방식과 매우 흡사하다고 할 수 있다. 고려시대를 연구하면서 필자와 비슷한 관점을 가진 연구서의 출현을 반기는 바이다.

3 「유승단 시랑에게 주는 편지」, 『동국이상국집』 전집 권27 서.

4 『동국이상국집』 후집 서문.

5 『동국이상국집』 전집 권7 고율시.

옛날에 친구들은 나를 가리켜 3첩捷이라고 했다.

걸음이 재고, 말이 빠르고, 시를 빨리 짓는 것이 그것이었다.

(「백낙천의 '병중 15수'에 화답하여 차운하다」 중 「병중의 다섯 절구[病中五絶]」,
『동국이상국집』 후집 권2 고율시)

1. 아버지 이윤수

　명종 13년(1183)의 봄, 이규보의 아버지 이윤수李允綏는 수주水州(지금의
경기도 수원시)의 수령으로 발령을 받았다.[1] 꼭 12년 전에 성주成州(지금의 평
안북도 성천군)의 지방관으로 부임한 이래 두 번째의 지방 근무였다.[2] 지방관
의 임기가 3년이었으므로, 이번에도 내려가면 3년이 지나야 서울로 올라올
수 있을 터였다.

　이때 아들 이규보는 16세였다. 두 해 전인 14세 때에 성명재誠明齋라는 사
립학교에 입학해서 지금껏 다니고 있지만, 언제부터인가 친구들과 어울려
술도 꽤 마셔대는 눈치였다. 하긴 어느새 관자놀이 부근에는 보드라운 솜털

대신 귀밑털이 거뭇하게 자리 잡았고, 울대뼈도 봉긋하게 솟아오른 채 책 읽는 목소리도 제법 굵어진 아들은 소년이라기보다는 청년의 티를 물씬 내고 있었다.

부임지로 향하는 이삿짐을 싸면서 이윤수는 결정을 내렸다. 지난번에는 먼 북쪽 변경의 군사지역이라는 점도 마다하지 않고 가족과 함께 가서 생활했지만, 이번에는 아들을 서울에 남겨 두고 가기로 한 것이다. 무엇보다도 불과 몇 달 뒤인 5월에 국자감시[3]가 치러진다는 예고가 나붙었기 때문이다. 국자감시는 본고시인 예부시에 응시하기 위해 그에 앞서 치러야 하는 과거의 예비시험이었다. 이 시험은 정례적으로 치러지는 것은 아니어서 어떤 때는 해마다 열리기도 했고 또 어떤 때는 두세 해를 건너뛰기도 했다. 그러나 명종 7년부터는 꼬박꼬박 2년 간격으로 시행하는 것이 관행처럼 되어 있었다. 그러므로 이번의 기회를 놓치면 아마 다음다음 해, 즉 이규보가 18살이 되어야 시행될 확률이 높았다.

이 시험에 합격하는 이들의 나이가 18세가 조금 넘는다는 당시의 일반적인 경향을 감안하면 이번의 응시가 조금 이르다는 느낌이 들지 않는 것은 아니었다.[4] 그렇다고 하더라도 아들은 이미 어릴 때부터 글을 잘 짓는다는 정도를 넘어서 신동이라는 소문이 널리 퍼져 있는 터였다. 성명재 학교의 교관들도 아들이 지은 시를 늘 최고로 평가했다. 그러므로 이윤수는 아들의 실력을 단단하게 믿기도 했지만, 적어도 경험 삼아 이번에 한번 응시해 보는 것도 괜찮을 것이라고 판단했다. 이 시험을 통과하기만 하면 내친 김에 예부시도 응시하고, 본시험에 합격하기만 한다면 출셋길도 그만큼 빨리 열리게 될 것이 아닌가. 더구나 아들의 친구들도 입을 모아 이규보가 '걸음도 재고, 말도 빠르고, 시도 빨리 짓는다'고 인정하고 있었다. 그만큼 모든 면에서 당차고 잽싼 아들이 이윤수는 믿음직하고 자랑스러웠다. 장차 이 아들이 틀림없이 자신의 황려黃驪 이씨 가문을 크게 빛내리라는 사실을 그는 믿어 의심하지 않았다.

이윤수 자신은 비록 문반의 관리가 되어 있긴 하지만, 그는 대대로 황려(지금의 경기도 여주군)에서 향리직을 세습해 온 가문 출신이었다. 조부 이은백李殷伯은 고향인 황려현을 벗어나지 못한 채 향직 중에서도 말단인 9품의 중윤中尹을 지냈던 것이다.[5] 아버지 화和는 중앙의 관직을 받긴 했으나, 역시 무반의 말단 하위장교직인 정9품의 교위校尉를 역임한 것으로 만족해야 했다.[6] 동생 이부李富는 아버지가 얻은 무반 신분을 계승한 뒤 대장군에 오르고,[7] 몇 년 전에는 서북면 지병마사가 되어 조위총의 잔당을 토벌하는 등 무공을 세웠다.[8] 조카도 훗날 장군직까지 승진했지만,[9] 정작 이윤수는 문반 관리로의 출세를 꾀했다. 무인들이 새로 권력을 잡은 뒤 무반의 사회적 지위가 예전보다 높아졌다고는 하더라도, 아무래도 본격적인 출세를 위해서는 문반이 되는 것이 훨씬 유리하다고 판단했기 때문이었다.

무인난이 일어난 지도 벌써 10여 년이 지난 지금, 집권자가 정중부에서 경대승을 거쳐 이의민으로 바뀌는 등 계속 혼란이 일어나는 속에서도 무인정권은 점차 안정되고 있었다. 더구나 이전에 한 번도 국가를 통치해 본 경험이 없는 그들은 정권의 파트너로서 콧대 높은 전통적 문벌귀족 출신보다는 자신과 같은 향리가문 출신의 관리들에게 더 호감을 가지게 되리라는 사실도 점차 분명해지고 있었다.

이러한 사회 분위기 아래에서 자신과 같은 신분이 출세하거나 가문을 융성시키기 위해 가장 빠르고 효과적인 길은 과거에 합격하는 일이라고 그는 믿었다. 게다가 공신의 후예도 아니고 국가에 특별한 공을 세웠거나 고위 관리로 출세한 조상도 없었으므로, 이 집안의 후손들은 공음功蔭이나 문음門蔭과 같은 음서의 혜택을 받을 자격도 없었다. 그리하여 이윤수는 과거를 선택하여 중앙의 문반 관리가 되었고, 이후 내시內侍 같은 요직에 근무하기도 하면서 차근차근 출세의 길을 밟아 나가고 있는 중이었다. 그러나 그는 아직은 서울에서 중하급 정도의 사대부 가문에 속한 인물에 불과할 뿐이었다.[10]

처가 역시 별로 다를 것이 없는 처지였다. 장인 김시정金施政은 금양군金壤郡(지금의 강원도 통천군) 출신으로 과거에 급제한 뒤 유학자로서 이름을 다소 떨치기는 했다. 그러나 관운이 없었는지 울진현위蔚珍縣尉라는 지방관직을 끝으로 관리생활을 마감했고,[11] 그 밖에 특별하게 두각을 나타내는 처가 쪽 친족들도 없기 때문이다.

이렇듯 비록 본가나 처가 모두 가문의 지체가 그다지 높지는 않았으나, 이윤수 본인도 그러하고 장인도 과거 출신자였던 만큼 집안에는 교육에 대한 열의나 학문적 소양을 닦을 기반은 충분히 마련되어 있었다. 더구나 자녀로는 위로 두 딸이 있기는 하지만 이규보가 유일한 아들이었는데,[12] 이 아들 또한 어려서부터 뛰어난 글솜씨를 보이면서 아버지의 기대를 한껏 부풀리고 있었다. 그러므로 당시의 시대 상황을 나름대로 진단한 이윤수는 아들의 교육에 대해 비상한 관심을 가지고 일찍부터 과거에 대한 준비를 철저하게 시켜 왔던 것이다.

그러던 차에 지방관 발령을 받았는데, 마침 올해 5월에 국자감시를 치른다는 공고가 나붙었다. 이를 본 이윤수는, 그동안 웬만큼 교육도 시켰겠다, 이 시기를 놓칠 수 없다고 판단하고 멀리 수주로 부임하면서 아들 이규보를 서울에 남겨 두고 국자감시를 준비하도록 했던 것이다.

그렇다면 이규보는 그동안 어떠한 교육을 받아 왔고, 아버지의 기대는 과연 소원대로 이루어질 것인가. 하나씩 살펴보기로 하자.

2. 성명재 입학

아버지가 아직 하급 관리였을 때 이규보는 의종 22년(1168)에 수도 개경에서 태어났는데, 이미 두 살 때부터 항상 책을 가지는 일을 즐기고 손가락으로 글자를 짚어 가면서 읽는 시늉을 했다고 한다.[13] 아홉 살 때는 이미 글

짓는 데 능하여 기동奇童이라는 평판을 들었고,[14] 열한 살 때에는 직문하성 直門下省으로 있던 숙부인 이부의 손에 이끌려 문하성의 여러 성랑省郞 앞에서 즉석에서 글을 지어 사람들을 탄복시키는 문학적 재능을 발휘하기도 했다.[15] 이와 같은 일들을 종합해 보면 이규보는 이미 아홉 살이 되기 전부터 일정한 교육을 받았던 것으로 보인다.

고려시대에는 초학자를 위한 교육기관으로 개경에 동·서학당東西學堂이 있었다. 기록상으로 이 학교는 원종 2년(1261) 3월에 '다시' 설치된 것으로 되어 있는데,[16] 언제 이 기관이 처음 만들어졌는지는 알 수 없다. 단지 과거 준비를 위한 고등 교육기관인 국자감이 고려 초기부터 만들어졌다면 교육 체계상 그 국자감보다 등급이 낮은 초·중등 교육기관도 같이 존재했을 가능성은 충분하다.[17] 그러나 기록이 없으므로 더 이상의 추측은 불가능하다.

이규보 역시, 초기 교육을 언제부터 어떠한 형태로 받았고 어떤 과목을 배웠는지는 기록이 남아 있지 않기 때문에 전혀 알 수 없다. 선배 격인 이인로 李仁老는 여덟아홉 살 때에 나이 든 선비에게서 글 읽는 것을 배웠다고 했는데,[18] 이규보도 어떤 형식으로든지 처음에는 『천자문千字文』이나 『소학小學』 같은 책을 읽으면서 글을 깨우쳤을 것이다. 어떻든 이규보는 열네 살에 성명재에 입학하면서부터 정식 교육을 받기 시작했다. 그러므로 불필요한 추측은 배제하고, 이규보가 받은 이 교육의 모습부터 살펴보기로 한다.

이규보의 문집인 『동국이상국집』에 실려 있는 「연보」에는 그가 14세 되던 해(명종 11년, 1181)에 문헌공도文憲公徒가 되어 성명재에 들어가 학업을 익혔다고 했다. 문헌공도는 해동공자라고 불리던 최충崔冲이 세운 사학私學 또는 그 생도를 말하는데, 성명재는 바로 이 문헌공도의 9재齋 중의 하나이다.

『고려사』에는 최충의 9재 설립과 관련하여 다음과 같이 기록하고 있다.

무릇 사학은 문종 때에 태사 중서령 최충이 후진을 모아 교육하는 데 게으르지 않으니, 양반의 자제들이 그 집의 문과 거리를 메우고 넘쳤다. 드디어 9재로 나누었는데, 낙성樂聖·대중大中·성명誠明·경업敬業·조도造道·솔성率性·진덕進德·대화大和·대빙待聘이었으며, 이를 시중 최공도侍中 崔公徒라고 불렀다. 의관 자제들로서 무릇 과거에 응시하려는 자들은 반드시 이 도徒에 속하여 공부했다.

(『고려사』 권74 선거지 2 사학)

즉 최충이 문종 때 사학을 설립했는데, 배우려는 사람이 너무 많아졌기 때문에 9재로 나누었다는 것이다. 이 기록에 따른다면 9재는 서로 종적으로 연결된 단계식 교육과정이 아니라 횡적으로 연결된 교육과정이었던 것으로 짐작된다. 각 재를 단계별로 이수해 가는 것이 아니라, 각 재가 독립적 위치에서 동일한 교육과정을 가르쳤던 것이다.[19] 그러므로 이규보가 9재 중 성명재를 선택한 것도 학문적 능력보다는 다른 이유 때문이었을 것이다.

향리가문 출신으로 당시 하급 관리에 불과했던, 따라서 경제적으로도 어느 정도 부담감을 가졌을 법한 이윤수는 아들의 교육기관으로 왜 사학을 선택했을까. 아마도 그 직접적이고 궁극적인 이유는 위의 '무릇 과거에 응시하려는 자들은 반드시 이 도에 속하여 공부했다'는 기록에서 보듯이, 과거에 합격시키기 위해서였다고 말할 수 있다. 즉 당시 관학보다는 사학에서 교육을 받는 것이 과거 합격에 절대적으로 유리했기 때문이라는 것이다. 이러한 결론은 누구라도 쉽게 내릴 수 있겠지만, 그에 앞서 굳이 이규보를 이 사립학교에 입학시켜야만 할 다른 사정은 없었던 것일까.

고려시대 중앙의 교육기관으로는 국립인 국자감國子監과 사립인 사학 12도徒가 가장 중요했다. 국립교육기관의 경우, 고려 태조 때부터 개경과 서경에 학교가 있기는 했지만, 성종 11년(992)에 국자감이 창설되면서 국립대학의 역할을 하게 되었다. 종합대학 격인 이 국자감에는 몇 개의 단과대학이 있었는데, 이들은 몇 차례의 변경을 거쳐 인종 때에 국자학國子學·태학太學·사문학四門學·율학律學·서학書學·산학算學이라는 '경사 6학京師 六學'으로 정비되었다. 이 중 국자학·태학·사문학에서는 주로 경학經學을 가르쳤고, 율학·서학·산학은 잡학雜學이라고 하여 해당 기술을 가르쳤다.

인종 때에 정해진 국자감의 학식學式을 보면, 국자학·태학·사문학은 모두 『효경孝經』과 『논어論語』가 필수과목인 가운데 주로 경학을 배우는 등 교육과정상의 큰 차이는 없었다. 그러나 각 학과마다 입학 자격에 차별이 있어서 국자학에는 문무관 3품 이상, 태학에는 5품 이상, 사문학에는 7품 이상 관리의 자제가 입학할 수 있었고, 율학·서학·산학은 8품 이하의 관리 자제와 서인庶人이 입학할 수 있었다.

이와 같이 입학 규정이 너무 복잡하고 세분화되어 있기 때문에, 그것이 실제 그대로 지켜졌을 가능성에 대해서는 의문을 제기하는 이들이 많다. 그러나 적어도 이 규정에 따를 때, 당시 7~8품 정도의 하급관리의 아들이었던 이규보는 국자학과 태학에는 애당초 입학할 자격이 없었고, 기껏해야 사문학에 들어갈 가능성밖에는 없었다는 점에 주목해야 할 것 같다.

이규보에 조금 앞서서 이승장李勝章이라는 인물은 문헌공도 중 솔성재에 입학했다. 그의 아버지 이동민李棟民은 상주 경산부尙州 京山府(지금의 경상북도 성주군) 출신으로, 서울로 올라와 과거에 급제하고 벼슬이 6품인 권지감찰어사에 올랐다. 그러나 그가 죽자 어머니가 개가했는데, 의부가 가난하다는 이유로 이승장을 교육시키려 하지 않자 어머니가 생부의 유업을 이어야 한다고 용단을 내려 그를 솔성재에 입학시켰던 것이다.[20] 물론 이승장의 경우에도 경제적인 문제가 커서 의부가 반대했다고 하지만, 아버지의 관직으로 볼 때 그도 규정상으로는 5품 이상의 관리자제가 아니었으므로 사문학 이외에는 입학할 수 없었다.

이규보보다는 조금 뒤늦게 김창金敞이라는 인물도 성명재에 입학했다.[21] 그는 안동부安東府(지금의 경상북도 안동시) 출신으로 희종 때에 과거에 급제했는데, 훗날 삼별초 토벌로 이름을 날린 김방경金方慶이 그의 조카이다.[22] 이 김방경의 조부 김민성金敏誠은 직사관直史館을 지냈으므로 과거 출신자로 생각되는데, 김민성의 아버지이자 김창의 조부인 김의화金義和는 사호司

戸였다.[23] 김창도 바로 안동의 향리로부터 입신한 가문 출신이었던 것이다.

이렇게 볼 때 공교롭게도 이규보 등 세 명의 사학 입학생이 모두 향리 가문 출신이라는 공통점을 가지고 있다. 이러한 사실은 좀 더 주목해야 하지 않을까. 이 세 사례만 가지고 일반화시키는 것은 물론 문제가 있겠지만, 어떻든 향리 자제나 하급 관리의 자제들에게 신분상의 문제가 생겼을 때 사학은 국자감보다는 쉽게 입학할 수 있는 학교였음은 분명하다고 생각된다.

더구나 사학은 과거 합격이라는 목표를 이루기 위해 관학보다 훨씬 유리한 지위에 있었다. 최충이 처음으로 문헌공도를 설립한 다음에 사학은 더욱 번창하여 12개의 도가 생겼는데, 그 설립자들은 대부분 고위관리 출신으로 당대를 대표하는 대학자이거나 과거의 시험관인 지공거 출신이 많았다. 그러므로 과거시험을 위한 교육관의 자질이나 정보력에 있어서 사학은 관학인 국자감에 비해 월등한 지위에 있게 되었다. 당시 귀족의 자제는 물론이고 다른 계층의 과거 지망생들도 사학인 12도에 매력을 더 느끼게 된 이유도 바로 여기에 있지 않았을까.

이러한 점에서 이승장의 어머니와 마찬가지로, 이규보의 아버지 이윤수는 아들을 국자감에 보내는 대신 기꺼이 사학에 보내는 결정을 내렸을 것이다. 즉 장차 과거 합격을 통한 아들의 입신출세와 가문의 융성, 바로 그러한 기대들이 경제적 부담을 감수하면서도 자식에 대한 교육열을 높이는 절대적 요소로 작용했을 것이라는 점이다.

3. 사학의 특별교육

그렇다면 사학에서는 무엇을 배웠을까. 사학의 교육과목에 대해 『고려사』에는

9경九經과 3사三史를 배웠다.

(『고려사』 권74 선거지 2 사학)

라고 했다. 9경은 유교의 『논어論語』·『효경孝經』·『주역周易』등의 4서 5경을 말하고, 3사는 『사기史記』·『한서漢書』·『후한서後漢書』를 말한다. 국자감 역시 주요 교육과목은 5경을 비롯한 경학 과목이었다. 국자감이나 사학 모두 궁극적으로는 과거 합격에 교육목표를 두었으므로, 이 두 기관의 교육과목이 비슷하다는 점은 충분히 이해할 수 있다.

그런데 사학의 교육과정 중 국자감과 다른 특이한 것 하나는 바로 '하과夏課'라고 불리는 특별한 수업이었다. 이 하과에 대해서는 다음과 같은 기록이 있다.

해마다 여름철에는 귀법사歸法寺의 승방을 빌려서 여름 공부[夏課]를 했다. 학도 중에서 급제한 자로 학문이 뛰어나며 재능이 많으나 아직 벼슬하지 않은 사람을 교도敎導로 삼아 9경과 3사를 가르쳤다.

(『고려사』 권95 열전 최충전)

이와 같이 특별히 여름철에만 실시하여 하과라고 불렸던 것이다. 이 특별 수업에서는 도의 선배 중에서 급제했으나 아직 벼슬하지 않은 이를 교관으로 뽑아 9경과 3사를 가르쳤다고 한다. 그런데 이 하과는

하과는 과거에 대비하여 시詩와 부賦를 익히는 공부다.

(「김창 학사가 하과시에 화답하므로 차운하다」, 『동국이상국집』 후집 권7 고율시)

라는 기록이 단적으로 말해 주듯이, 과거시험을 대비한 여름철 특별 과외수업이었다. 즉 과거에 갓 급제한 선배들이 후배들을 대상으로 과거의 최신

출제경향이라든가 핵심 예상문제, 답안작성 요령 등 중요한 정보를 전해 주고 가르쳤던 것이다. 과거에 급제한 이규보도 성명재 하과의 교도가 되어 후배들을 가르친 적이 있었다.[24]

그런데 하과에서는 이와 같은 '족집게'식 교육을 시키는 이외에도, 급작急作이라는 특별한 훈련방식이 있어서 그 의미가 더욱 컸다. 급작에 대하여는 다음과 같은 기록이 있다.

해마다 하과 때면 선달先達들이 여러 학생들을 모아 놓고 정한 시간 안에 운韻을 내어 시를 짓도록 했는데, 이를 급작急作이라고 했다.

(「연보」 신축년)

간혹 선배가 오면 불붙은 초에 금을 그어 시를 짓고, (그것을 평가하여) 성적의 차례대로 방榜을 걸고 이름을 부르면 들어가 작은 술자리를 베풀었다. 아이와 어른들이 좌우로 벌려 있고, 술과 안주를 받들고 오고가는 데 예의가 있으며, 나이에 따라 서열이 있었다. 서로 시를 읊다가 날이 저물면 모두 다 낙생영洛生詠을 부르면서 파하니, 보는 이들이 아름답게 여기고 칭찬하지 않는 이가 없었다.

(『고려사』 권95 열전 최충전)

즉, 하과에서는 주어진 운에 따라 일정한 시간 내에 시를 지어 바치는 급작이라는 훈련을 받았다. 이 급작은 초에 눈금을 긋고 그곳까지 촛불이 타 들어 가는 것으로 시간을 정하는 각촉부시刻燭賦詩의 방법을 썼다. 그러므로 이러한 특별 훈련은 생도들의 문학적 순발력과 재능을 길러 주는 교육이자, 실전을 대비한 모의 과거시험의 성격이 강한 것이었다.

급작은 동시에 일종의 소규모 백일장의 성격을 지니기도 했다. 즉 급작이 열리게 되면 교관과 선배들 이외에 현직 관리들도 참석한 가운데 작품을 평가하여 방방放榜을 통해 서열을 매기고, 또 합격자를 축하하는 연회가 베풀어지기도 했던 것이다. 이러한 절차는 고스란히 과거시험장의 축소판 같다고 할 수 있다. 한편 생도들의 입장에서는 이 기회를 통해 여러 사람들에게 자신의 글재주를 널리 알릴 수 있는 기회를 얻기도 했다. 물론 성적이 나쁜 학생은 술 대신 먹물을 먹는 등 일정한 벌을 받았을 것이다.[25]

성명재에 입학한 14세의 이규보도 그해 여름의 하과에 참석했는데, 그는 급작에서 계속 일등으로 뽑혔다. 그다음 해의 하과에서도 일등으로 뽑혀서 그의 글솜씨와 이름을 널리 알리게 되었다. 훗날 이규보는 '주필 이당백走筆 李唐白'이라는 별명을 얻게 되는데,[26] 시선詩仙이라고 추앙받는 중국의 이태백李太白에 못지않게 빠르게 시를 잘 짓는 그의 능력은 성명재에서의 이와 같은 훈련을 통해 더욱 다듬어졌다고 해도 좋지 않을까.

그러한 만큼 이규보에게 있어서 하과는 일생 동안 소중한 추억으로 남아 있었다. 50대가 된 이규보가 이틀 동안 귀법사의 하과장을 직접 찾아가 지난 시절을 회고하면서, 까맣게 후배인 생도들이 지은 시에 차운하기도 한 일이 그러한 사실을 잘 말해 준다.[27] 또 훗날 피난지 강화에서 옛 서울생활을 그리워하면서 가장 기억나는 세 곳 중 하나로 이 하과장을 꼽기도 했다.[28]

특별교육인 하과는 최충의 문헌공도가 처음 시작했지만, 그 효과가 컸던 만큼 사학 12도 모두가 본받아서 실시했다. 즉,

12도의 관동冠童들이 매년 여름이면 산림山林에 모여 학업을 익히다가 가을이 되면 파했는데, 용흥사龍興寺와 귀법사歸法寺 두 절에 많이 머물렀다.

(「12도의 관동」, 『보한집』 중36)

유문儒門의 선현들이 12도를 만들었는데, 도마다 재를 설치하고 그 문도가 많건 적건 간에 늘 여름에 한 차례씩 모여 과업을 익히며 그 이름을 하천도회夏天都會라 했다.

(「학사 김창에게 주다」, 『동국이상국집』 후집 권7 고율시)

라는 기사에서 보듯이, 12도의 학생들이 주로 개경의 용흥사나 귀법사에 모여서 여름 한철 내내 특별 수업을 받았던 것이다. 그 모임을 하천도회夏天都會라고 부르는 것도 사학 12도 모두가 하과장에 모였기 때문이 아닌가 한다.

이렇게 성행하던 이 모임은 몽고와의 전쟁 등으로 어수선하던 시기에 한동안 중단되었다가, 이규보가 73세 되던 해인 고종 27년(1240)에 성명재의 후배이자 제자인 김창의 노력으로 이 재의 하과가 다시 부활했다.[29] 하과는 이후 점차 확대되어 고려 후기가 되자 마침내는 관립 학교에서도 실시했다. 고려 말의 대학자인 이색李穡의 경우 16세와 17세 때에 국학의 구재도회九齋都會에 참여하여 첫해에는 4, 5차례 장원을 차지했고, 이듬해에는 20여 차례나 장원을 차지한 바 있다. 그는 이 구재도회에서 촛불에 눈금을 긋고 시를 짓게 하고 작품의 높낮이를 매겨서 제생을 격려하는 일이 또 하나의 권학勸學의 방편이었다고 회고했다.[30] 지방에서는 고종 27년에 원부元傅가 중원中原의 관기管記로 있을 때 영내의 유생 120여 명을 모아 하과장을 열었는데, 훗날 『제왕운기帝王韻紀』를 쓴 이승휴李承休도 17세의 나이로 이 하과장에 참석해서 그가 지은 시가 1등으로 뽑히기도 했다.[31] 또 김해부金海府에서는 향교의 학생들이 매번 여름철에 과시를 열고 각촉부시를 했다는 기록도 있다.[32]

이렇듯 고려 후기에는 하과가 전국적으로 널리 실시되었지만, 최충이 문헌공도를 창설하고 그 뒤 이규보가 그곳에서 공부할 당시까지 하과는 사학의 전유물이었던 것으로 보인다. 그러므로 사학의 재학생들은 정규교육 이외에도 하과라는 여름철 특별 수업을 통해 선배들로부터 시험에 관한 소중한 정보를 전달받거나 시험장 적응훈련 등을 통해 과거에 철저하게 대비할수 있었던 것이다. 이규보가 관학인 국자감이 아니라 사학인 성명재에 들어간 이유는 여러 가지가 있겠지만, 이와 같은 점도 크게 작용하지 않았을까 생각한다.

4. 과외

이규보는 사학을 다니는 이외에도 따로 과외 수업을 받았다. 이규보가 지은 「이 이부李 吏部에게 주다」라는 시에는

공이 집에서 매양 관동들을 모아 놓고 글을 가르쳤는데, 나도 어릴 때에 참여했었다.

(「이 이부에게 주다」, 『동국이상국집』 전집 권8 고율시)

라는 주가 있다. 이 시의 본문에서 그때가 계묘년[單閼歲]이라고 밝히고 있는데, 그해는 1183년(명종 13)으로 이규보가 16세 때였다.

앞에서 보았듯이 이규보는 14세에 성명재에 입학하여 그해와 그 이듬해 하과의 급작에서 연거푸 1등을 차지했다. 그러므로 이 두 해 동안 성명재에 적을 두고 있었음은 확실한데, 언제까지 성명재를 다녔는지는 기록에 나와 있지 않다. 한편 16세 때 이규보는 처음으로 국자감시에 응시하는데, 이 시험은 그해 5월에 시행되었다. 또 그해의 「연보」를 보면, 이규보는 수주로 부임하는 아버지를 따라가지 않고 서울에 남아 국자감시에 응시했다고 한다. 그렇다면 이규보는 5월의 시험을 앞두고 이李 아무개라는 사람에게서 그해의 시험에 대비한 집중적인 특별 과외를 받았다는 결론이 나오게 된다. 즉 아버지 이윤수는 과거 합격을 위해 아들 이규보를 사학에 보냈을 뿐만 아니라, 서울에 남겨 두고 별도의 과외 교육까지 받게 했던 것이다.

과외를 '정규학교에서의 정해진 교과 과정 이외에 비공식적으로 받는 사적 수업'이라고 정의하면, 이러한 비공식적인 사적 수업은 고려시대에도 널리 시행된 것으로 보인다. 예컨대 진 수재晉 秀才 같은 이는 그의 별장에 관동들을 모아 학업을 익히게 했는데, 학생들이 물고기 떼처럼 모여들었다고 한다.[33] 이규보도 훗날 셋째 아들인 이징李澄에게 과외수업을 받게 했는데, 그를 가르친 신 대장申 大丈은 당시 80여 세로 항상 학생을 모아 가르쳤다고

한다.[34] 이와 같은 기록을 보면 진 수재나 신 대장 같은 이들은 아마도 '전문 과외선생'이 아니었나 생각된다.

이 밖에도 정규교육기관이 아닌 다른 곳에서 공부를 했거나 가르쳤다는 기록은 꽤 많이 나오는데, 그중에서 몇 개를 들어 보면 다음과 같다.

[김수자金守雌는 예종 무렵에] 과거에 급제한 뒤 금양현위가 되었다가 국학학유로 옮겼다. 그러나 관직을 버리고 두문불출하다가 전원을 경영하여 채소를 팔아 자급하며 날마다 아이들을 모아 글 가르치는 것을 낙으로 삼았다.

『고려사』 권98 열전 김수자전)

[나흥유羅興儒는] 경서와 사서를 넓게 섭렵하고 과거에 여러 차례 응시했으나 합격하지 못하자 글방[塾舍]을 열고 아이들을 가르쳤다.

(『고려사』 권114 열전 나흥유전)

김광정金光鼎은 연산連山 가까운 읍에서 생도를 가르쳤다.

(「연산에 도착해서 들건대〈하략〉」,『가정집』 권20 율시)

갑신년(충목왕 즉위년, 1344)에 진사가 된 구사평丘思平은〈중략〉 선주 지현善州 支縣의 화곡華谷에 집을 번듯하게 짓고 서재를 두어 생도 30여 명을 가르치면서 빈객 접대도 풍성하게 했다.

(「갑신년에 진사가 된 구사평〈하략〉」,『목은시고』 권24 시)

이 기록들은 고려 전기 예종대로부터 고려 후기의 충목왕대까지 이르고 있다. 이러한 사실은 고려 전 시기에 걸쳐 과외가 이루어졌음을 보여 주기에 충분할 것이다. 특히 고려 후기 사학이 쇠퇴하면서 관학으로 흡수된 뒤에 이러한 사설 교육은 더욱 성행해서, 다음 기록에서 보듯이 한 개인의 제자 10여 명이 한꺼번에 성균시에 합격하기도 했다.

강경룡康慶龍이 집에 있으면서 제자를 양성했는데, 대덕 을사년(충렬왕 31, 1305)에 그의 문도로 성균시에 합격한 자가 10여 명이나 되었다.[35] 호명한 뒤에 제자들이 모두 와서 경룡을 뵈니, 그 갈도喝道 소리가 밤새도록 끊이지 않았다. 종실 익양후益陽侯의 집이 근방에 있었는데, 다음 날 익양후가 궁중에 들어가 충렬왕을 뵐 때, 왕이 민간의 일을 물었다. 익양후가 곧 경룡의 일을 말하니, 왕이 이르기를, "이 노인은 비록 벼슬은 하지 않았으나, 남을 가르치는 일을 게을리하지 않아 그들을 성취하게 했으니, 어찌 도움이 적다고 하겠는가" 하고 관리에게 칙명을 내려서 곡식을 싣고 그 집에 갖다주게 했다.

（『역옹패설』 전집 권1)

여기서 주목할 점은 충렬왕이 강경룡의 업적을 치하하고 곡식까지 내려주었다는 것이다. 즉 공적 교육을 진흥시킬 대책을 마련한 것이 아니라, 오히려 사적 교육의 역할이나 그 영역을 국가가 인정하고 장려한 것이다. 이러한 점에서,

전조前朝(고려시대)에는 외방外方에 있는 한량유관閑良儒官들이 개인적으로 서재를 두어 후진들을 가르쳤기 때문에 스승과 제자가 안정되어 그 학문을 성취했습니다.

（「문과를 논하는 글」, 『양촌집陽村集』 권31 상서류)

라고 한 조선 초기의 권근權近의 언급은 사적인 과외 교육이 성행하던 당시의 상황을 정확하게 지적한 것이라 생각된다.

고려 사회의 사적 교육은 여러 갈래로 이루어졌다. 은퇴했거나 낙향한 관리들이 교육을 실시하기도 했지만, 특히 사찰도 중요한 몫을 했다. 물론 사찰에서의 교육은 고려 전기에도 있기는 했지만, 고려 후기가 되면서 사회적으로 문제가 제기될 정도로 영향력을 끼쳤다. 이러한 점을 심각하게 여긴 충선왕은 배우려는 자들이 모두 중을 좇아서 장구章句나 익히고 있고 경서

에 밝고 덕행을 닦는 이들이 줄어드는 상황을 지적하면서 그 이유를 묻자, 이제현은 다음과 같이 대답했다.

불행하게도 의종 말년에 무인의 변란이 일어나자 〈중략〉 화를 피한 자는 깊은 산속으로 도망가서, 의관衣冠을 벗어버리고 가사를 입고서 남은 생애를 보냈으니, 신준神俊 · 오생悟生 같은 무리들이 바로 그들입니다. 그 뒤 국가에서 차츰 문교文敎를 쓰는 정책을 회복하자, 선비들이 비록 학문을 원하는 뜻이 있으나 좇아 배울 만한 곳이 없었으니, 부득이 깊은 산중에 도망가 있는 이를 찾아가 배우지 않을 수 없었습니다. 〈중략〉 신의 생각에는 학자들이 중을 좇아 장구만을 익히게 된 그 원인이 대개 이로부터 시작했다고 봅니다.

(『역옹패설』 전집 권1)

이제현에 의하면, 무인난 이후부터 박해를 피해 산으로 숨어들어 간 이들에 의해 교육이 이루어지다가 그것이 사찰에서의 교육으로 이행되고, 또 본격적으로 성행하기 시작했다는 것이다. 이 견해는 약간의 과장이 있다고 생각되기는 하지만, 실제로 고려 후기에 많은 이들이 사찰에서 교육을 받았다. 이승휴李承休는 12살 때 원정국사圓靜國師의 방장方丈으로 들어갔는데 국사는 신서申諝를 불러다가 『좌전左傳』 · 『주역』을 가르치게 했고,[36] 이색의 아들 이종선李種善은 용두사龍頭寺에서,[37] 손자인 이맹균李孟畇은 진관사眞觀寺에서 각각 교육을 받았다.[38] 또 이제현의 손자는 일찍이 이색의 아들을 가르친 적이 있는 혜구惠具라는 중에게서 교육을 받기도 했다.[39] 특히 성리학자이면서도 관학의 부흥을 위해 노력하던 이색이나 이제현 같은 인물이 그의 자손들을 사찰에 보내 교육받게 했다는 이중적인 행위는, 당시 사설 교육기관이나 개인 과외수업이 얼마나 성행했는가를 잘 보여 주는 사례라고 생각한다.

한편 친구들과 함께 일종의 독서 동아리를 만들어 공부하는 젊은이들도 있었다. 주로 서너 명이 모여 사찰 같은 곳에 들어가 공부하는 것이 일반적인 형태라고 생각되는데, 아예 선생을 모셔 두고 사찰에 여러 달 머무르면서 집중적인 교육을 받은 경우도 있었다. 고려 전기의 황빈연黃彬然은 급제하기 전에 두세 명의 친구와 함께 감악사紺岳寺에 여러 달 머무르면서 김신윤金莘尹에게 『한서』를 배웠다.[40] 이규보도 과거에 급제하기 전에 홍원사洪圓寺에서 60여 일 동안 머무르면서 친구와 함께 배우고 서로 갈고닦았다는 기록을 남겼다.[41]

때로는 속세와 동떨어진 곳을 찾아가 공부하는 경우도 있었다. 예컨대 이인로는 당형堂兄인 최당崔讜과 함께 지리산 청학동을 찾아가 공부하려 했고,[42] 고려 후기의 이색도 젊은 시절에 친구인 한홍도韓弘道 등과 함께 책을 짊어지고 강화도 교동 화개산華蓋山과 평주平州 목단산牡丹山에 들어가 공부하려고 했다.[43] 그러나 이인로 등은 끝내 청학동을 찾지 못한 채 돌아왔고, 한홍도 역시 환경이 너무 험하고 불편하여 뜻을 이루지 못하고 돌아오고 말았다.

이렇게 정규교육기관 이외에 사적인 교육시설을 통하거나 자체적인 학습모임을 만들어 교육을 받거나 독서를 했다는 사실은, 결국 고려시대에 과거에 합격하기 위해 학생들이나 학부모들이 가능한 모든 수단을 다 동원했다는 것을 말해 준다. 이러한 점에서 이규보나 그의 아버지는 결코 예외적인 존재가 아니었다. 사실 과거 합격이라는 절대적인 명제 앞에서 과외와 같은 특별 수단으로부터 자유로운 입장을 가질 수 있는 인물은 그다지 많지 않았을 것이다. 앞서 말했지만 충선왕과의 대화에서 국학의 진흥을 적극 권유한 이제현이나, 여러 차례 상소를 올려 구체적으로 국학진흥책을 제시한 이색조차도 아들과 손자의 교육을 사설기관에 맡겼다는 사례가 그러한 상황을 잘 보여 준다.

5. 국자감시

사학인 성명재를 최소한 2년이나 다니고, 또 그 위에 특별과외까지 받은 이규보는 드디어 16세 되던 해인 명종 13년(1183) 5월의 국자감시에 응시했다. 그에 앞서 두 해 동안 성명재 하과의 급작에서 계속 1등을 차지했기 때문에, 다른 사람들도 그러하고 아버지나 이규보 자신도 이 시험에 대해 상당한 자신감을 가졌을 것이다. 실제로 고종·원종대에 활약한 김구金坵 같은 인물도 하과에서 언제나 우수한 성적을 차지했기 때문에, 모두가 그가 과거에서 장원을 차지할 것이라고 기대를 걸었다고 한다.[44]

국자감시國子監試는 사마시司馬試, 동당감시東堂監試, 남성시南省試 등 다양한 이름으로 불리기도 하였다. 일단 이 시험에 합격하면 진사進士라는 칭호를 받게 되고, 본고시인 예부시에 응시할 수 있는 자격을 받았다. 다만 이 시험이 어떻게 치러졌는지는 알려진 것이 없다. 본고시와 마찬가지로 초장·중장·종장으로 나뉘어 세 차례 시행하면서, 초장에 불합격한 자는 중장에 응시할 수 없고, 중장에 떨어진 자는 종장에 나갈 수 없다는 3장연권법三場連卷法이 적용되었는지 확실하게 알 수는 없다. 또 시험이 며칠 동안 치러졌는지도 알 수 없다.

본고시와 마찬가지로 국자감시의 시험문제도 미리 밀봉했다가 당일 시험장에서 개봉하는데, 비록 왕이라 할지라도 그 문제를 미리 볼 수는 없었다. 예컨대 우왕 6년 5월에 국자감시가 치러질 때, 우왕이 시부詩賦의 제목을 보려고 하자 고시관인 우대언 서균형徐均衡은 '시험장의 제목을 밖에서 누설할 수는 없습니다'라고 하여 그 명령을 따르지 않았던 것이다.[45] 또 본고시와 비슷한 「동당감시의 합격자를 발표하는 의식」이라는 공식적인 절차를 통해 국왕이 직접 참석한 가운데 합격자를 발표했고,[46] 급제자에게는 성대한 잔치를 베풀어 주었다. 이러한 점에서 보면 국자감시도 엄격한 절차와 감독이 이루어지는 가운데, 그 시험을 치르는 형식과 절차도 대체로 예부시와 비슷했을 것이라고 생각한다.

어쨌든 이규보는 처음으로 국자감시에 응시했다. 상서좌복야 최당崔讜이 주관한 이 시험에서는 시부詩賦 10명, 십운시十韻詩 89명, 명경明經 6명을 뽑았다.[47] 이규보가 응시한 분야가 어떤 것인지는 알 수 없다. 그러나 정작 합격자 명단이 적힌 방이 걸렸을 때, 그해의 총 105명의 급제자 중 이규보의 이름은 없었다. 성명재 하과에서 연거푸 1등을 차지하고 특별과외까지 받았던 이규보가 보기 좋게 낙방한 것이다.

첫 과거에 실패한 이규보의 심정이나, 아들에게 잔뜩 기대를 걸었던 아버지 이윤수의 심정이 어땠는지는 상상에 맡길 수밖에 없다. 다만 낙방한 이규보는 가을에 수주로 내려가 아버지를 모셨다. 아마 본인의 자발적 의사보다는 곁에 두고 직접 가르치려던 아버지 이윤수의 엄명에 따랐을 가능성이 더 컸다고 볼 수밖에 없을 것이다.

이규보는 수주에서 두 해 동안 머물러 있다가, 18세가 되던 명종 15년에 서울로 올라와 5월에 치러진 국자감시에 다시 응시했다. 이때의 시험관은 우승선 조영인趙永仁으로 먼저와 마찬가지로 시부, 십운시, 명경의 세 분야로 나뉘어 시험이 치러졌다.[48] 2년 만에 응시한 시험이지만 이규보는 또 낙방했고, 가을에 다시 수주로 내려갔다. 잠시 뒤에 보겠지만, 이미 청년기에 접어든 이규보는 당시 과거 준비보다는 친구들과 풍류를 즐기는 한편 자기만의 문학세계에 빠져 있었다. 그러므로 두 번째의 불합격은 어쩌면 이규보 스스로 초래한 결과라고 보아도 좋지 않을까 한다.

그 이듬해 지방관의 임기가 끝난 아버지가 서울로 올라오게 되자, 19세가 된 이규보도 서울로 돌아왔다. 그런데 그해 명종 16년 윤7월에 대사성 황보탁皇甫倬과 좌산기상시 이지명李知命이 시험관이 되어 국자감시가 치러졌다.[49] 지난해에 이어 연속 국자감시가 시행된 것이다. 그러나 이규보는 이 시험에는 아예 응시조차 하지 않았다. 이 당시 이규보는 죽림고회竹林高會의 선배 문인들과 교유하면서 그 모임에 자주 참석했는데,[50] 그들과 어울리면서 이규보 스스로 준비가 되지 않은 상태였기 때문에 응시를 포기했는지 도 모르겠다.

다시 그 이듬해인 명종 17년 7월에 비서감 김영부金英富가 시험관이 되어 3년 연속으로 국자감시가 거행되었다.[51] 지난해의 시험을 거른 이규보는 이번에는 응시했으나, 89명의 합격자를 배출한 이 시험에서도 그의 이름은 발표되지 않았다. 11세 때에 이미 기동奇童이라는 칭찬을 받았고, 14 · 15세 때에는 쟁쟁한 인재들이 모인 하과에서 연거푸 1등을 도맡아 하던 이규보가 세 번째로 국자감시에 불합격한 것이다.

이규보가 거듭해서 과거에 실패한 원인에 대해 「연보」에는

공은 이 4~5년 동안 술로 기세를 부리며 마음대로 살면서 스스로를 단속하지 않고 오직 시 짓는 것만 일삼고, 과거에 대한 글은 조금도 연습하지 않았으므로 잇달아 응시했어도 합격하지 못했다.

(「연보」 정미년)

라고 했다. 즉 과거에 급제하기 위해서는 일정한 형식과 규격에 맞춘 일종의 모범답안을 써야 하는데, 술과 풍류에 빠진 채 무절제한 생활을 했고, 본인의 개성만 강조하는 글을 고집하는 바람에 과거에 잇달아 실패했다는 것이다.

훗날 이규보는 수주에서의 일을 회고하는 시를 지으면서, 그 몇 년 동안 친구들과 어울려 온갖 풍류를 즐겼다고 했다. 도연명과 이태백의 글을 즐겨 읽고, 거문고와 바둑은 물론이고 물고기, 연꽃, 달빛 등 온갖 자연을 즐기면서 밤새 술을 마시며 시를 지어댔는데, 때로는 기생들과 어울리기도 했다.[52] 말하자면 세상에 두려울 것 하나 없는 혈기왕성한 문학청년으로서의 풍류생활을 만끽했던 것이다. 특히 이때 이규보는 죽림고회의 7현이라는 선배들과 연령을 뛰어넘는 교유를 맺고 있었는데, 이에 대하여는 다른 장에서 자

세하게 살펴보기로 하자.

어떻든 2년 뒤인 명종 19년(1189) 5월에 국자감시가 시행되자 이규보는 네 번째로 응시했다. 비록 예비고시의 성격이기는 하지만 이미 세 차례나 국자감시에서 고배를 마시고 네 번째에 응시하기까지 세간에서 이규보에 대한 여러 가지 소문들이 돌기 시작한 것은 당연한 일일 것이다. 어떤 사람은 술주정뱅이라고도 하고, 심지어는 미쳤다고 하는 사람도 있었다. 이에 대해 이규보는 자신은 결코 미치지 않았으며, 자신을 미쳤다고 하는 이가 더 심하게 미친 자라고 쏘아붙이기도 했다.[53]

그러나 연거푸 과거에 실패한 이규보는 내심으로는 상당히 초조하고 불안해했던 것 같다. 아버지 이윤수의 심정은 굳이 더 말할 필요조차 없을 것이다. 그 자세한 내용은 알 수 없으나, 다만 당시의 급박했던 사정과 관련하여 네 번째 응시를 앞두고 이규보가 이름을 고쳤다는 사실만큼은 언급할 필요가 있을 것 같다. 이때의 개명과 관련하여 다음과 같은 흥미로운 일화가 남아 있기 때문이다.

> 공은 처음에 이름을 인저仁氐라고 했다. 기유년(명종 19, 1189)에 사마시에 나아가려고 했을 때, 꿈에 어떤 촌백성인 듯한 노인들이 모두 검은 베옷을 입고 마루 위에 앉아 술을 마시고 있었는데, 옆 사람이 이르기를 '이들은 28수宿다'라고 하므로, 공은 깜짝 놀라 황송한 마음으로 두 번 절하고 "내가 금년 과시科試에 합격할 수 있겠습니까?"라고 물었다. 한 사람이 옆에 있는 사람을 가리키면서 "저 규성奎星이 알 것이오"라고 하므로, 공은 즉시 그에게 나아가 물었으나 그의 대답을 미처 듣기 전에 꿈에서 깨어 그 결과를 듣지 못한 것을 한스럽게 여겼다. 조금 후에 또 꿈을 꾸었는데, 그 노인이 찾아와 이르기를, "그대는 꼭 장원을 할 것이니, 염려하지 마시오. 이는 천기이니만큼 절대로 누설해서는 아니 되오"라고 했다. 그래서 지금 부르는 이름[奎報]으로 고치고 과시에 나아갔는데, 과연 제1인으로 합격했다.

(「연보」 무자년)

즉, 시험을 목전에 두고 이규보가 두 차례나 꿈을 꾼 결과 장원을 하리라는 예언을 듣게 되자, 이 예언을 실현시키기 위해 이름까지 인저仁氐에서 '규성奎星이 알려 주었다'라는 뜻의 규보奎報라고 바꾸고 시험에 응시했다는 것이다. 말하자면 과거합격을 위해 일종의 도참설圖讖說까지 신봉하면서 개명을 불사하는 배수진을 친 것이다. 이 이야기는 비록 설화의 형식으로 전해지기는 하지만, 이규보가 네 번째 국자감시 응시를 앞두고 자신의 이름을 바꾸었다는 사실만큼은 분명하다. 또 이 이야기 속에 아버지 이윤수는 제외되어 있지만, 개명과 관련하여 아버지의 역할을 결코 무시할 수는 없을 것이다.

이규보와 비슷한 시기에 명종 때의 오천유吳闡猷도 과거시험을 앞두고 거북 한 마리를 잡는 꿈을 꾸고 이름을 임시로 일구一龜라고 바꾸었다. 그런데 합격자를 발표하기 하루 전에 거북이 혼자 낙방했다고 하소연하는 꿈을 꾼 시험관들이 다시 채점을 한 결과 그를 병과丙科의 우두머리로 뽑았다는 일화도 있었다.[54]

이러한 일화는 이규보만이 아니라 당시의 다른 과거 응시생들도 합격에의 집념이 얼마나 간절했는지 잘 보여 주는 사례라고 생각한다. 그리고 그 집념은 이규보의 경우 당사자보다 아버지 이윤수의 것이 더 컸다는 점도 분명한 사실이다. 기껏해야 예비시험에 불과한 국자감시를 앞두고 개명이라는 극단적인 수단까지 동원한 것은 아들의 합격에 대한 이윤수의 열망과 기대가 얼마나 컸는지, 또 거꾸로 이들 부자간에 그동안의 실망감이 얼마나 컸는지 충분히 보여 주고도 남는다고 생각한다.

네 번째로 국자감시에 도전하면서 이규보는 십운시十韻詩 분야에 응시했다. 시제詩題는 '옛날 임금은 수레와 면류관을 만들어 귀천을 나타내도록 했으나, 아름다움을 구하지는 않았다'였는데, 시험관인 우승선 유공권柳公權은 이규보의 시를 보고 탄복해 마지않으면서 그를 첫째로 뽑았다고 한다.[55] 개명까지 한 정성이 하늘을 감동시켰는지 이규보는 드디어 국자감시 합격이라는 큰 고비를 넘김과 동시에 장원이라는 영예를 차지한 것이다. 이때 이규보는 22세였다. 고려시대의 국자감시 급제연령이 18.6세 정도인 것을 감안하면, 평균보다 4세 정도 더 늦은 나이이기도 했다.[56]

그러나 국자감시의 장원이라는 기쁨이 그대로 출세와 직결되는 것은 아니었다. 관리가 되고 본격적인 출세를 하기 위해서는 본고시 합격이라는 더 크고 어려운 고개를 넘어야 하기 때문이다. 이규보는 이 고개를 어떻게 넘었을까.

6. 예부시

국자감시에 합격한 그 이듬해인 명종 20년 5월에 예부시가 거행되었다. 어느덧 23세가 된 이규보는 국자감시에서의 장원이라는 기세를 몰아 이 시험에 응시했다. 시험을 앞두고 홍원사에서 60여 일 동안 머무르면서 친구와 함께 공부했다는 것은 앞에서 말한 바 있다.

과거의 최종고시인 이 시험은 예부禮部에서 주관하므로 흔히 예부시禮部試라고 부르는데, 그 밖에도 춘관시春官試, 춘장春場, 문과文科 등등 다양한 이름으로 불리기도 했다. 예부시는 시험과목에 따라 제술과製述科, 명경과明經科, 잡과雜科로 나뉘는데, 제술과는 주로 문학적 능력을 중시하고, 명경과는 경전에 대한 소양을 중시하는 데 비해, 잡과는 전문직을 뽑는 시험이었다. 이 중에서도 제술과가 제일 중요하여, 고려시대의 과거라 하면 특별한 경우를 제외하고는 일반적으로 제술과와 같은 의미로 통했다. 이규보가 응시한 분야도 물론 이 제술과였다.

고려시대의 과거는 3년 만에 정기적으로 시행되는 조선의 식년시式年試와 달리 부정기적으로 시행되었다. 즉 해마다 시행되는 경우도 있지만, 국가에 변고가 있을 경우는 몇 년을 건너뛰기도 했다. 그러나 평균적으로 보면 대략 2년에 한 번씩 시행되었는데, 이규보가 10대와 20대를 보내던 명종 재위 기간 중에는, 명종 8년부터 정확하게 2년마다 한 차례씩 과거가 열렸다. 그러므로 명종 20년의 이번 시험을 놓치면 다시 2년을 더 기다려야 할 가능성이 높았다. 아마 국자감시를 어렵게 통과한 이규보가 그 이듬해에 바로 예부시에 응시한 사정도 이와 관련이 있었을 것이다.

제술과를 포함하여 모든 예부시는 초장·중장·종장이라고 하여 세 차례에 걸쳐 열리는데, 3장연권법三場連卷法이라고 하여 세 장에 모두 잇달아 합격해야만 했다. 제술과의 시험과목은 시기에 따라 몇 차례 바뀌기는 했지만, 대체로 경經, 시詩·부賦, 시무책時務策이라는 세 분야로 나누어져서, 첫째 날은 경서, 둘째 날은 시와 부를 시험하며, 하루를 쉬고 그다음 날에 마지막으로 시무책 시험을 치렀다.

이 과거시험장의 모습에 대해 고려 후기의 이제현李齊賢은 다음과 같이 묘사했다.

옛 제도에 2부二府는 지공거知貢擧가 되고 경卿·감監은 동지공거同知貢擧가 되었다. 시험날에는 날이 밝기 전에 지공거는 북쪽 평상에 앉아 남쪽을 향하고, 동지공거는 서쪽 걸상에 앉아 동쪽을 향한다. 감찰監察은 왕명을 받들고 와서 남쪽에 앉되 조금 서쪽으로 하여 동북쪽을 향하며, 장교는 기를 들고 계단 아래에 나누어 선다. 응시자들이 다 모이면 곧 문을 잠그고 과거장의 서리[貢院吏]가 응시자의 이름을 불러서 동무東廡와 서무西廡 양쪽으로 나눈 다음 동쪽과 서쪽에 나무를 세워 시험 제목을 써서 그 위에 건다.

해가 우중禺中(오전 10시)에 이르러 승선承宣이 금인金印을 받들고 도착하면, 동지공거가 마당 가운데서 그를 맞아들여 서로 읍揖하는데, 지공거는 북쪽 벽의 뒤로 피한다. 승선이 동지공거와 함께 마루에 올라 두 번 절하며 안부를 묻고 또 두 번 절한다. 지공거가 북쪽 평상 아래의 자리에 앉으면 승선은 북쪽을 향해 두 번 절하고 지공거 또한 두 번 절한다. 승선이 나아가 엎드려 안부를 물으면 지공거는 앉은 채로 답한다. 승선이 물러나와 또 두 번 절하면 지공거도 두 번 절한 뒤에 서로 읍하고 앉는다. 승선은 동쪽의 평상에 앉아 서쪽을 향하여 동지공거와 마주 대한다.

서리가 응시자들이 바친 시권試卷을 안고 와서 승선에게 바치면 승선은 금인을 열어 그 두루마리에 도장을 찍는다. 내시內侍가 노란 종이로 봉한 술을 바치면 지공거와 동지공거가 승선과 함께 임금이 내리신 것에 절하고 평상에 나가 마시고, 끝나면 또 감사하는 절을 올린다. 승선이 돌아가면 동지공거가 마당에서 읍하고 보낸다. 3장을 모두 이와 같이 한다—제1장과 제2장은 승선이 와서 도장을 찍어 봉한 시권을 열어 시원試院에서 방을 걸고, 제3장에서는 (궁궐의) 염전簾前에서 방을 건다—.

(『역옹패설』 전집 권1)

이제현은 주로 시험을 주관하는 이들의 의전 절차에 대해 서술하고 있기는 하지만, 나름대로 엄숙한 과거장의 분위기와 함께 과거시험을 주관하는 지공거와 동지공거의 위상을 최대한 배려하는 모습을 잘 보여 준다. 즉 과거는 왕권의 간섭보다는 지공거와 동지공거의 주도와 책임 아래 시행되었다는 것이다. 그러므로 같은 해에 뽑힌 급제자들인 동년同年들은 그들을 뽑아 준 시험관들을 좌주座主라고 부르고 자신들은 문생門生이 되었는데, 좌주와 문생 간의 관계는 부자父子와도 같아서 평생 동안 서로 도와주었다.

이규보가 응시한 명종 20년 예부시의 지공거는 정당문학 이지명李知命이고, 동지공거는 좌승선 임유任濡였다.[57] 시제詩題는 '임금을 받드는 일은 마치 큰 자라가 신령한 산을 머리에 인 것과 같다'였는데, 마침내 합격자가 발표되었다.

제술과의 합격자 수는 시기별로 조금씩 차이가 있으나, 고려시대 전체적으로 보면 1회당 평균 25.3명을 뽑았다.[58] 명종대에는 대부분 30명 정도를 뽑았는데, 이규보가 치른 시험에서도 제술과에 30명, 명경과에 5명, 은사恩賜로 7명이 합격했다. 그리고 합격자의 성적은 갑과甲科·을과乙科·병과丙科·동진사同進士의 네 단계로 나뉘었다.

고전했던 국자감시에서와는 달리 합격자 명단에 이규보의 이름도 걸려 있었다. 첫 번째의 예부시 도전에서 보기 좋게 바로 성공한 것이었다. 그러나 그의 성적은 동진사였다. 당시 합격자의 성적표를 정확하게 알 수는 없지만, 동진사라면 하위권에 해당하는 성적이었다. 「연보」에 의하면 이규보는 낮은 성적에 불만을 품고 자신의 과거 합격을 사양하려 했다고 한다. 그러나 아버지가 엄하게 꾸짖고, 또 전례가 없는 일이다 보니 당연히 뜻대로 될 수는 없는 터였다.

　　이규보가 이처럼 낮은 성적을 받은 이유에 대해 「연보」에서는 다음과 같이 설명하고 있다.

　　공은 과거의 글을 받들지 않았으므로 글을 짓는 일이 거칠고 서툴러서 격률에 맞지 않았다. 또 시험장 안에서 봉명승선奉命承宣 박순朴純이 좌주座主와 더불어 임금이 내린 술[宣醞]을 받고 공을 불러 큰 잔으로 한 잔 마시게 했다. 그러자 곧 취해서 글씨가 어지러워지자 찢어서 버리려고 했으나, 옆에 앉아 있던 손득지孫得之가 빼앗아서 바쳤다.

　　그 시제詩題는 '임금을 받드는 일은 마치 큰 자라가 신령한 산을 머리에 인 것과 같다[戴君若鼇冠靈山]'였다. 공은 시의 넷째 글귀에서

　　장엄하기는 마치 삼신산이 우뚝우뚝 버티는 듯하니　　　　　　壯似支三鼇
　　여섯 마리의 자라를 낚아서 도망가는 근심은 없을 것이다　　憂无釣六逃

라고 했고, 다섯째 글귀에서는

　　하늘을 받들어서는 불끈불끈 솟은 듯　　　　　　　　　　　　奉天呈屹屹
　　산악을 짊어져서는 도도하게 흐르는 듯　　　　　　　　　　　負岳出滔滔

이라고 했다. 지공거 이지명이 좋아하여 드디어 물리치지 않았다.

（「연보」 경술년）

만일 이 기록이 일어난 사실을 그대로 적은 것이라면, 고려시대 과거시험 장의 모습을 생생하게 보여 주는 대단히 중요한 자료가 될 것이다. 그러나 좌주가 시험 중인 응시생을 불러 술을 마시게 할 수 있는지, 아니면 이규보만 특별히 불렀는지, 또 본인이 쓴 답안지를 다른 사람이 제출하는 것이 가능한지 등등 여러 점에서 이해되지 않는 것이 많다.

이와 같은 의문을 잠시 미뤄 둔다면, 아마도 이규보가 과거에 합격할 수 있었던 가장 큰 이유는 시험관인 이지명의 재량 때문이 아니었을까 한다. 이규보가 지은 시가 비록 일정한 격식에서 벗어난 것이었다고 할지라도, 독창성이나 기량을 높이 사서 시험관 재량으로 높은 점수를 주었을 것이라는 점이다.

실제 고려시대에 과거가 시행되는 동안 이러한 문제가 자주 논쟁거리가 되었음은 다음의 기록들이 잘 보여 준다.

문정공 유경文正公 柳璥이 네 차례나 문형文衡을 맡았다. 그가 사람을 뽑을 때에는 우선 됨됨이나 식견을 보고, 글을 잘하고 못하고는 뒤로 쳤다. 그러므로 그가 뽑은 사람은 모두 명사가 되고, 재상의 지위에 오르는 이가 잇달았다. 찬성 유천우贊成 兪千遇가 일찍이 유 문정공 밑에서 동지공거가 되었는데, 그의 성질은 자기 마음대로 하기를 좋아하여 글 쓰는 법에 조그만 흠이 있어도 반드시 물리치고자 했다. 그러나 공은 그와 다투지 않았는데, 나중에 방을 보니 모두 과거장에서의 글 쓰는 법에만 익숙한 사람들이었다. 이때 합격한 자들 중에서 뒤에 대성한 자가 거의 없었다.

(『역옹패설』 전집 권2)

처음에 영모[閔令謨]가 과거에 응시할 때에 지은 부賦가 율격에 맞지 않았다. 동지공거 이지저李之氐는 합격시키려 하지 않았으나, 지공거 최유崔濡가 "이 글은 활달하여 평범하지 않은 기운이 있으니 마땅히 방의 끄트머리에 이름을 써 주는 것이 좋겠소"라고 했다. 뒷날 유가 영모에게 "그대가 지은 부가 비록 율격에는 어긋났으나, 그 글에 원대한 기상이 보이니 마땅히 노력하시오"라고 했다.

(『고려사』 권101 열전 민영모전)

이 두 사례는 격식에 맞지 않은 글을 두고 지공거와 동지공거 간에 의견 충돌이 있었음을 보여 준다. 주시험관인 지공거와 부시험관인 동지공거의 합의가 이루어져야 합격 여부를 결정할 수 있었는데, 주관적인 기상이나 독창성을 중시하느냐 아니면 율격과 같은 객관적 평가가 가능한 원칙론을 우선으로 하느냐 하는 입장은 시험관의 성향에 따라 달라졌던 것이다. 독창성을 지나치게 중시할 경우 자칫하면 비난의 대상이 될 수도 있었다.

[손관孫冠은] 선종 때에 우간의가 되어 문하시랑 김양감金良鑑과 함께 과거시험을 주관하여 진사 이경필李景泌 등을 뽑았다. 경필이 바친 글이 격에 맞지 않았으므로, 당시 공론이 시험관이 밝지 못하다고 비난했다.

(『고려사』 권95 열전 손관전)

손관과 김양감은 지나치게 응시자의 독창성을 존중해 주었다가 공평하지 못하다는 비난까지 받았던 것이다. 그러므로 고시관들은 이와 같은 부담에서 벗어나고자 대의나 독창성을 중시하기보다는 이른바 '모범답안'의 형식을 잘 지킨 글을 뽑는 경우가 더 많았을 것이다. 다음과 같은 경우가 그러한 사실을 잘 보여 준다.

나[林椿]는 성품이 본래 활달하고 대도大道를 묻기 좋아해서 세속의 문자를 사용하는 기법을 좋아하지 않습니다. 〈중략〉 그러므로 이른바 과거장의 글이란 것을 얻어서 읽어 보니 교묘하다면 교묘한 것입니다. 그러나 심히 어려운 것은 없었고 진실로 배우의 말 따위 같은 것이었습니다. 그리하여 스스로 헤아려 말하기를 "이와 같이 하고도 문장이라고 생각한다면 비록 갑ㆍ을과에 합격한 것이라도 팔 굽힐 사이에 지을 수 있을 것이다"라고 했습니다. 〈중략〉 나는 이미 여러 차례 과거시험에 낙방하여 다시는 응시하지 않으리라 맹세했습니다.

(「조역락에게 드리는 글」, 『서하집』 권4 서간)

즉, 임춘은 몇 차례의 응시에도 불구하고 끝내 과거에 합격하지 못하였다. 그는 실패의 원인을 자신의 글재주가 부족했기 때문이 아니라 틀에 박힌 형식으로 지은 '과거장의 글'을 중시하는 세태와 시험관의 책임으로 돌리고, 결국은 과거 응시 자체를 포기하고 말았던 것이다.

이규보 역시 훗날 동지공거로 위촉받았을 때,

생각하건대, 사람을 알아보는 일이 쉽지 않다는 것은 예부터 그랬거니와 지금만이 아닙니다. 예쁘거나 추하거나 길거나 짧은 것은 보아서 가히 알 수 있으나, 성품이 굽었거나 바르거나 어질거나 어리석은 것은 생각으로는 헤아리기 어려우니, 어찌 재주는 얼굴에 감추어져 있고 지혜는 마음속에 숨어 있기 때문이 아니겠습니까? 그러므로 사율과詞律科를 베풀어 가슴속에 쌓여 있는 것을 시험하고자 하더라도, 문장은 그럴듯하면서도 바탕은 그른 자가 있고, 혹은 재주는 부족하여도 행실은 바른 이가 있으므로, 답안지를 읽을 때에 종일을 되풀이하여도 스스로 의혹이 듭니다. 대저 또 방을 내건 뒤에도 사람들의 험담과 칭찬이 어떨지도 두렵습니다.

(「앞과 같이 (동지공거를) 사은하는 표」, 『동국이상국집』 전집 권31 표)

라고 하여, 문학적 능력과 자질, 행실, 사람들의 평가 등을 종합적으로 고려하여 인재를 뽑는 일이 결코 쉽지 않음을 고백하기도 했다.

임춘 같은 사례에 비추어 본다면, 이규보의 경우는 어쩌면 운이 매우 좋았다고 할 수 있을 것이다. 임춘이 속했던 죽림고회의 선배들과 깊은 교유를 맺고 있던 이규보 역시 '과거장의 글'이 어떤 것이라는 사실은 잘 알고 있었다. 그러므로 그와 같은 글보다 자신의 글이 못하다는 사실을 받아들이기에는 무엇보다도 그의 자존심이 허락하지 않았을 것이다. 그러한 점에서 성적이 하위급인 동진사에 불과하다는 사실을 알게 되자, 자신의 합격을 취소해 달라고 떼를 썼던 이규보의 심정도 충분히 이해할 수 있지 않을까. 이러한 아들에 대해 아버지가 엄하게 꾸짖었던 것은 평소 아들의 성격이나 생활 습관은 물론이고, 이미 과거에 합격한 선배로서 과거시험의 폐단이나 지공거의 재량 같은 것도 잘 알고 있기 때문이었을 것이다.

어떻든 이제 23세가 된 이규보는 과거에 급제함으로써, 일단 그의 생애의 한 단락이 정리된 셈이었다. 비록 국자감시에서는 세 차례 낙방했지만 네 번째 도전에서 장원이라는 영예를 차지하게 되었고, 본고시에서의 성적도 좋지는 않았지만 23세의 합격 연령은 결코 늦은 것도 아니었다. 당시 다른 급제자들도 평균 23~24세 정도에 급제했기 때문이다.[59] 그러므로 이제 이규보는 커다란 부담 없이 새로운 세계, 즉 성인으로서 관리의 세계로 뛰어들게 된 것이다.

이 세계는 과연 어떻게 펼쳐졌을까. 또 과거장에서 보여 주었던 이규보의 그 '자존심'은 이후 그가 살아가면서 부딪혀야만 했던 현실적인 문제들과 어떤 관련을 맺고, 어떠한 영향을 주었던 것일까. 장을 달리하여 살펴보기로 하자.

주

1 『동국이상국문집 연보』(이하 「연보」라고 함) 계묘년. 이 글에서의 원문은 『동국이상국 집』(『영인표점 한국문집총간』 1·2, 1990, 민족문화추진회)을 저본으로 했다. 번역문은 『국역 동국이상국집』(고전국역총서 166~172, 민족문화추진회, 1985 중판) 및 『동명왕 의 노래』·『조물주에게 묻노라』(김상훈·류희정 옮김, 겨레고전문학선집 5·6, 2005, 보리)를 참고했으나, 필요한 곳은 필자가 새로 번역했다.

2 「연보」 신묘년.

3 국자감시는 司馬試, 南省試, 東堂監試 등 여러 이름으로 불렸다. 「연보」에는 사마시라는 용어를 주로 쓰고 있으나, 이 글에서는 일반적으로 더 통용되는 국자감시라는 용어로 통일하여 쓰기로 한다.

4 고려시대 국자감시 급제자의 평균 연령은 18.6세로 조사된 바 있다. 김용선, 『고려음서 제도연구』, 일조각, 1991, 128~129쪽.

5 「이규보 묘지명」, 『고려묘지명집성』(제5판, 이하 『집성』으로 표기함), 김용선 편, 한림대 출판부, 2012, 373쪽. 「이규보 묘지명」은 『동국이상국집』 終卷에 실려 있는데, 지석이 발견되어 국립중앙박물관에 소장되어 있다. 내용은 거의 차이가 없으나 다른 부분이 약 간 있으므로, 이를 종합한 『집성』의 명문을 이용하기로 한다.

6 주 5와 같음.

7 『고려사절요』 권12 명종 9년 3월 조 기사에 이부의 관직이 대장군으로 되어 있다.

8 『고려사』 권20 세가 명종 9년 4월 경술.

9 「종형인 장군에게 드리는 제문」, 『동국이상국집』 전집 37 제문.

10 박용운, 「이규보의 사례를 통해 본 최씨집권기 관제 운영의 실상」, 『사총』 53, 고대 사학 회, 2001, 68쪽. 박종기도 이규보의 가문을 '부친이 황려현에 토착 기반을 가지고 개경 에서 관리생활을 한 중소지주층 출신의 전형적인 사대부'라고 했다(박종기, 「이규보의 생애와 저술 경향」, 『한국학논총』 19, 국민대 한국학연구소, 1996, 34쪽).

11 「연보」 무자년. 외조의 초명은 仲權이었으나 뒤에 施政으로 고쳤다.

12 이윤수는 자녀로 1남 2녀를 두었다. 이규보는 '나에게 동복이 없다'(「종형인 장군에게 드리는 제문」, 『동국이상국집』 전집 권37 제문)라고 스스로 밝히고 있을 뿐더러, 그의 글 중에는 두 매형에 관한 언급은 있으나, 형제에 대한 기록은 전혀 없다. 이와 같이 이 규보는 외아들이었으므로, 아버지가 그의 교육에 더 각별한 관심을 두었을 것이다.

13 「'사마온 공이 항아리를 깨뜨리는 그림' 뒤에 쓰다」, 『동국이상국집』 전집 권22 잡문.

14 『동국이상국문집』 서.

15 「연보」 무술년.

16 원문에 '復置東西學堂'이라고 되어 있다(『고려사절요』 권18 원종 2년 3월).

17 신천식, 「중앙의 교육기관」, 『한국사』 권17(고려 전기의 교육과 문화), 국사편찬위원회, 1994, 45쪽.

18 「내가 여덟아홉 살 때에」, 『파한집』 하28.

19 신천식, 앞의 책, 65쪽.

20 「이승장 묘지명」, 『집성』, 274쪽.

21 「김창 학사가 하과시에 화답하므로 차운하다」, 『동국이상국집』 후집 권7 고율시.

22 『고려사』 권102 열전 김창전.

23 「김방경 묘지명」, 『집성』, 406쪽.

24 「김창 학사가 하과시에 화답하므로 차운하다」, 『동국이상국집』 후집 권7 고율시.

25 「한소가 예부시에 응시했으나 합격하지 못했으므로 시로 위로하다」, 『동국이상국집』 전집 권11 고율시.

26 「이규보 묘지명」, 『집성』, 373쪽.

27 「귀법사 시냇가에서 느낌이 있어」·「이튿날 하과의 제생이 지은 시의 운을 빌려서」, 『동국이상국집』 전집 권14 고율시.

28 「옛 서울을 생각하며 세 수를 읊다」, 『동국이상국집』 후집 권1 고율시.

29 「김창 학사에게」, 『동국이상국집』 후집 권7 고율시.

30 「조용히 앉아서 우연히 기억해 보니 〈하략〉」, 『목은시고』 권19 시.

31 「관직을 구하는 시」 중 「元少卿」, 『동안거사집』 행록 권1.

32 「김해부 향교 수헌의 기문」, 『가정집』 권2 기.

33 「진 수재의 별서에 쓰다」, 『동국이상국집』 전집 권1 고율시.

34 「신 대장이 내 아들 징을 가르쳐 주어 감사하다」, 『동국이상국집』 전집 권16 고율시.

35 이 과거에 대해 『고려사』에는 '(충렬왕) 31년 3월에 우승지 안우기가 이문언 등 73명을 뽑았다'라고 했다(『고려사』 권74 선거지 2 국자시, 충렬왕 31년 3월)

36 「病課詩」, 『동안거사집』 행록 권1.

37 「용두사에서 편시가 와서 〈하략〉」, 『목은시고』 권21 시.

38 「진관사로부터 맹동이 돌아와서 〈하략〉」, 『목은시고』 권10 시.

39 「혜구 대선이 방문해 주다」, 『목은시고』 권18 시.

40 「강하 황빈연」, 『파한집』 중16.

41 「김회영 수재에게 주는 편지」, 『동국이상국집』 전집 26 서.

42 「지리산은 혹은 두류라고도 한다」, 『파한집』 상14 .

43 「양광도 안렴사로 나가는 한홍도 시어사를 전송한 글」, 『목은문고』 권7 시.

44 『고려사』 권106 열전 김구전.

45 『고려사』 권134 신우 2 우왕 6년 5월 조.

46 『고려사』 권68 예지 10 가례 참조.

47 『고려사』 권74 선거지 2 국자시, 명종 13년 5월 조.

48 『고려사』 권74 선거지 2 국자시, 명종 15년 5월 조.

49 『고려사』 권74 선거지 2 국자시, 명종 16년 윤7월 조.

50 「칠현설」, 『동국이상국집』 전집 권21 설.

51 『고려사』 권74 선거지 2 국자시, 명종 17년 7월 조.

52 「강남에서 예전에 놀 때」, 『동국이상국집』 전집 권1 고율시.

53 「미쳤다는 것에 대한 변별」, 『동국이상국집』 전집 권20 잡저.

54 「오천유 묘지명」, 『동국이상국집』 후집 권12 묘지명.

55 「연보」 기유년. 『고려사』 선거지에는 이 과거에 대해 '명종 19년 5월 우승선 유공권이

시부에서 정수강 등 19명, 십운시에서 이규보 등 62명을 뽑았다'라고 기록되어 있다
(『고려사』 권74 선거지 2 국자시).

56 앞의 주 4와 같음.
57 『고려사』 권73 선거지 1 선장, 명종 20년 5월 조. 「연보」 경술년(명종 20년) 조에는 6월
에 이규보가 예부시에 응시했다고 하였으나, 『고려사』의 기록에 따르기로 한다.
58 박용운, 『고려시대 음서제와 과거제 연구』, 일지사, 1990, 276~277쪽.
59 김용선, 『고려음서제도연구』, 일조각, 1991, 128~129쪽.

제2장

관리

내가 그때 만일 조금만 참아서 그와 사이가 나쁘게 되지 않았더라면

반드시 이런 일은 없었을 터이다.

내가 자초해서 그렇게 된 것인데, 그러한즉

어찌 운명과 관련되었겠는가.

(「하늘과 사람이 서로 이긴다는 설[天人相勝說]」, 『동국이상국집』 전집 권21 설)

1. 구직

과거에 급제했다고 해서 바로 관직이 주어지는 것은 아니었다. 이규보도
스스로 인정하고 있듯이,

(고려의) 중고中古 이래로 급제자 이상은 그해에 외직에 보임된 사람이 있고, 그다
음도 3～4년이 못 되어 보직되었습니다. 다만 근래에 문관文官이 올바르지 않게
빨리 진출하는 사람이 매우 많고, 맡길 주현州縣은 증가하지 않았기 때문에 어리석
게 마냥 기다리기만 하는 사람은 대개 진출도 못하고 밀리어 앞길이 막힌 채 30년

혹은 28·29년이 되도록 임명되지 못한 사람도 있습니다.

(「조영인 태위에게 올리는 글」, 『동국이상국집』 전집 권26 서)

라고 하여, 고려 전기와 달리 당시에는 과거급제자라 할지라도 경우에 따라서는 20년도 넘는 긴 세월을 기다려서야 겨우 지방관직 하나를 얻는 경우도 있었기 때문이다.

그러므로 과거에 갓 급제한 23세의 이규보도 관직을 얻기 위해 서두르지 말고 차분하게 기다리자고 마음먹었을 것으로 보인다. 게다가 과거에 급제한 그 이듬해 8월에는 아버지의 상을 당해 복인服人이 되었으므로,[1] 실제로 당분간은 관직에 나갈 형편도 되지 못했다.

이렇듯 20대 중반의 나이에 접어든 이규보는 '백운거사白雲居士'라고 자칭하며, 개성 주위의 천마산天磨山의 초당草堂에 우거하면서 시도 많이 짓고 친구들과 어울려 술도 마시면서 전원생활을 즐겼다. 「삼백운시三百韻詩」를 비롯하여, 고구려의 건국을 노래한 장편 서사시 「동명왕편東明王篇」이나 당 현종 때의 역사를 읊은 「개원천보영사시開元天寶詠史詩」 43편 등이 이때에 지어졌다. 또 「백운거사전」, 「백운거사어록」, 「백운소설」 같이 '백운'이라는 단어가 들어가는 작품을 많이 남긴 사례에서도 보다시피, 그는 스스로 지은 백운거사라는 호를 참으로 좋아했다.

이 호에 대해 이규보는 다음과 같이 설명했다.

〈전략〉 백운거사라고 했더니, 어떤 이가 말하기를, "그대는 장차 청산에 들어가 흰 구름에 누울 것인가? 어찌 스스로 호를 이와 같이 지었는가?"라고 하므로, 내가 말했다. "그렇지 않다. 흰 구름은 내가 사모하는 것이다. 사모해서 그것을 배우면 곧 비록 그 실상은 얻지 못한다고 할지라도 또한 그렇게 되기를 바랄 수는 있지 않은가. 대개 구름이라는 물체는 조용하고 한가롭게 떠다니면서 산에 막히거나 하늘에 매이지 않고, 동과 서로 자유롭게 다니면서 그 자취가 거리끼는 것이 없다.

순식간에 변화하되 그 끝나는 곳이 어디인지 알 수가 없으니, 여유롭고 침착한 모습은 곧 군자가 나서는 것 같고, 슬그머니 걷히는 모습은 고인高人이 은둔하는 듯하다. 비가 되어 가물었던 것을 소생시키니 인仁이요, 오되 머물지 않고 가되 아쉬워하지 않으니 통通하는 것이다. 빛깔이 푸르거나 누르거나 붉거나 검은 것은 구름의 바른 것이 아니고, 오직 회되 화려하지 않은 것이 구름의 실상이다. 덕이 이미 그러하고 빛깔이 또 이와 같으니, 만일 이를 사모해서 배워서 나간 즉 만물에 혜택을 주고, 들어온 즉 마음을 비우게 된다. 그 흰 것을 지키고 그 한결같음에 거하면 심오하고 무한한 경지에 이르게 되어, 구름이 나인지 내가 구름인지 알 수 없게 되니, 이렇게 되면 옛 사람이 얻은 실상에 가까워지지 않겠는가?"

어떤 이가 "거사居士라고 한 것은 어떤 이유인가?"라고 말하므로, 나는 "산에 있든 집에 있든 오직 능히 도道를 즐기는 이를 거사라고 부를 수 있는데, 나는 집에 있으면서 도를 즐기는 자다"라고 했다.

(「백운거사어록」, 『동국이상국집』 전집 권20 잡저)

10년 가까이 그를 억누르고 있던 과거에의 부담에서 벗어난 탓일까. 흰 구름처럼 매인 것 없이 유유자적한 생활을 하겠다는 당시의 그의 심정을 그대로 표현한 것이라고 할 것이다. 그러나 이러한 생활은 어디까지나 '당분간'일 수밖에 없었다. 그는 위의 어록의 다른 구절에서 당시 머물고 있던 천마산의 초당은 '잠시 머무는 곳일 따름이지, 사는 곳이 아니다'라고 분명하게 선언했다. 또한 스스로를 거사라고 부르면서도, 자연과 벗을 삼는 완전한 은둔이 아니라 '집에 있으면서', 즉 현실에 기반을 둔 생활을 전제로 하였던 것이다.

위의 「백운거사어록」과 같은 때에 지은 것으로 생각되는 「백운거사전」에는 당시의 생활을 다음과 같이 적었다.

집에는 자주 식량이 떨어져서 끼니를 잇지 못했으나, 거사는 스스로 유쾌하게 지냈다. 성격이 소탈하여 단속할 줄을 모르고, 온 세상을 좁게 여겼다. 항상 술을 마시고 스스로 혼미했다. 불러 주는 사람이 있으면 곧 반갑게 나가서 잔뜩 취해서 돌아왔으니, 거의 옛날의 도연명의 무리와 비슷했다. 거문고를 타고 술을 마시며 이렇게 세월을 보냈다.

(「백운거사전」, 『동국이상국집』 전집 권20 전)

본인은 흰 구름처럼 매인 것 없는 거사라고 큰 소리를 치고 있었으나, 정작 생활 자체는 넉넉하지 않은 정도가 아니라 몹시 쪼들리는 형편이었다. 집에는 자주 식량이 떨어져 끼니를 잇지 못할 정도였기 때문이다. 겉으로 드러나는 모습과 달리 생활고에 시달리던 그는 구직에 마음을 두지 않을 수가 없었다. 더구나 이때쯤 그는 결혼하여 가정을 꾸린 가장이 되어 있었다.

그리하여 그는 장자목 예부시랑에게 바친 긴 백운시를 통해, '동문들은 모두 날개를 떨치고 있는데 오직 자신만이 느릅나무나 모으는 신세가 되었습니다'라고 조바심을 내비치면서, 그가 조정에 자신을 추천했다는 소문에 관심을 나타내며 은근히 결과를 기대했다.[2] 또 국자감시 좌주였던 유공권에게도 다음과 같은 시 두 수를 지어 바치기도 했다.

문 앞의 오얏나무 한 그루	一樹門前李
봄을 맞아 점차 따스해짐을 기뻐합니다	逢春喜漸暄
마음 써서 비와 이슬을 받고 있으니	有心承雨露
오랫동안 말이 없다고 이르지 마십시오	莫謂久無言
골짜기에서 나온 꾀꼬리 아직도 있어	出谷鸎猶在
나지막히 돌면서 점차 큰 나무로 내려옵니다	低徊漸下喬
금림禁林의 버드나무에 의탁하고자 하오니	禁林期託柳
원컨대 긴 가지 하나를 빌려 주십시오	願借一長條

(「유 승선에게 올리다—내가 문하에서 진사에 올랐다[呈柳承宣—予於門下登進士]」,
『동국이상국집』 전집 2 고율시)

자신을 오얏나무[李]에 빗대어 봄을 기다리고 있다거나, 유공권의 성을 딴 버드나무[柳]의 가지 하나를 빌려 달라는 이 시는, 자신을 천거해 달라는 노골적인 구직시라고 할 수 있다. 그런데 26세 때인 명종 23년(1193)의 이른 봄에 썼다고 생각되는 이 시에서 주목할 것은, 자신이 가고 싶은 곳이 '금림', 즉 궁궐이라고 밝히고 있다는 점이다. 중앙 관리, 그것도 궁궐 내에서 문한직에 종사하는 관리가 되기를 희망한 것이다. 근시직 또는 청요직으로 분류되며 출세가 보장되는 이러한 관직을 갖고 싶다는 그의 소망은 문학적 재능에 대한 자부심과 아울러, 아직까지는 자신의 취직에 대해 어느 정도 자신감과 함께 낙관적인 생각을 가지고 있었다는 사실을 보여 준다.

그러나 상황은 점차 좋지 않은 쪽으로 변하고 있었다. 그 뒤 유공권은 실제로 왕에게 글을 올려 이규보를 추천했으나 명종은 이규보가 미치광이라는 평판이 나돈다는 구실로 관직을 주는 것을 거부했다.[3] 좌주로서 자신의 문생인 이규보의 재능을 무척 아꼈지만, 유공권은 명종 26년 7월에 사망했기 때문에 더 이상 도움을 주지 못하게 되었다.[4]

그에 앞서 이규보가 과거에 급제한 그 이듬해, 즉 명종 21년 1월에는 예부시의 지공거였던 이지명이 사망했다.[5] 좌주와 문생은 아버지와 아들의 관계와 같아서, 문생의 출세에 좌주는 매우 큰 영향력을 끼쳤다. 그러므로 좌주 이지명의 때 이른 죽음은 특히 이규보와 같이 비교적 낮은 가문 출신의 급제자가 출세하는 데 큰 타격을 줄 수밖에 없었다. 더구나 이지명은 이규보의 답안지가 비록 격률에 어긋나고 글씨가 거칠었지만, 그 개성과 기백을 존중하여 특별하게 뽑아 준 사람이 아니었던가. 예부시 좌주가 아닌 국자감시 좌주였던 유공권에게 구직을 부탁한 사정도 이지명의 죽음과 관련될 듯싶지만, 두 좌주의 때 이른 사망은 이규보에게는 지극히 불운한 일이 되고 말았다.

향리가문 출신이자 중하급 관리의 아들이었던 이규보에게는 이렇다 할 중앙의 인맥도 없는 처지였다. 19세 때부터 계속 교유를 맺어 온 죽림고회의 7현들이 그와 가까운 선배이자 친구들이었지만, 이들도 이규보의 출세에는 아무런 도움을 주지 못했다. 도움은 고사하고 선배인 오세재나 임춘 등은 자신의 출셋길을 찾는 데에도 쩔쩔매다가 실의 속에서 죽거나 은둔한 형편이었고, 나머지 인물들도 정도의 차이는 있을지언정 당시 서로 비슷한 입장에 놓여 있었기 때문이다.

결정적인 악재는 명종 26년(1196), 이규보가 29세 되던 해에 일어났다. 「연보」에는 이 해의 일을 다음과 같이 기록하고 있다.

> 4월에 서울에 난이 일어나서 자부姊夫가 남쪽 황려로 유배 가자, 5월에 공이 누이를 데리고 (그곳으로) 갔다. 그해 봄에 어머니는 상주尙州의 수령이던 둘째 사위에게 가 있었다. 6월에 공은 황려에서 상주로 어머니에게 문안을 갔다가 한열병寒熱病에 걸렸는데 몇 달 동안 낫지 않아서 10월에야 돌아왔다.
>
> (「연보」 병진년)

그해 4월 서울에서 일어난 난은 최충헌·최충수 형제가 이의민을 제거하고 정권을 차지한 일을 말한다. 그런데 이 기록에서 주목되는 것은 이의민이 실권하자 이규보의 자부가 황려로 유배 갔다는 사실이다. 어떤 이유로 그가 유배를 가게 되었는지는 알 수 없지만, 적어도 그가 이의민 계열의 인물이었다는 점은 분명하다. 다시 말해 그는 새로 권력을 잡은 최충헌의 입장에서는 우선적으로 제거해야 할 반대 세력 중의 한 명이었던 것이다.

이때 이규보는 누이를 데리고 자부에게 갔다가 곧 어머니를 찾아뵌다는 구실로 더 남쪽인 상주로 내려갔다. 이러한 사실은 이규보가 최충헌 정권이 등장하자 무언가 정치적 또는 정신적 부담을 가지고 남쪽으로 멀리 도피했다는 설명이 가능할 것이다. 구직에 목마른 상태라면 당연히 새로운 정권의 출현에 기뻐하고, 그 기회를 틈타 어떤 식으로든지 적극적인 행동에 나섰어야 했을 것이다. 그러나 이규보는 정반대로 행동하고 있는 것이다. 특히 고향으로 내려간 이규보가 서울에서의 재앙을 간신히 피했다고 안도감을 피력하는 사실을 보면,[6] 그의 남행은 정치적 도피의 성격이 짙다고 말할 수밖에 없다.

5월에 서울을 떠난 이규보는 황려, 상주, 용궁 등지에서 머물다가 10월에야 서울로 돌아왔다. 겉으로는 누이를 데려가고 어머니를 찾아뵙고 또 병을 앓았다는 구실을 대기는 했지만, 결과적으로 이규보는 최충헌 정권이 등장한 뒤 적어도 6개월 가까이를 허비하면서 입사入仕를 위한 귀중한 기회를 놓쳐 버리고 만 것이다.

그 이듬해 9월에 최충헌은 명종을 폐위시키고 신종을 즉위시켰다. 그리고 10월에는 동생 최충수를 제거하고 권력을 독차지하며 완전한 1인 독재 체제를 구축하게 되었다. 이와 같은 커다란 정치적 변혁이 일어나는 시기에 이규보는 다시 병을 앓았다. 오른손에 갑자기 종기[生癤]가 생겨서,[7] 중구일 重九日(9월 9일)에는 나가 놀지도 못하는 처지가 된 것이다.[8] 신종이 즉위한 것은 그보다 조금 뒤늦은 9월 계해일[23일]이기는 하지만,[9] 일촉즉발의 긴장된 이 시기에 바깥출입도 하지 못할 정도의 병이 들었다는 사실은 참으로 공교롭기 짝이 없다. 어쩌면 병을 핑계로 삼아 문을 닫아걸고 사태의 추이를 관망한 것은 아니었을까.

최충헌이 이의민을 제거하고 정권을 잡자마자 남쪽으로 도피성 여행을 다녀오고, 또 동생을 제거하고 1인 체제를 굳히는 혼란기에 극도의 신중한 태도를 보여 준 이규보의 행위는, 평소 그를 질시하던 측의 입장에서는 어떻게 이해되었을까. 사정이야 어찌 되었건 간에 아마도 그들에게 이규보를 비판하거나 험담하기에 가장 좋은 구실을 본인 스스로가 제공해 준 꼴이 되고 말았을 것이다. 따라서 최충헌 정권이 확립된 이후 이들의 정치적 영향력에 따라 이규보의 출세가 쉽지만은 않으리라는 사실은 어쩌면 당연한 예견이었을지도 모른다. 그리고 이규보를 주시하는 그 정점에는 실력자인 최충헌이 자리 잡고 있었다.

상황이 이렇게 흘러가는 사이에 어느새 서른의 나이로 접어든 이규보는 본격적인 구직운동에 나서기 시작했다. 신종이 즉위한 그해 겨울 12월의 정기 인사철이 다가오자 이규보는 조영인趙永仁, 임유任濡, 최당崔讜, 최선崔詵에게 시를 지어 바치면서 자신을 추천해 줄 것을 간곡하게 부탁했다.[10] 특히 조영인에게 올린 시의 서문을 보면

저는 어리석고 둔한 자질로나마 과거에 적을 올린 지가 8년이 지났으나 벼슬을 내린다는 한 가닥의 명도 받지 못했습니다. 이제 엎드려 은문恩門인 상국 각하께서 전부銓部의 권한을 맡아 선비들을 살피신다고 하오니, 실로 스스로 물러서기 어려워 감히 관직을 구하고자 합니다. 〈중략〉 용졸한 사람을 거두시어 시험 삼아 지방관의 임무를 맡겨 보시기 바랍니다.

(「조영인 영공에게 올림」, 『동국이상국집』 전집 권7 고율시)

라고 하여, 중앙 관직이 아니라 지방 관직에라도 추천해 줄 것을 간절하게 요청했다. 비록 겸양의 수식어로 치장했다고 하더라도 그동안의 자신만만함과 자존심 따위는 벗어던진 것이다.

그렇다면 하필이면 왜 이 네 명에게 구직을 부탁한 것일까. 위의 인용문을 보면 조영인은 전부銓部의 권한, 즉 인사권을 맡게 되었다는 사실이 주목된다. 즉, 명종 27년(1197) 10월 동생 최충수를 제거하고 권력을 독차지한 최충헌은, 그에 앞서 9월에 명종을 폐위시키고 신종을 즉위시켰다. 그리고 그해 12월의 인사를 통해 자신의 권력을 보다 강하게 다지게 되었는데, 이때 조영인은 수태사 문하시랑평장사 감수국사 판이부사, 임유와 최당은 중서시랑평장사, 최선은 추밀원사 태자소사, 최충헌은 추밀원지주사가 되었다.[11] 즉 조영인 등 네 명은 최충헌 정권 아래에서 재추급의 고위관리로 임명되었고, 특히 조영인은 판이부사로서 인사권을 장악하는 지위에게 있게 되었던 것이다. 그러므로 이규보가 이들 네 명에게 구직을 부탁한 것은 당

연히 그들의 직위를 고려했기 때문이었을 것이다.

한편 이규보는 이들에게 바친 구관시求官詩에서 그들과 자신과의 개인적 친분관계를 밝혔는데, 이들과 이규보와의 개인적인 관계를 찾아보면 아주 흥미로운 사실이 드러난다. 즉 조영인에게 바친 시에는 '저는 상국의 막내 아들과 가장 친하고, 또 같은 해에 과거에 급제했습니다'라는 주가 붙어 있다. 이 막내아들은 이규보의 친구이자 동년급제생인 조충趙冲이다.[12] 또 임유에게 바친 시의 서문 첫머리에는 '제가 문하에 있은 지 오래 되었습니다' 라고 하여 자신이 임유의 문생이었음을 강조하고 있는데, 임유는 이규보가 급제한 과거의 동지공거였다.[13] 최당과 최선은 형제간인데, 최당에게 바친 시의 서문에서는 '제가 엎드려 들으니 상국 각하께서 조 영공과 함께 한 자리에서 저를 크게 칭상稱賞했다고 하기에, 기쁨을 이기지 못하여 금체시今體詩를 지어 올립니다'라고 하여 조영인과 함께 자신의 문학적 재능을 칭찬한 데 대한 감사를 드리고 있다.[14] 그런데 조영인과 최선은 예부시 급제 동기생 이었다.[15] 한편 최선의 아들 최종번崔宗蕃은 이규보의 가장 친한 친구 중의 하나였는데, 조영인의 아들 조충은 최선의 사위로,[16] 최종번과 조충은 서로 처남·매부 사이였다.

이렇게 본다면 이규보는 최고위층을 상대로 하되, 자신의 인맥을 최대한 으로 가동하여 구직에 발 벗고 나선 것이라는 사실을 알 수 있다. 또 조영인 등 네 명의 재상들도 이렇게 얽히고설킨 개인적 인맥을 통해 이규보의 능력 이나 인물 됨됨이를 이미 잘 알고 있었을 것이다.

이규보의 부탁을 받아들인 이 네 명의 재상은 그해 12월에 이규보를 지방 관으로 추천하는 글[箚子]을 연명으로 올렸다. 이 글은 지금 남아 있지 않으 나,「연보」에 의하면 이규보를 우선 지방 관리로 삼았다가 적당한 때에 문한 의 일을 맡겼으면 좋겠다는 내용이 들어 있었다.[17] 말하자면 네 명의 재상이 신원을 연대 보증하는 방식으로 이규보를 추천하면서 중앙의 중요한 관직 이 아니라 일단 지방 관직 하나를 주자고 건의한 셈이므로, 국왕도 윤허하여 취업은 곧 이루어질 것으로 보였다.

그러나 엉뚱한 곳에서 문제가 생겨났다. 이 글이 중간에 없어져 버린 것이다. 「연보」에 의하면 이규보에게 좋지 않은 감정을 품고 있던 장주승선掌奏承宣 어떤 이가 이 글을 이부吏部에 보내지 않고 거짓으로 잃어버렸다는 핑계를 대었다고 한다.[18] 이미 임금의 결제가 내려졌지만 문건이 중도에 없어졌으니 이규보를 발령할 법적 근거 서류가 없어진 셈이다. 전혀 예기하지 못한 상황이 발생한 것이다. 그러나 총재로서 인사권을 가지고 있던 조영인은 실무담당관인 장주승선의 실수를 문책하기는커녕, 그의 주장을 받아들여 왕의 조서가 이부에 내려오지 않은 것으로 처리하고 이규보의 추천과 인사 발령을 없던 일로 했다.

당연히 이규보는 이러한 조치의 부당함과 억울함을 호소하면서 조영인에게 다시 글을 올려 이 결정을 재고해 줄 것을 간곡하게 부탁했다.[19] 그러나 한번 내려진 그 결정이 번복되지는 않았다.

어쩌면 문제를 일으킨 그 장주승선은 왕의 비서이기는 했지만, 친왕파라고 하기보다는 최충헌의 심복이었을 가능성이 크다. 무엇보다도 이 사건의 전말을 최충헌도 잘 알고 있었기 때문이다. 최충헌은 뒷날 '문유文儒인 네 상국이 아무개를 추천했으나 뜻을 이루지 못하고, 또 차자를 빼앗은 이도 있다고 들었다'라고 말했던 것이다.[20] 그러므로 이규보의 구직이 실패로 돌아간 배후에는 최충헌이 개입되어 있었다고 보는 것이 당연하지 않을까 한다. 아무리 인사권을 가진 총재였고 직접 이규보를 추천한 조영인이라 할지라도, 어쩔 수 없이 사건을 유야무야하게 마무리 지을 수밖에 없던 사정도 이러한 배경이 있기 때문이었을 것이다.

최충헌이 이규보의 등용을 왜 반대했는지는 알 수 없다. 기록에 남아 있는 그대로 이규보에게 좋지 않은 감정을 품은 측근의 건의를 받아들인 결과라고도 할 수 있겠지만, 좀 더 근본적인 이유도 있지 않았을까 한다. 즉 조영인과 같은 원로 문신들의 주장을 그대로 덥석 받아들였다가는 장차 문신들의 세력이 위협적인 존재로 커질 수도 있었을 것이다. 다른 한편으로는 이규보 같은 인물, 즉 반체제적인 문인들과 어울리는 야심만만한 젊은 문사를 자신의 확실한 세력으로 만들기 위해서는 조금 더 시련을 겪게 하는 것이 필요하다는 정치적 판단도 한몫하지 않았을까.

전혀 예상하지 못한 사태에 크게 실망한 이규보는 그 이듬해에 내성內省의 여러 낭관과 학사들이 자신의 문학적 능력을 칭찬하면서 관직에 추천하려 한다는 말을 듣고, 다시 구직을 부탁하는 글을 다음과 같이 올렸다.

> 삼가 운韻을 따라 제랑諸郞들의 덕을 기념하는 5언금체시五言今體詩 한 수씩을 각각 짓고, 편지에 깨끗이 연서하여 여러분에게 바치고 감사를 드립니다. 다시 간절히 바라는 것은 제랑 학사께서는 전에 추천한 말은 희롱이라 하지 마시고 기어코 좋은 벼슬을 저에게 내려 주어 그 은혜를 끝내 받도록 해 달라는 것뿐입니다.
>
> (「내성의 제랑에게 올리다」, 『동국이상국집』 전집 권8 고율시)

이규보가 정성껏 글을 지어 바치면서 기필코 벼슬을 시켜 줄 것을 간절하게 요청한 내성의 낭관들은, 민식閔湜 우산기상시, 김적후金迪侯 직문하성, 이계장李桂長 좌간의, 이세장李世長 우간의, 고영충高瑩忠 중서사인, 윤위尹威 기거랑, 김충金冲 좌사간, 최광우崔光遇 우정언 등 모두 여덟 명이다. 그런데 이들 각자에게 올린 시에서도, 민식과는 서로 먼 친척관계임을,[21] 이세장의 아들과는 과거의 동년임을,[22] 윤위에게는 장인인 유공권이 자신의 지공거였음을 밝히고 있다.[23] 나름대로 동원할 수 있는 개인적 친분 관계는 모두 들먹인 것이다.

이 밖에도 이규보는 한때 자신의 과외선생이었던 이 이부李 吏部에게도 글을 올려 구직을 부탁하기도 했고,[24] 민식과 윤위에게도 재차 글을 올려 장인과의 관계 등을 언급하면서 자신의 구직을 위해 애써 줄 것을 부탁했다.[25] 그러나 열쇠를 쥐고 있는 최충헌의 심정이 변하지 않는 한 아무런 소득이 없었음은 당연한 일이었을 것이다.

이와 같이 애타는 노력에도 관직이 주어지지 않자, 이규보는 다음과 같이 절망스러운 모습을 보이기도 했다.

아, 뜻은 크고 재주는 높건만, 주어진 운명이 궁박하여 나이 서른이 되도록 오히려 1개 군현의 직임도 얻지 못했다. 외롭고 괴로운 온갖 상황을 말로 할 수는 없으나, 머리만은 가히 알고 있을 것이다. 이때부터 경치를 만나면 부질없이 시를 읊고 술을 만나면 통음하면서 현실 밖에서 방랑했다.

「내가 아홉 살 때부터」, 『백운소설』, 『동국이상국집』 부록)

찾을 수 있는 인맥은 다 찾아서 부지런히 구직운동을 하는 동안, 주위의 인물들도 기회 닿는 대로 여러 차례 이규보를 추천하는 등 그의 취직을 위해 노력했다. 앞에서 든 사례만 보아도 국자감시 좌주인 유공권, 시랑 장자목, 조영인을 비롯한 네 명의 문유재상, 여덟 명의 낭관과 학사들이 그러했던 것이다. 비록 번번이 실패하기는 했지만, 이러한 노력의 결과인지 마침내 이규보에게 기회가 왔다. 드디어 최충헌이 이규보에 관심을 보이게 된 것이다.

구직 파동이 있던 두 해 뒤인 신종 2년(1199) 5월 어느 날, 자신의 집에 천엽유화千葉榴花가 만발하자 최충헌은 내한內翰 이인로李仁老 · 김극기金克己, 유원留院 이담지李湛之, 사직司直 함순咸淳과 이규보를 불러 시를 짓도록 했다. 이때 이규보는 시의 끝 구절을

어여쁨을 아껴서 늦게 피라고 가르쳤으니	惜豔敎開晚
뉘라서 조물주의 마음을 아실까	誰知造物心
─내가 늦게 현달한 것을 스스로 비유했다	─自況予晚達

(「기미년 5월 일에 〈하략〉 己未五月日 〈下略〉」,
『동국이상국집』 전집 권9 고율시)

라고 마무리하면서, '내가 늦게 현달한 것을 스스로 비유했다'라는 주를 붙여 놓았다. 관직을 애타게 찾고 있는 자신의 요구를 우회적으로 표현한 것이다.

최충헌이 사적인 연회에 초대한 것부터가 자신을 직접 대면하여 시험해보겠다는 일종의 '면접'이라고 이규보는 판단한 듯하다. 이규보는 이 절호의 기회를 놓치지 않고 자신의 처지를 솔직하게 털어놓았을 것이다. 나아가 최충헌에게 절대적인 충성과 지지를 서약했을 것이라는 추측도 자연스럽지 않은가 한다. 이러한 이규보의 절절한 심정이 통했는지, 이때 최충헌은 이규보에게 관리로 등용하겠다는 언질을 준 것 같다. 최충헌을 만나고 돌아온 뒤 지은 시의 서문에서 이규보는

아내와 자식들도 나를 다시 보고   妻孥改觀
친구들도 서로 축하해 주네   朋友相賀
출셋길이 가까워졌도다   揚身路近

(「상공 지주사가 불러서 천엽유화의 시를 지으라 한 것에 감사하다
[謝知奏事相公見喚 命賦千葉榴花 幷序]」, 『동국이상국집』 전집 권9 고율시)

라고 하여, 벅차고 들뜬 기분을 숨기지 않고 솔직하게 드러내고 있기 때문이다.

과연 다음 달인 6월, 상반기의 정기 인사 때에 이규보는 전주목사록 겸 장서기全州牧司錄 兼 掌書記로 발령이 났다. 지방의 말단 관직에 불과했지만 그야말로 천신만고 끝에 얻은 소중한 관직이었다. 과거에 급제한 지 9년 만이자, 나이 32세 되던 해였다.

2. 파면

지방관 발령을 받은 이규보는 근무지인 전주로 부임하기 위해 9월 13일 서울을 출발했다. 친구들도 관리로서의 첫발을 내딛게 된 이규보에게 많은 축하를 보냈다. 함께 과거에 급제한 유충기劉冲基는 '근무지에 가면 부디 주색을 경계하라'는 우정 어리지만 장난기 가득한 충고를 해 주었고,[26] 전주로 떠나는 날에는 처형인 진공도晉公度와 조카사위인 한소韓韶가 임진강 나루터까지 나와서 이규보를 배웅해 주었다.[27] 20개의 역을 지나 삼례역에 머문 다음 9월 23일 마침내 전주에 도착했다.[28] 13일에 서울을 떠났으므로 꼬박 11일이 걸린 여정이었다. 그러나 돌이켜 보면 전주에 오기까지 32년이라는 기나긴 세월이 필요했던 것이다.

지방관은 가족을 데리고 현지에 부임할 수 있었지만, 이규보는 가족을 서울에 남겨둔 채 홀몸으로 부임했다. 어머니가 병환 중에 계신 탓도 있었겠지만,[29] 아마도 가족들 모두를 데리고 가기에는 말단 관리의 녹봉으로는 경제적 부담이 컸을 가능성도 있다. 이때 이규보는 친구인 승려 회찬懷璨 수좌에게 여행 경비 일부를 보조받기도 했는데, 그 대가로 신 주로信主老라는 승려를 전주까지 데려다 주기도 했다.[30]

이러한 사실을 보면 고려의 관리들은 부임길에 관館이나 원院이 아니라 사찰을 숙소로 이용하면서 여행의 경비를 줄이기도 한 것 같다. 궁핍한 생활을 견디다 못한 오세재는 외가인 경주로 갈 때에 경비 조달이 어렵자 제고사祭告使의 축사祝史가 되어 역마를 빌려 타고 내려가기도 했다.[31] 어떻든 지방관의 임기는 3년이었으므로, 이규보도 친구들에게 3년 뒤에야 만나자고 작별을 단단하게 해 두었다.[32]

이규보가 받은 관직인 사록 겸 장서기는 아래로는 향리鄕吏를 거느리고 위로는 지방행정의 책임자인 목사牧使와 통판通判의 지시를 받으면서, 대민 업무의 실질적인 행정실무를 맡던 직책이었다. 구체적으로는 관내 주현군

州縣軍의 지휘와 감독, 각종 문서의 처리, 소송의 해결, 조세 부과와 창고 관리 같은 행정 업무 이외에도 각종 표문表文이나 제문祭文의 작성, 기우제나 성황신에 대한 제사, 왕의 사신이나 안찰사의 접대 등등 많은 일들을 실질적으로 처리해야 했던 것이다.[33]

이규보는 신참 관리답게 의욕을 가지고 주어진 각종 임무를 열심히 해 나갔다. 실제로 그는 부임한 지 두 달 뒤인 11월부터 마령馬嶺·진안鎭安·고산高山·여량礪良·낭산朗山·금마金馬·이성伊城 등 전주목의 속군屬郡 지역을 직접 다니면서 업무를 처리했다. 12월에는 변산邊山에서 나무를 벌채하는 작목사斫木使의 임무를 수행했으며, 윤12월에는 진례현進禮縣과 남원부南原府 등지를 시찰했다. 그리고 이듬해 3월에는 만경萬頃·임피臨陂·옥구沃溝·장사長沙·무송茂松·변산邊山 등지로 출장을 나갔다.

이와 같이 매우 바쁜 나날을 보냈는데, 이규보는 훗날 전주에서의 일 처리를 회고하면서 '가혹하다'는 소문도 많이 들었다고 고백했다.[34] 이러한 사실은 거꾸로 그가 얼마나 의욕적으로 임무를 수행했는지를 잘 보여 준다. 물론 궁중에서의 화려한 문한직 대신에 먼 지방의 말단 관료가 되어 이러한 험한 일을 해야 한다는 현실에 울분이 치솟지 않는 것은 아니었다. 그러나 열심히 일하고 임기를 다 채우면 서울에서의 보답이 있으리라는 기대 속에서 이규보는 스스로의 마음을 다잡으면서 임무를 성실하게 수행해 갔다.[35]

그러나 실무직으로서의 그의 임무 자체가 관리직과 마찰을 빚을 여지가 많고, 또 지방의 토호인 향리들을 감독하는 일도 결코 만만한 일은 아니었다. 게다가 문신이 아닌 무반 출신이 지방관으로 오게 될 경우 문·무반끼리의 알력도 컸다. 여기에 타협을 싫어하는 그의 개인적 성향까지 겹쳐서, 이규보는 점차 동료들과 불화를 일으키게 되었다.

그 불화는 비교적 일찍부터 본격화되기 시작한 듯하다. 부임한 지 9개월이 지난 뒤인 이듬해 6월 무렵에 쓴 시 중에, '통판通判이 웃음 속에 칼을 품고 있어 마음속 화기를 없앨 수 없다'는 내용이 있기 때문이다.[36] 또 지방의 토호세력인 향리들과도 마찰이 일어났다. 뒷날 전주의 속현인 운제현雲梯縣에 큰물로 많은 피해가 나자, 이규보는 죄 없는 백성을 죽인 하늘의 뜻은 이해할 수 없으되 교활한 향리들이 죽은 것은 도리에 합당하다고 하였다.[37] 이와 같이 가시가 돋친 시를 썼다는 것은 전주에서 재임할 당시에 지방 향리와 이규보 간의 갈등이 어떠했는지 잘 말해 준다.

유공권의 사위이자 평소 이규보를 아껴 주던 윤위가 마침 염찰사, 즉 전라도 안찰사가 되어 부임한 것도 사태를 악화시켰다. 훗날 윤위가 사망하자 이규보는 그를 추모하는 애사哀詞를 썼는데, 이 글 속에서 이규보는 다음과 같이 회고했다.

> 내가 전주의 서기로 있을 때 동료의 질시를 받았는데, 공이 염찰사廉察使로 부임해 오자 지난날 나와 사귐이 두터웠으므로 위로하고 대접함이 더욱 자상했다. 그러나 그들에게는 심히 박하게 대했으므로, 이로 말미암아 마음에 품었다가 뒤에 다른 일이 생기자 몰래 중상한 것이다. 이러한 사실은 끝내 숨길 수가 없다.
>
> (「국자사업 윤위 공 애사」, 『동국이상국집』 전집 37 애사)

이러한 여러 일들이 쌓이다가 마침내는 참소를 받고 파직당하는 일이 벌어지고 말았다. 이에 대해 「연보」에는 다음과 같이 간단하게 적고 있다.

> 겨울 12월에 파직을 당해 전주를 떠나게 되었다. 처음 공이 전주를 다스릴 때 통판 낭장通判 郎將 아무개가 탐욕스럽고 방자했는데, 공이 굽히지 않자 공무를 둘러싸고 여러 차례 노여움을 사게 되었다. 통판은 분을 이기지 못하고 또 제 마음대로 하려고 하여 드디어 교묘하게 중상하는 말을 꾸며서 모함했기 때문이다.
>
> (「연보」 경신년)

평소 이규보와 갈등을 빚던 통판 낭장, 즉 무반 출신인 통판이 마침내는 이규보를 중상하고 모함했기 때문에 탄핵을 받고 해직되었다는 것이다.

적용된 죄상이 구체적으로 어떤 것인지 알 수 없지만, 이규보는 여러 글을 통해 자신에 대한 참소가 터무니없는 중상모략이라고 하면서 파직의 부당함과 억울함을 거듭 호소했다. 그러나 당시 무인정권 아래에서 말단의 하급 문신관리의 억울한 사정이, 상관이었던 통판 낭장(정6품)이라는 중견급 무인 관리의 탄핵 주장 앞에서 아무런 힘을 발휘할 수 없었다는 현실은 충분히 짐작할 수 있다.

더구나 그 통판 낭장은 이후 중앙의 요직으로 승진해 갔는데, 계속하여 이규보의 관직 진출을 방해했다. 얼마나 집요했는지 9년 뒤에 그가 죽은 다음에야 이규보가 관직에 다시 나갈 수 있을 정도였다.[38] 그렇다면 그는 최충헌의 측근이라고 보아도 무방할 터인데, 사실 최충헌이 이 과정에서도 그러하고 이후에도 이규보를 구명하기 위한 어떤 지시를 내렸다는 흔적은 찾아 볼 수 없다. 이러한 점에서 이규보의 모함과 파직 사건은, 지난번의 차자 분실 소동과 함께, 어쩌면 최충헌의 지시 내지는 방조 속에서 이루어진 일종의 음모가 아닐까 하는 의구심도 강하게 생겨난다.

자신을 탄핵한 소장도 없어진 상태에서[39] 이규보는 소명은커녕 제대로 된 변명조차 하지 못한 채 전주를 떠나게 되었다. 12월 19일이었다.[40] 탄핵을 당했다는 소식을 듣고 서울에서 조카사위 한소가 급하게 전주로 내려와 이규보를 위로하고 귀경길을 함께해 주었다.[41] 전주에 부임한 지 꼭 15개월. 예정된 임기의 반도 다 채우지 못한 것이다. 개경에서 전주로 부임할 때 11일이 걸렸으므로, 서두르면 연말에는 개경에 도착할 수 있는 여정이었다. 그러나 겨울철 험한 도로 사정에 더하여 억울하다는 생각을 떨칠 수 없었기 때문인지 발걸음은 자꾸 느려져서, 열하루 뒤인 29일에야 겨우 광주廣州에 도착했다.[42] 마침 광주에는 처형인 진공도가 서기로 근무하고 있었다. 작년 9월 임진강 나루까지 나가서 부임길을 배웅해 준 처형과 조카사위와 이규보 세 사람이 다시 만나게 된 것이다.

광주에서 새해를 맞은 이규보는 정월에야 개경으로 돌아왔다.[43] 누가 뭐라고 하더라도 자신은 결백하고 떳떳하다고 믿고 있었지만, 밀려드는 후회와 자괴감은 떨쳐 버릴 수가 없었다. 세상에 대고 하소연해도 돌아오는 것은 멸시와 조롱뿐, 결국은 그러한 결과를 초래한 자신을 책망하는 길밖에는 다른 도리가 없었다. 이규보는 그러한 자신의 심정을 다음과 같은 시로 읊었다.

야윈 어깨는 높고 우뚝한데	冷肩高磊落
병든 머리칼은 짧고도 성기다	病髮短蕭疎
누가 너더러 혼자 곧으라 하여	誰使爾孤直
시류 따라 처신하지 못하게 했는가	不隨時卷舒
모함이 이루어지니 저자에 호랑이가 나왔다는 말도 믿게 되고	誣成市有虎
똑바로 앉으니 맑은 물에는 고기가 살지 못하네	正坐水無魚
단지 늙은 농사꾼 되는 것이 내게 맞으니	只合作農老
돌아가 호미 걸머지고 농사나 지으리	歸耕日荷鋤

(「자신을 비웃으며-서울에 돌아온 뒤 지었다[自嘲-入京後作]」,
『동국이상국집』전집 권10 고율시)

문을 걸고 들어앉으니, 철없는 아이들만 옷깃을 당기며 놀자고 졸랐다.[44]

3. 두 번째 구직

서울로 돌아온 이규보는 조롱과 비방 속에서 외롭고 고단한 생활을 했다. 경제적으로도 매우 어려워서 옷을 전당포에 맡기고 양식을 사 와야 할 지경에 이르기도 했다.[45] 그러나 그의 문학적 재능은 여전히 찬란한 빛을 발휘했고, 술과 풍류를 좋아하는 낙천적 성격으로 가까운 친구들과는 자주 어울리면서 그 어려움을 벗어나기도 했다.

어떻든 이규보는 파직된 이후 은둔에 가까운 생활을 하면서도 관직을 얻을 길을 열심히 모색할 수밖에 없었다. 그러나 취직의 길은 여전히 어렵고 힘든 길이었다. 아마도 그의 인사기록부인 정안政案에는 탄핵과 파면이라는 죄명이 전과로 적혀 있기 때문이었을 것이다. 더구나 전주에서 그를 모함했던 '통판 낭장'은 서울로 올라온 뒤에도 꾸준하게 이규보의 관직 진출을 방해했다.

이처럼 어려운 시기를 보내던 중 국가에서 임시직 관리를 모집하게 되자 이규보는 거기에 자원했다. 전주에서 돌아온 지 2년 뒤인 신종 5년(1202)의 일로, 35세 때였다. 동경東京과 운문산雲門山 지역에서 일어난 반란이 점점 치열해지자 조정에서는 3군을 보내 토벌하려 하면서 산관散官과 급제자를 대상으로 수제원修製員을 모집했다. 과거에 합격했으나 아직 정식으로 관직을 받지 못한 이들을 대상으로 문서 작성, 기록 관리와 아울러 일종의 선무공작이나 정훈을 담당할 요원을 뽑으려 한 것이다.

현지에서 종군생활을 해야 하는 만큼 불편하기도 하고 위험할 수도 있는 임무였다. 따라서 다른 사람들은 모두 이를 회피하기에 급급했으나, 이규보는 자원을 한 것이다. 「이규보 묘지명」에는 '나는 비록 나약하고 겁이 많으나 나라의 어려움을 피하는 것은 사람이 아니다'라는 지원 동기가 적혀 있다.[46] 그러나 실제로는 용맹스러운 자원이라기보다는 어쩔 수 없는 상황 아래서의 불가피한 선택일 수밖에 없었다. 그에 앞서 5월에 어머니가 돌아가셨는데,[47] 몇 년 뒤 상복을 벗을 때까지 관직을 기다릴 수 없을 정도로 절박한 형편에 내몰려 있었던 것이다.

이규보는 이 반란에 대해서는 일찍부터 관심을 보이고 있었다. 26세 되던 1193년에 김사미金沙彌 등이 처음 반란이 일으켰다는 소식을 듣자 「강남에 도적이 일어났다는 소식을 듣고」(『동국이상국집』 전집 권2 고율시)라는 시를 지은 바 있다. 또 3년 뒤에 상주에 내려가 있을 때에 반란군의 세력이 더욱 커지자 「8월 5일에 도둑떼가 점점 치열해진다는 소식을 듣고」(『동국이상국집』

전집 권6 고율시)라는 시를 통해 반란 때문에 피폐해지는 백성들의 생활을 안타까워했다. 그러던 차에 이번에 수제원으로 반란군의 진압에 지원하게 된 것이다.

12월에 종군하기 위해 서울을 떠나던 날 천수사天壽寺에서 전별회가 열렸는데, 이규보는 이때 시를 지으며 자신의 지원 동기에 대해 다음과 같이 솔직한 심정을 토로했다.

적을 격파하고 궁궐의 어연에 참여하여	破賊朝天叅御宴
자미궁 안에서 어사화를 꽂으리라	紫微宮裏揷宣花

(「임술년 겨울 12월에 정동막부에 종군하여 천수사에 행차했다가 술을 마시던 중에 손님들과 전별하며 주대壬戌冬十二月 從征東幕府行次天壽寺 飮中贈餞客」, 『동국이상국집』 전집 권12 고율시)

반란군 진압이라는 공로를 세우고 개선하면 전주에서의 파면이라는 전과도 상쇄되고, 새로운 관직도 쉽게 얻을 수 있으리라는 기대에 차 있었던 것이다.

토벌군의 군막에 참여하게 된 이규보는 그해 12월에 병부녹사 겸 수제원兵部錄事 兼 修製員이라는 관직을 받았다.[48] 다른 기록에는 이때 이규보의 관직이 '병마녹사 겸 수제 양온령동정兵馬錄事 兼 修製 良醞令同正'이라고 되어 있다.[49] 양온령동정은 정8품의 산직散職이었다. 8품의 하급관리, 그것도 실직實職이 아닌 산직이었지만 천신만고 끝에 이규보가 두 번째로 얻은 관직이었다. 이때 그의 나이 35세였다.

수제修製, 즉 군막에서 각종 글을 짓는 것이 주된 임무였지만, 그는 긴급상황이 발생하면 직접 전투에 투입되는 예비전투원이기도 했다. 그러므로 비상시에 대비해서 활도 쏘아야 하고 말도 타야 하는 훈련을 받아야만 했다. 이규보는 친구들의 문안 편지에 답장을 보내면서 이때 현장에서 겪은 자신의 경험을 다음과 같이 적었다.

나는 본래 서생으로 활쏘기나 말타기에는 익숙하지 못하나, 우연찮게 쫓기듯이 몰려서 겁을 먹은 채 종군하게 되었네. 처음에는 팔다리가 무척 떨리다가 점차 군대에 익숙해져서 그 이른바 만궁彎弓을 쏘는 것이나 말 달리기도 근자에는 또한 조금씩 하게 되었으니, 만일 이 일을 (개경의) 사림士林들에게 퍼뜨리면 반드시 한바탕 웃음거리를 제공하게 되겠지. 다만 방패 위에서 격서를 쓰는 일은 화살과 돌이 번쩍거리는 속이라 눈이 흐릿하여 평소 술이 거나했을 때에 재빠르게 글을 쓰는 것만은 못하네. 그러나 그런대로 또한 느리지는 아니하여 겨우 상관의 꾸지람만은 면하고 있네. 확실한 인편이 있어서 다시 집안 소식을 전해 주면 매우 다행이겠네. 돌아가는 심부름꾼이 바쁘게 서둘러서 생각을 다 쓰지 못하네. 오직 만만 번 각기 자애하기를 바라네.

(「전이지·박환고 두 친구가 서울에서 문안한 것에 답하는 편지」,
『동국이상국집』 전집 권27 서)

글을 짓는 임무뿐만 아니라 그 이전에 거의 해 본 적이 없는 활쏘기도 익히고 말타기도 익히는 등 어려운 생활을 보냈던 것이다. 어릴 때부터 말 타는 것을 겁내서, 말이 마구 달리면 얼굴이 파랗게 질리면서 어쩔 줄 몰라 했던 그로서는 엄청난 시련이었고 변화였다.[50]

이렇게 전쟁터에서 3년을 보낸 뒤, 희종 즉위년(1204)에 마침내 난이 평정되었다. 이에 따라 이규보는 그해 3월에 서울로 돌아왔고, 종군한 군사들에게 논공행상이 시행되었다. 많은 군사들이 공로에 따라 상을 받았으나 이규보에게 돌아온 것은 아무것도 없었다.[51] 애초의 실낱같던 희망도 다시 물거품이 된 것이다.

이미 37세가 된 그는 몇 년 전부터 늘기 시작하던 흰머리가 이제 반백이 되는 등 어느새 장년의 나이로 바뀌고 있었다. 관직에 나간다고 해도 너무 늦은 나이로 접어들고 있었던 것이다. 초조해지다 못해 절망에 빠진 이규보는 그해 희종 즉위년(1204) 12월에 최선에게 다시 취직을 부탁하는 글을 올렸다.[52] 이 글에서 그는 엎드려 듣건대, 문한의 직에 궐원이 있다고 하니 가령 잠시 그 직에 임용하여 제가 마음에 배웠던 것을 시험해 보시되, 맞지 않는 것이 있어 각하의 사람 쓰는 감식에 흠을 남기게 된다면 물리치고 배척하셔도 또한 좋을 것이고, 저도 마음에 섭섭함이 없을 것입니다. 대저 시험해 보지도 않고 그 능력을 책망하는 것은 시험한 다음에 그만두게 하는 것만 못하고, 저 역시 말해 보지도 않았다가 후회하게 됨은 말을 다 한 뒤에 후회하는 것만 못합니다. 이래서 제가 부득이 이런 말씀을 드려 또한 각하께서 먼저 가능한지의 여부를 시험해 보시기를 바라는 것입니다.

(「최선 상국에게 올리는 글」, 『동국이상국집』 전집 권26 서)

라고 하여, 정식 관직은 차치하고서라도 우선 자신의 능력을 시험할 기회라도 줄 것을 간절하게 요청했다. 비정규 임시직이라도 좋다는, 그동안의 자존심도 굽히다 못해 숫제 그 자체를 모두 다 포기한 글이었다. 이규보는 동시에 최선의 사위이자 자신의 절친한 친구인 조충에게도 글을 올려 장인에게 자신을 잘 말해 달라는 부탁도 잊지 않았다.[53]

최선은 이미 신종 3년(1200) 12월에 총재인 판이부사직에 올라 있었고,[54] 신종 7년(1204) 정월에는 최충헌과 함께 신종을 양위시키는 일을 비밀리에 논의하여 마침내 희종을 옹립시킬 정도로 최충헌의 절대적인 신임을 받고 있었다.[55] 그러므로 이규보가 글을 올린 희종 즉위년 12월은 최선이 총재로서 인사권을 행사할 수 있는 최적의 기회이기도 했다. 그러나 이러한 노력과 기대에도 불구하고 이번에도 바라던 취직은 끝내 이루어지지 않았다.

속절없이 다시 3년이라는 세월이 그냥 지나가고, 어느새 40세가 된 이규보는 세상에서 불우한 신세가 되어 문을 닫고 바깥출입을 하지 않았다.[56] 그해 희종 3년(1207) 3월에는 자신이 사는 초당의 이름을 지지헌止止軒이라 지으면서, 그 이유를 다음과 같이 설명했다.

이른바 지지止止라는 것은 능히 그 그칠 곳을 알아서 그치는 것이니, 그 그칠 곳이 아닌 데에서 그치면, 그 그침은 그칠 곳에서 그친 것이 아니다[夫所謂止止者 能知其 所止而止之者也 非其所止而止 其止也非止止也].

(「지지헌기止止軒記」, 『동국이상국집』 전집 권23 기)

만족한 뒤에 그치는 것이 아니라[知止] 능히 그 그칠 곳을 알아서 그치는 것[止止]이 군자의 진실된 도리이므로, 이와 같이 자신도 벼슬하는 일에 결코 집착하지 않고 이제 그만 그치고 싶다는 심정을 쓸쓸하게 혼자서 위로한 것이다. 이 글은 당시 그의 심정이 어떠했는지 충분히 짐작할 수 있게 해 준다. 세상 밖으로는 더 이상 나갈 곳도, 나갈 힘도 없게 된 것이다.

그러나 이규보의 문학적 명성은 여전히 대단했다. 따라서 그의 능력을 잘 알고 있는 주위 사람들은 기회 있을 때마다 그를 첫 번째로 추천했다. 이와 같은 사실을 「연보」에서는 다음과 같이 말하고 있다.

해마다 사관史館 · 한원翰苑 · 국학國學 등에서 유관儒官들이 인물을 추천할 때면 공을 우두머리로 삼았고, 또 좌우에서도 공을 칭찬하는 이가 많았다.

(「연보」 정묘년)

말하자면 이규보에 대한 동정론과 함께, 이제는 그에게도 기회를 주어야 한다는 여론이 강하게 형성된 것이다. 이러한 여론을 무시하기 어려웠는지 최충헌은 드디어 이규보에게 관직을 줄 생각을 다시 하게 되었다. 희종 3년 (1207)에 그의 집에 지은 모정茅亭에 이인로李仁老 · 이원로李元老 · 이윤보李允甫 등과 함께 이규보를 불러 시를 짓게 하고, 유관 재상儒官 宰相 네 명에게 그것을 평가하게 했던 것이다.[57]

그 결과 이규보의 시가 첫째로 뽑혔다. 그를 첫째로 뽑은 것은 물론 그의 시가 훌륭하기도 했겠지만, 적어도 이 네 명의 유관 재상들이 이규보에게 마지막 기회를 주자고 무언의 약속을 했거나, 아니면 이규보를 다시 등용하는 것에 관심을 보이는 최충헌의 의중을 읽었음에 틀림없을 것이다. 최충헌은 이미 8년 전에 이규보의 문학적 능력을 확인한 적이 있었다. 그러므로 새삼스럽게 이규보를 불러들여 다시 그의 시를 평가하게 한 것은 이규보를 비롯한 문인들에게 자신의 정치적 권력을 다시 확인시키는 행위에 지나지 않았기 때문이다.

어떻든 최충헌은 이규보의 시를 현판에 새기고 모정의 벽에 걸었다. 그의 전과를 용서해 주고, 재신임한다는 사실을 대내외에 공표한 것이다. 그리고 그해 12월 이규보는 8품직인 직한림원直翰林院에 임시로 보임되었다[權補]. 임시직이기는 했지만 그토록 고대하던 한림원의 문한관으로 등용된 것이다.

처음으로 궁궐에서 숙직하던 날, 40세의 이규보 한림은 그 감회를 다음과 같이 읊었다.

늦게야 은총을 입어 숨어 있다가 나왔어도	晚承恩遇出平沈
사람들은 그래도 이 한림이라 불러 주네	猶被人呼李翰林
옥서와 금파라는 (한림원의) 이름은 참으로 아름다우나	玉署金坡名信美
자개상에 진수성찬은 찾아보기 어렵네 〈중략〉	象床綺食事難尋 〈中略〉
궁궐의 물시계 눈금을 더해 가는 차가운 밤은 길기만 한데	宮漏添籌寒夜永
글머리의 초안을 잡고는 혼자서 이불을 끼고 눕네	詞頭草罷擁孤衾

(「정묘년 12월에 처음으로 한림원에 들어가 밤에 숙직하면서 지어 금중의 제공들에게 보이다 [丁卯十二月 初入翰林夜直有作 示禁中諸公]」, 『동국이상국집』 전집 권13 고율시)

명색이 임금을 가까이에서 모시는 한림원의 관리였으나, 근무환경이나 임무가 생각했던 것만큼 화려한 것은 아니었다. 게다가 경제적으로 여전히 궁핍하여 공식 행사 때에는 관복을 빌려 입어야 하는 처지이기도 했다. 그러나 그 옷을 입고 왕의 행차를 수행하면서 이규보는 다음과 같은 시를 썼다.

옥당의 늙은이가 임금의 행차를 수행할 때	玉堂老漢隨黃屋
궁궐의 선인이 자주색 관복을 보내 주었네	金闕仙人寄紫衣
청산의 소나무 아래 길은 10리에 뻗쳤는데	十里靑山松下路
온몸 가득히 무늬가 빛나니 아침 햇살이 시샘하네	滿身文彩鬪朝暉

(「영통사에서 임금의 행차를 호종하며 아무개 한림원 관리에게서 자주색 관복을
빌려 입었다가 시와 함께 돌려주다[扈駕靈通寺 借某天院紫衣 以詩奉還]」,
『동국이상국집』 전집 권13 고율시)

아무리 빌려 입은 옷이라 할지라도, 그 관복의 자줏빛 무늬만큼은 아침 햇
살이 시샘할 정도로 찬란하다고 이규보는 느꼈다.

4. 좌천

이듬해인 1208년 6월, 41세의 이규보는 임시직을 의미하는 '권權'자를 떼
어내고 직한림원에 임명됨으로써 정식으로 8품 관리가 되었다. 그 뒤 45세
때에는 천우위 녹사참군사千牛衛 錄事叅軍事가 되어 예성강의 조운선漕運船
을 조사하는 등 일반 행정업무를 맡기도 하다가, 곧바로 한림원 관리로 복직
했다. 다시 한림원에 들어간 기쁨을 '옛 고향에 돌아온 것 같다'라고 표현했
지만,[58] 이듬해인 46세가 되도록 그의 관직은 여전히 직한림원이라는 8품에
머물러 있었다. 41세부터 5년이 지나도록 승진하지 못했다는 사실은 당시
의 승진 원칙에 비해 매우 이례적인 일이었다.[59]

이러한 사실은 전주에서 파직당한 10여 년 전의 전력이 인사고과에 여전
히 영향을 주었거나, 아니면 최충헌의 신임을 아직도 완전히는 얻지 못했다
고 생각할 수밖에 없을 것이다. 이 사이 최선과 최당 형제가 잇달아 사망했
다.[60] 그동안 든든한 후원자가 되어 주었던 유력한 인물들이 한두 명씩 사라
지는 가운데, 나이도 그렇고 이제 이규보는 자신의 힘으로 승진할 때가 된

것이다. 그리고 새로운 기회가 드디어 오기 시작했다.

이규보가 46세이던 1213년 8월에 강종康宗이 죽고 고종高宗이 즉위했다. 이때 최충헌은 65세였는데, 그도 노쇠해지게 되자 권력의 승계문제를 심각하게 고민하기 시작했다. 아들 최우崔瑀(뒤에 최이崔怡로 개명함)가 가장 유력한 후계자로 인정되자, 상국이 된 최우는 점차 주위에 자신의 심복들을 모으기 시작했다.

이러한 상황에서 그해 12월 최우는 밤에 잔치를 크게 베풀고 고위 관리들을 초대했는데, 이규보는 8품의 말단 관리 중 특별히 혼자 초대받았다. 그리고 최우는 이규보를 불러 자신이 보는 앞에서, 또 그다음에는 아버지 최충헌이 보는 앞에서 직접 시를 짓게 했다. 이 광경을 「연보」에서는 다음과 같이 적고 있다.

밤중에 상국이 이르기를 "그대가 문장을 잘 한다는 소문은 들었으나 아직 보지는 못했으니, 오늘 한번 시험해 보는 것이 어떻겠소?"라고 하고, 이인로를 시켜 운을 부르게 했는데, 40여 운에 이르렀다. 촛불을 시제로 삼고 이름난 기생에게 먹을 갈도록 했다. 시가 완성되자 상국은 탄복하여 마지않았다. 다음 날 상국은 그 시를 가지고 부府로 나아가 진강후에게 여쭙고 공을 불러들여 재주를 시험해 보라고 했다. 진강후가 처음에는 쾌히 승낙하지 않다가 두세 번 여쭌 후에야 공을 불러들이도록 했다.

공이 부에 이르자 상국이 진강후에게 여쭈기를, "이 사람은 술을 마시지 않으면 시를 제대로 짓지 못한다고 합니다"라고 하고, 바로 빠른 자를 시켜 집으로 가서 술을 가져오도록 했는데, 술이 미처 이르기 전에 진강후는 벌써 술상을 차려 놓고 함께 마시고 있었다. 상국은 또 말하기를, "이 사람은 취한 다음이라야 시를 짓습니다"라고 하고 술잔을 번갈아 가면서 취하도록 마시게 한 뒤에 이끌고 진강후 앞으로 나아갔다. 진강후 바로 앞에 필갑이 있고, 붓이 열 자루가 넘었는데 상국이 친히 그중에서 좋은 붓을 골라서 공에게 주었다.

이때 마침 뜰에서 오락가락하는 공작이 있기에 진강후가 이 공작을 시제로 삼고

금 상국琴相國(琴儀)을 시켜 운을 부르게 했는데, 40여 운에 이르도록 잠시도 붓을 멈추지 않으니 진강후는 감탄하여 눈물까지 흘렸다.

공이 물러 나오려 할 때 진강후가 이르기를, "그대가 만약 벼슬을 희망한다면 뜻대로 이야기하시오"라고 하자, 공이 대답하기를, "제가 지금 8품에 있으니 7품만 제수하시면 됩니다"라고 했다. 상국이 여러 번 눈짓을 하면서 바로 참관參官을 희망하게 하려고 했다. 그날 상국은 집으로 돌아와 공을 불러 꾸짖으며, "그대가 벼슬을 희망하는 것이 왜 그리 낮소? 무슨 이유로 참관을 희망하지 않은 거요?"라고 했으나, 공은 대답하기를 "제 뜻이 그러할 뿐입니다"라고 했다.

(「연보」계유년)

다소 길지만, 이규보를 둘러싼 최충헌·최우 부자의 입장이 확연하게 드러나고 있다고 생각되므로 전문을 그대로 옮겨 적었다. 이 글을 보아 알 수 있듯이, 최우는 적극적으로 이규보를 등용하고자 아버지 최충헌에게 추천했으나, 정작 최충헌은 여전히 마땅찮게 여기고 있었다. 그러나 아들의 요청을 뿌리치지 못한 최충헌은 문학적 능력을 확인한다는 구실로 이규보를 대취하게 만들었다. 어쩌면 술김에 드러나는 그의 속마음까지 떠보려는 의도였는지도 모른다.

마침내 최충헌이 관직을 주려고 하자, 최우는 내친 김에 8품이었던 이규보에게 관등을 뛰어넘어 6품인 참관직을 주려 했다. 위의 글로 보아서는 최충헌도 이 의견에 동의한 듯하다. 그러나 최우의 권유에도 불구하고 이규보는 7품직으로 만족한다고 대답했다. 어쩌면 이규보는 관직에 욕심내지 않는다는 신중한 태도를 보임으로써, 최충헌과 최우 부자를 동시에 안심시키고 만족시키는 효과를 노렸는지도 모른다. 마음속으로야 간절했겠지만, 어차피 장차 권력자가 될 최우가 적극적으로 자신을 총애하고 있는 상황에서 실제로 지나치게 욕심을 부릴 필요도 없었던 것이다.

이 모임이 있은 지 며칠 뒤 겨울 정기인사가 시행되었는데, 이규보는 사재승司宰丞이 되었다. 참관직은 아니었지만 종6품에 해당하는 관직이었다.[61]

참직은 그 2년 뒤인 고종 2년(1215)에야 받게 되었다.[62] 나이 48세 때에 우정언 지제고右正言 知制誥가 된 것이다. 간관諫官의 하나인 정언이 되어 처음으로 푸른 소매의 관복을 입고, 사졸들의 인도를 받으면서 길을 나서자 말을 타고 가던 하급 관리들은 말에서 내리면서 인사를 바쳤다.

비록 사람들은 '늙은 정언'이라고 하면서 뒤에서 슬며시 비웃기도 했지만, 이때만큼은 반백이 된 머리가 조금도 부끄럽지 않았다.[63] 특히 얼룩무늬가 빛나는 서대犀帶를 매고 출근하던 그날 아침의 벅차고 자랑스럽던 감정을 이규보는 다음과 같이 읊었다.

너를 바라보기만 했던 날들이 얼마나 되었던가	望汝知幾日
마침내 때가 와서 내 몸에도 지녔구나	乘時到此身
앞에서 바라보면 차이 없는 모습이나	瞻前無別樣
뒤에서는 눈부시니 다른 사람이 되는도다	耀後爲他人
등에 있는 얼룩 무늬 눈으로 보지 못함이 아쉬워	眼惜斑文背
허리에 두른 검은 가죽띠를 자주 치켜 올리누나	腰旋皀革頻
말에서 내리는 사람 잇달아 마주치니	連逢下馬客
평상시와 달라졌음을 비로소 알겠노라	始覺異常倫

(「처음으로 서대를 두르고 짓다[初帶犀作]」, 『동국이상국집』 후집 권1 고율시)

순진하다고 해야 할까. 어린애같이 우쭐대며 허리띠를 자주 치켜 올려 등 뒤의 서대를 확인하는 이규보의 모습은 과연 꿈인가 생시인가 실감나지 않는 그의 심정, 그대로의 반영이었을 것이다.

이후 4년 동안 이규보는 우사간 지제고, 좌사간 등 간관직을 맡으면서 자금어대紫金魚袋를 하사받았다. 관복의 소매 색깔도 푸른색에서 자주색으로 바뀌었고, 허리에도 서대 대신 옥대玉帶를 두르게 되었다.[64] 귀하게 얻은 관직이 자랑스러운 만큼이나 다른 한편으로는 조심스럽게 관직생활을 했지만, 크고 작은 어려움은 여러 번 일어났다. 특히 50세 때에는 최충헌의 정책을 비판했다는 혐의를 받아 면직되었다. 그러나 곧 「진강공에게 올리는 글」을 올려 자신이 그 일과 관련이 없으며, 평소 자신에게 유감이 있던 자의 모함이라는 것을 적극 해명함으로써 3개월 만에 좌사간으로 복직되면서 위기를 벗어나기도 했다.[65]

그러나 그 뒤 52세이던 고종 6년에 이규보가 탄핵을 받아 다시 면직되는 일이 생겼다. 그 전해인 12월에 이규보는 지방 수령 가운데 팔관회를 축하하는 표表를 올리지 않은 이를 적발하여 그를 탄핵하려 했으나 금의琴儀 상국이 만류하므로 그만둔 일이 있었다. 그런데 이듬해 봄에 최충헌이 이 일을 조사하면서 금의와 이규보를 모두 탄핵했으나, 금의는 용서해 주고 이규보만 면직시킨 것이다.[66]

매우 불공평한 처사였지만, 다행스럽게 이번에도 이규보는 곧 탄핵에서 풀려났다. 다만 원직에 복직하지는 못하고 4월에 계양도호부부사 병마검할 桂陽都護府副使 兵馬鈐轄이라는 외직으로 발령을 받았다.[67] 관직을 받기는 했지만 좌천된 것이고, 스스로도 '적거謫居'라는 표현을 할 정도로 실제로는 유배의 성격을 지닌 조치였다.[68] 32세에 처음 전주목의 지방관이 된 이래, 세 번의 면직과 두 번의 탄핵을 당한 끝에 마침내 52세 때에는 유배성 좌천이라는 새로운 경험을 하게 된 것이다.

이규보는 5월에 계양桂陽(지금의 경기도 부천시)으로 부임했는데, 개성에서 계양으로 가는 길에 조강祖江을 건너야 했다. 한강과 임진강이 합류하는 지점에 있는 조강은 평소에도 물결이 거세고 빠른 터에, 그날따라 폭풍까지 불고 있었다. 이규보는 그 험한 날씨 속에 강을 건넌 뒤 「조강부祖江賦」라는 글을 지었는데, 그 글의 서문을 다음과 같이 썼다.

정우 7년(고종 6, 1219) 4월에 내가 좌보궐로 있을 때 탄핵을 받았다가 얼마 뒤 계양의 수령에 제수되었다. (부임길에) 조강을 건너게 되었는데, 강이 본래 물결이 빠

르고 세찬 데다가 마침 폭풍을 만나 곤란을 겪은 후에야 건너게 되었다. 그래서 부
賦를 지어 신세를 슬퍼하면서 마침내 마음을 달랬다.

(「조강부」, 『동국이상국집』 전집 권1 고부)

이어지는 본문을 통해서는 마치 강물 속의 배와 같이 격랑에 흔들리는 자
신의 신세를 슬퍼했지만, 그래도 불우한 시대를 만나 먼 곳으로 유배되었던
중국의 옛 성현들에 비하면 자신은 운이 좋은 편이라고 자위하면서 부임길
에 올랐던 것이다.

계양에 도착하자 곧 안찰사에게 장狀을 올려 부임인사를 올리는 일을 시
작으로 하여 본격적으로 지방관 노릇을 했다.[69] 그러나 전주에서와 달리 계
양에서의 일은 그다지 바쁘지는 않았다. 전주에서는 일거리는 많고, 녹봉은
박하며, 풍류를 즐길 여가도 없는 등 지방관 생활이 힘들다고 불평한 바 있
으나,[70] 계양에서는 퇴근하면 오히려 무료하여 갑갑할 정도였다.[71] 또 전주
에서는 혼자 지내야 했지만, 계양에서는 가족들도 몇 달간 함께 지냈으므로
그다지 외롭지도 않았다.[72] 다만 머무는 관사가 '깊은 산기슭의 갈대 사이
에 다 쓰러져서 마치 부서진 달팽이 껍질 같아 위로는 머리를 들 수도 없고
누우면 무릎을 펼 수도 없어서' 부인과 아이들은 거주하기를 꺼릴 정도였지
만, 이규보는 이 집의 당호를 '자오당自娛堂'이라고 짓고 이름 그대로 스스
로 즐기는 생활을 했다.[73]

불만을 참아내고 이렇게 여유로운 모습을 보일 수 있던 가장 큰 이유는 무
엇보다도 최우의 후원이 있었기 때문이었다. 이규보는 계양에서 지어 최우
에게 올린 시의 서문에서

제가 성省에 있은 지 5년 만에 갑자기 죄도 아닌 것 때문에 유사有司의 탄핵을 받
았으나, 합하閤下께서 힘을 다하여 구출해 주신 덕분에 산지散地에 떨어지지 않고
이 고을의 책임을 맡게 되었습니다.

(「최우 상국에게 올리다」, 『동국이상국집』 전집 권15 고율시)

라고 하여, 석 달 만에 탄핵에서 풀려나고, 계양의 수령으로 부임할 수 있었던 것은 최우가 적극적으로 구명해 준 덕분이었다고 밝히고 있다. 그러므로 정상적인 상황이라면 3년의 임기를 채워야 했지만, 특별한 일이 없는 평범한 지방관 생활이었고 또 최우가 든든한 후원자로 존재하고 있었던 만큼, 이규보에게는 좌천의 괴로움보다는 언제쯤 서울로 되돌아갈 수 있을까 하는 문제가 가장 큰 고민거리였을 것이다. 그리고 그 기회는 생각보다 빨리 왔다.

이규보가 계양으로 좌천된 지 넉 달 뒤인 9월에 최충헌이 사망했는데, 그 이듬해 6월 최우가 이규보를 시예부낭중 기거주 지제고로 발령을 내고 서울로 불러들인 것이다. 「연보」에는 이 발령이

지난해 9월에 진강후가 죽고 그의 아들 상국이 대신 정권을 잡은 까닭에 이 소명이 있었다.

(「연보」 경진년)

라고 하여, 새로 권력자가 된 최우가 이규보를 서울로 불러들인 것이라고 단언하고 있다. 한편으로는 중용하는 척하면서도 다른 한편으로는 계속 끈질기게 이규보의 출세를 견제하고 방해하던 최충헌이 죽고 최우가 등장하자, 이규보가 완전히 복권되면서 새로운 출셋길이 열리게 된 것이다. 이규보의 나이 53세 때였다.

5. 유배

최우가 정권을 잡은 뒤, 이규보는 그의 절대적인 신임을 받으면서 측근으로 성장해 갔다. 계양에서 돌아온 이듬해인 54세에 보문각대제(정5품)가 되었다. 이후 승진도 순조로워서 태복소경(종4품)·장작감(정4품)·한림시강

학사(정4품)·좌간의대부(정4품)·국자제주(정4품) 등을 거쳐, 61세에는 판위위사(정3품)의 지위에까지 올랐다. 그에 앞서 58세 때인 고종 12년(1225)에는 국자감시의 시험관이 되었고, 61세 때인 고종 15년(1228)에는 동지공거가 되어 예부시를 주관하기도 했다. 이렇게 출세를 해 가는 동안 나이도 어느새 환갑이 넘었고, 관직으로는 재추宰樞가 될 일만 남게 되었다.

물론 이 과정에서 위기가 없었던 것은 아니었다. 가장 큰 위기는 이규보의 술버릇 때문에 일어났다. 즉 60세이던 고종 14년(1227) 11월에 팔관회가 열렸는데, 이때 이규보가 과음한 나머지 왕 앞에서 결례를 범한 것이다. 이 사건의 전말에 대해서는 다음과 같은 시에 대체적인 윤곽이 언급되어 있다.

자꾸만 임금께서 권하시니 어찌 감히 사양하랴	十分宣勸豈敢辭
주량은 적고 잔은 크니 쉽게 버티지 못했네	量淺杯深未易支
술자리에서 취해서 쓰러진 것도 생각나지 않는데	宴席醉欹元不省
높은 계단 부축받아 내려온 것을 어떻게 알리 〈중략〉	危階扶下亦何知 〈中略〉
한밤중에 꿈이 깨자 흐릿하게 기억이 났으나	夜半夢醒方闇記
아침에 일어나니 낯 뜨거워 어찌할 줄 몰랐네	朝來顔厚自難施
어사대의 규탄은 실로 뼈를 갈아내는 듯하고	柏臺彈糾誠磨骨
중서성의 논평은 살을 벗기는 것보다 심하네 〈하략〉	藥省論評甚剝肌 〈下略〉

(「최정빈 승제에게 드리다[呈崔承制正份]」, 『동국이상국집』 전집 권17 고율시)

팔관회 연회 자리에서 임금이 권하는 술을 사양하지 않고 주는 대로 마시다가 대취하여 정신을 잃고, 결국 임금이 앉아 있는 석상에서 쓰러져 부축받아 내려오는 사단이 벌어진 것이다. 그 이튿날 어사대 등에서 이규보를 맹렬하게 규탄한 것은 당연하고도 당연한 일이었다.

엄청난 사건이 벌어진 것에 대해 이규보는 최우에게 글을 올려 다음과 같이 해명했다.

지난번 팔관회에서 임금을 모시고 잔치를 베풀 때, 성상께서 신이 술을 잘하는 줄로 잘못 아시고 따로 가득 부어 잇달아 권하시되 은근하고 엄절하게 하시므로, 제가 처음에는 우물쭈물 미루면서 혹 뜻밖에 엎어져서 넘어지는 것을 면하게 되기를 바랐습니다. 그러나 성상의 기색을 우러러보고는 두렵고 황송하지 않을 수 없어서 곧 억지로 잔을 비우다가 정신이 흐릿해지며 인사불성이 되었으니 본심이 아니었습니다. 이는 또한 제가 구차하게 천은天恩을 욕심내느라 양이 적음을 헤아리지 않은 소치이니 또한 누구를 탓하겠습니까. 이로 말미암아 자리를 다시 하는 예를 차릴 때, 예법대로 자리에 나가지 못하여 담당 관리가 떠들썩하게 논란하게 되었고, 다시 성상의 귀에 들어가서 의논이 각하에게까지 미치게 되었으니 비록 만 번 죽음을 내리더라도 또한 달게 받겠습니다.

（「최우 상국에게 올리는 글」, 『동국이상국집』 전집 권27 서）

앞의 시와 비슷한 설명이지만, 다시 요약하자면 연회 석상에서 과음한 이규보가 왕 앞에서 '인사불성'이 되는 소동이 일어나자, 자리를 다시 정리하고 연회를 계속하게 되었다. 그러나 술에서 아직 깨어나지 못한 이규보는 그 자리에 참석하지 못하게 되었고, 담당 관리는 법을 어긴 이규보를 처벌해야 한다고 의논을 내게 되었는데, 그 논란은 곧 최우에게까지 보고되었던 것이다.

왕 앞에서 술에 취해 예를 잃는다는 일은 보통 중죄가 아니었다. 고려 전기 때의 일이기는 하지만 개국공신이었던 최지몽崔知夢은 광종 때 귀법사歸法寺의 연회에서 술에 취해 예를 잃었다가 무려 11년간이나 유배생활을 했을 정도였다.[74]

이러한 점에서 볼 때 이규보의 죄는 자신의 말처럼 '만 번 죽음을 내리더라도 달게' 받을 수밖에 없는 것이었다. 따라서 이규보는 바로 최우에게 글을 올려 음주사건에 대한 전말을 보고하고 백배사죄했던 것이다.

이 글을 받은 최우는 어사대 등의 맹렬한 규탄에도 불구하고 이규보에게 아무런 책임도 묻지 않았다. 이어지는 글에서 이규보는 다음과 같이 적고 있기 때문이다.

그러나 각하께서 끝까지 잘못을 덮어 주신 덕분에 하나같이 모두 용서받게 되었으니, 이는 실로 천지의 무한한 은덕으로 평생을 두고도 갚지 못하겠습니다.

(위와 같음)

처벌은 고사하고 잘못을 전적으로 덮어 주고 무마해 주었으므로, 이규보는 탄핵의 위기에서 무사히 벗어날 수 있게 되었다. 최우의 이러한 처사는 아버지 최충헌과는 전혀 다른 것으로서, 뒤집어 생각하면 이규보에 대한 최우의 신임이 얼마나 컸는지 다시 한 번 확인해 주는 처사이기도 하다. 그러한 만큼 이규보가 최우에 대해 바치는 충성심 역시 더 이상 강조할 필요가 없을 것이다.

그러나 최우의 신임을 받으면 받을수록, 다른 한편에서는 그것을 더 시기하게 되는 무리가 늘어나는 것도 당연한 이치였다. 그들과의 갈등은 4년 뒤에 실제로 일어났다. 다시 팔관회에서 문제가 일어났는데, 이번에는 그 책임을 물어 이규보가 유배를 가게 된 것이다. 이에 대해 「이규보 묘지명」에는 다음과 같이 간단하게 기록했다.

경인년[75]에 팔관회에서 임금을 모시고 연회가 열렸다. 예식이 아직 반도 지나지 않았는데, 한 재상이 서둘러 파하게 했다. 공은 "임금이 내린 것이니, 되는 대로 처리해서는 안 됩니다"라고 했다. 비록 이로 인해 유배를 가게 되었으나, 이는 공이 법을 지키면서 굽히지 않은 것이다.

(「이규보 묘지명」, 『집성』, 377쪽)

고종 17년 11월에 어떤 재상이 팔관회를 서둘러 끝내려고 하자, 이규보가 격식에 맞지 않는다고 반대하다가 유배를 가게 되었다는 것이다. 이를 「연보」에는 조금 다른 각도에서 설명하고 있다.

이때 팔관회 잔치를 열 때 옛날 규례에 어긋난 일이 있었는데, 이는 추밀 차 공車
公이 시킨 것이었다. 지어사대사 왕유王猷는 밑에서 일을 보는 자가 제대로 따르지
않는 것을 몹시 꾸짖자, 차 공은 왕유가 재상을 꾸짖었다고 오해하여 임금에게 일
렀다. 마침 공과 좌승상 송순宋恂도 그 자리에 있었으므로 왕유를 도왔을 것이라고
의심하여 모두 먼 섬으로 귀양 보냈다.

(「연보」 경인년)

이 기록에 나오는 추밀 차 공은 차척車偆을 말한다. 그런데 이 기록과 위
의 묘지명 기록을 합쳐서 이 사건을 재구성해 보면 다음과 같이 정리할 수
있을 것이다. 팔관회가 열리고 있을 때 차척의 지시를 받은 어떤 관리가 절
차를 어기고 중도에서 정지를 시키자, 그 사정을 알지 못하는 왕유가 부하를
심하게 문책했다. 왕유의 직함이 관리의 잘못을 적발하는 지어사대사였으
므로, 어떤 면에서는 자신의 임무를 충실하게 수행한 것이라고 할 수 있다.
왕유의 처사에 이규보와 송순이 동조하자, 왕유의 직속상관이던 어사대부
차척은 거꾸로 왕유를 상관모독죄 내지는 항명죄로 처벌하는 한편 이규보
등도 같이 공모했다는 혐의로 유배형을 받게 했다는 것이다.

차척은 원래 최충헌에게 총애를 받았었는데, 최우가 집권하자마자 그해
(고종 7년)에 지방으로 귀양을 보냈던 인물이다. 그런데 팔관회 사건이 나던
바로 그해인(고종 17년) 1월에 최우는 비밀리에 그를 다시 불러 추밀원부사
어사대부에 임용하고, 또 자신이 사랑하던 이름난 기생을 주면서 그를 위로
했다.[76] 최우는 최충헌의 옛 측근을 다시 불러들여 자신의 심복으로 삼았던
것이다. 특히 이때 최우가 차척을 추밀원부사라는 추밀직과 함께 어사대부
로 삼았다는 점을 주목해야 할 것 같다. 어사대부는 어사대에 속한 관료로,
백관의 비위나 불법을 규찰하고 탄핵하는 임무를 맡았다. 그러므로 최우가
차척에게 이러한 직책을 맡긴 것은 곧 자신의 정권을 더욱 강화하겠다는 의
지 바로 그것이었다.

그런데 차척이 복귀한 뒤 그해 9월에 다음과 같은 일이 벌어지기도 했다.

(왕이) 묘통사妙通寺에 행차하는데, 어가가 절 문밖에 이르렀을 때 말이 놀라서 왕이 땅에 떨어졌다. 지어사대사 왕유는 견룡행수가 왕의 행차를 호위하는 데 신중하지 못했다고 하여 감옥에 가두려고 했으나, 어사대부 차척은 다만 견룡 두 사람만을 탄핵하여 파면했다.

(『고려사』 권22 세가 고종 17년 9월 무신)

행차 도중에 왕이 말에서 떨어지는 엄청난 의전상의 문제가 발생했던 것이다. 왕유는 당연히 경호 책임자인 견룡행수를 처벌하려 했으나 그의 상관인 차척은 말단인 견룡에게 책임을 지우는 것으로 사건을 종료했다. 이 사건을 처리하는 태도를 보면, 왕유는 왕실의 입장에 서 있으나 차척은 무인의 입장을 두둔하는 태도를 취하고 있다. 이 모습을 조금 더 확대해, 최우의 신임 아래 복귀한 차척은 왕권을 견제하고 무인정권을 보위하는 데에 모든 노력을 기울였다고 보면 지나친 해석일까.

당시 이규보의 관직은 정3품인 판위위사였다. 이는 2년 전인 고종 15년 1월에 받은 것으로 이제 2품의 재상에 오를 일만 남겨 놓고 있었는데, 실제로 당시 이규보에게 그러한 하마평이 나돌기도 했다. 팔관회 사건이 벌어지기 직전에 쓴 시에 '사람들은 혹은 망령되게 재상이 되리라 기대한다'라는 내용이 있기 때문이다.[77] 그런데 이 시의 끝 구절은 '이는 특히 속이는 말이니 함부로 믿지 말라'라고 했고, 「스스로를 꾸짖다」라고 붙인 제목 뒤에는 '분한 일이 있어서 지었다'라는 주를 적어 놓았다. 이 시의 제목이나 내용을 보면, 당시 이규보는 최우 측으로부터 왕권을 옹호하고 있다는 의심을 받았고, 그에 대해 억울하다는 생각을 가졌던 것으로 보인다. 차척이 그러한 상황을 만들었거나 최우에게 그렇게 보고했을 가능성도 다분히 있다.

어떻든 차척은 최우에게서 더 강한 신임을 얻기 위해 자신의 권한을 십분이상 강력하게 휘둘렀을 것이고, 그해에 바로 왕유·송순·이규보 세 사람이 차척의 고발로 유배를 가게 되었던 것이다. 「이규보 묘지명」에는

경인년에 아무 잘못한 일도 없이 위도猬島(지금의 전라북도 부안군 위도면)에 유배되었다. 그때, 같은 죄로 유배된 사람이 세 명인데, 모두 정직하여 거리낌 없이 말하며 사리에 밝은 관리였다.

(「이규보 묘지명」, 『집성』, 376쪽)

라고 기록되어 있다. 이들은 어쩌면 최우 정권에 대해 '거리낌 없이' 말하다가 반대파로 몰렸고, 그러한 점에서 공모자로 몰린 이규보는 억울하다는 생각을 떨칠 수가 없었을 것이다.

63세라는 노년의 나이에 이규보는 위도라는 섬으로 유배를 가게 되었다. 11월 21일, 한겨울의 중간에 서울을 떠났는데, 중도에 친구가 주지로 있는 사찰에 들려 묵기도 하고, 또 유배 소식을 들은 친구나 후배, 지방 관리, 향공진사, 향교 학생들이 중간중간에 찾아와 연회도 베풀어 주는 등 여러 가지로 위로를 해 주었다. 이규보는 「경인년 11월 21일에 위도로 귀양 가는 길에 부령을 지나다가」 이외에 「고부태수인 오천유 동년이 술을 가지고 찾아왔기에 이를 사례함」 등 10편의 시를 지어 유배길에서 받은 대접을 자세하게 기록하여 감사를 표하고 있다.[78]

그래서 정작 위도로 들어간 것은 서울을 떠난 지 한 달도 더 넘은 12월 26일이었다.[79] 아무리 섬 지방이고 노년의 나이임을 감안한다고 하더라도, 30여 년 전 전주로 부임할 때 개경에서 전주까지 11일이 걸렸던 것과 비교해 보면 비교적 여유로운 유배길이라 아니할 수 없다.

그러나 막상 바다 한가운데 있는 섬인 위도에 들어가자 유배를 왔다는 실감이 났다. 더구나 외딴섬에서 새해를 맞으니 눈물이 흐르고, 그 눈물은 통곡으로 변해서 목이 쉴 정도였다.[80] 식욕도 떨어진 채 얼굴은 야위어 갔고,

잠이 들면 참소를 받아 멀리 유배를 떠났던 중국의 굴원屈原·가의賈誼 등
이 나타나 자신들보다 이규보 네가 더 잘난 것이 무엇이냐고 꾸짖는 꿈도 꾸
고,[81] 끝내 이 땅에서 죽고야 말 것 같다는 생각 때문에 잠도 잘 이룰 수 없었
다.[82] 무엇보다도 절대적인 충성을 맹세했던 최우로부터 버림을 받았다는
사실이 더욱 그를 절망으로 빠뜨렸을 것이다.

절망적인 유배생활을 하고 있는 차에, 다소나마 반가운 소식이 들려왔
다. 위도에서 고향인 황려로 유배지를 옮긴다[量移]는 조치가 내려진 것이
다. 위도에 들어온 지 꼭 20일 만이었다. 64세가 된 이규보는 1월 15일에 위
도를 떠나서 21일에는 죽주竹州(지금의 경기도 안성시 죽산면)의 만선사萬善寺
에 들렀다가 고향인 황려로 들어갔다. 유배형이 귀향형歸鄕刑으로 바뀐 것
이다.

귀향형은 유배형과 비슷하기는 하지만 성격이 다른 고려 특유의 형벌이
었다. 일정한 신분층 이상의 사람이 죄를 지었을 때 자신의 본관지로 돌아
가게 하는 이 형벌은, 거주지를 제한함과 동시에 중앙의 특권신분층으로부
터 분리시킨다는 의미를 가지고 있었다.[83] 예컨대 의종 때에 「정과정곡鄭瓜
亭曲」을 지은 정서鄭敍도 고향인 동래東萊로 돌려보내는 귀향죄의 처벌을 받
고, 그곳에서 서울을 그리워하며 그 노래를 지은 것이다.

황려로 양이된 이규보에게도 주거 제한의 조치가 내려졌다. 당시 황려에
서 지은 그의 시에 표현된

쫓겨난 사람이라 자유가 없어	逐客難自由
멀리 놀러 가는 것에 견줄 바 못되네	遠遊非所擬

(「거센 비[苦雨]」, 『동국이상국집』 전집 권17 고율시).

라는 구절이 그와 같은 사정을 잘 말해 준다.

답답한 유배생활에 부질없이 서울만 그리워하던 중에,[84] 7월에는 유배가

풀려 서울로 돌아오게 되었다. 지난해 11월 하순에 유배지로 떠난 뒤 8개월 만에 돌아온 것이다. 결코 긴 세월은 아니었지만, 최우의 신임을 회복한 터라 모든 것이 새롭게 보였다. 64세의 늙은 나이임에도 이규보는 복직을 하게 된다면 몸과 마음이 새로 태어난 것 같으리라고 생각했다.[85]

그런데 서울에 돌아온 지 한 달 뒤에 몽고군이 대거 국경을 침략해 왔다. 그보다 6년 전인 고종 12년(1225)에 고려에 온 몽고사신 저고여著古與가 본국으로 돌아가다가 압록강가에서 살해되는 사건이 일어났다. 그 책임 소재를 두고 시비가 일어나 끝내 국교가 단절되면서 두 나라 사이의 정치적 긴장은 자꾸 높아져 갔다. 그러다가 이 해에 몽고군은 대거 군사를 일으켜 압록강을 건너 고려의 서북쪽 국경을 침범하여 온 것이다. 이에 집정자인 최우는 강경책을 쓰기로 결정하고 3군을 모으기 시작했다.

유배에서 갓 풀려난 이규보는 비상사태가 일어나자, 복직할 겨를도 없이 9월에 백의종군하여 보정문保定門을 지켰다.[86] 보정문은 개경을 지키는 나성羅城의 4대문의 하나로 동남쪽에 위치했는데,[87] 이규보는 이때 순라꾼이 되어 직접 순라를 돌기도 했다.[88] 이러한 일을 맡게 된 것은 유배형에서 아직 완전히 사면되지 않은 이규보를 우선 성문이나 궁궐문을 지키던 감문위監門衛에 소속시켰던 때문이 아닌가 한다. 고려 중앙군인 2군6위 중의 하나였던 감문위는 일종의 수위부대인데, 이 부대에는 노병·환자병·휴가병 등을 명목상으로 속하게 했던 것이다.[89] 신분상으로는 그렇다고 하더라도 이 임무가 주된 것은 아니어서, 이규보는 아직 정식으로 복직되지 않은 채 산관散官의 자격으로 달단達旦(몽고)에게 보내는 서표書表와 문첩文牒을 모두 맡아 짓는 등 전투의 뒷면에서 큰 활약을 하기도 했다.[90]

마침내 몽고와 고려 사이에는 화의가 이루어져 몽고는 이듬해 1월 요동으로 철수했다. 이규보는 그해 4월 정식으로 복직되면서 정의대부 판비서성사 보문각학사 경성부우첨사 지제고에 임명되었다.[91] 새롭게 관리생활을 시작하게 된 것이다. 그러나 복직의 기쁨을 누릴 새도 없이, 두 달 뒤인 6월에 최우는 도읍을 강화도로 옮겼다. 이때 이규보는 65세였는데, 미처 집을 마련하지 못해 하음 객사河陰 客舍의 행랑채에서 몇 달을 보내는 등[92] 고단한 피난생활이 시작되었다.

전쟁 통에 녹봉도 제대로 지급받지 못해 매우 쪼들리기는 했지만, 천도 이후 이규보는 그야말로 승승장구라는 말이 어울릴 정도로 순조롭게 승진했다. 66세에는 추밀원부사가 되어 처음으로 추밀직을 받았고, 67세에는 정당문학과 감수국사, 68세에는 참지정사 등의 주요한 관직을 맡았다. 또 67세와 69세 때에는 두 차례나 지공거가 되어 예부시를 주관하기도 했다. 몽고와는 전쟁이 계속되었지만 양국 간에는 휴전과 강화를 요청하는 외교문서도 수없이 오고 갔는데, 중요한 문서 중에는 이규보가 직접 지은 것도 상당히 많았다. 이제 관리로서의 이규보는 더 이상 부러운 것이 없는 지위에까지 이르게 된 것이다.

이에 69세가 되자, 이규보는 그해 10월에 규정에 따라 퇴직을 요청하는 걸사표乞謝表를 올려 은퇴[致仕]의 뜻을 밝혔다. 그러나 최우는 호적에 나이가 줄여져 있다는 이유로 허락하지 않았다.[93] 그 뒤 이규보는 세 차례나 은퇴를 요청하는 글을 더 올린 뒤에야[94] 마침내 70세의 나이로 은퇴했다. 그의 치사직은 금자광록대부(종2품) 수대보(정1품) 문하시랑평장사(정2품) 수문전대학사(정2품) 감수국사 판예부사 한림원사 태자대보(종1품)였다. 벼슬에서 물러나긴 했지만 그 뒤에도 필요할 때마다 국가의 고문대책高文大冊이나 외국의 외교문서를 짓는 등 몇 년간 더 국가에 봉사했다.

4수 끝에 국자감시 합격, 23세에 예부시에 급제, 32세에 처음 관직을 받아 지방관리로 부임, 70세에 종1품이라는 최고지위로 은퇴. 이것이 이규보의 간단한 이력이다. 그러나 이 이력 사이에는 피나는 구직 운동과 절망적인 좌절이 있었고, 탄핵, 파직, 정직, 좌천, 유배라는 관리로서는 치명적인 경험도 골고루 섞여 있었다.

벼슬에서 물러난 뒤 74세가 된 3월, 멀리 홍주洪州(지금의 충청남도 홍성군)

의 태수로 부임하는 아들 이함李涵에게 시를 써 주면서 이규보는 마지막 작별이 될지도 모르는 심정을 토로했다. 이 시에서 이규보는 아들에게 모쪼록 '청백清白을 첫 번째 신조로 삼고, 그다음은 삼가고, 또 겸손해야 한다'며 지방관으로서 꼭 지켜야 할 자세를 강조했다.[95] 청백과 근신과 겸손, 이 세 단어는 관리 이규보가 평생 견지해 온 덕목이자 교훈이 아니었을까. 어쩌면 이 교훈은 생전 처음 얻은 관직인 전주에서의 쓰라린 실패 끝에 얻은 것일지도 모른다.

이규보는 전주에서 근무할 때 본의와 다르게 가혹하다는 오해를 받은 일이 있는데, 돌이켜 생각해 보면 군郡을 다스리는 데 있어서 관대함과 엄격함을 알맞게 하는 것이 가장 중요하다고 반성한 바 있다.[96] 그리고 지나치게 원칙만을 추구하고 자신의 고집만을 강요한 나머지 동료들과 불화를 사게 되고, 그것이 결국 파면의 원인이 되었다는 점에 대해서도 솔직하게 고백했다.

특히 이규보는 훗날 고위관직에 오른 뒤 전주에서의 일을 회고하면서 자신의 관리생활에 대해 다음과 같이 적었다.

내가 일찍이 완산의 서기로 있을 때 동료에게 비방을 받아 파직을 당했는데, 서울로 올라온 뒤에도 그 사람은 여전히 요직에 있으면서 교묘한 말로 사람을 현혹시키고 있었다. 그러한 까닭에 무릇 9년 동안 벼슬을 얻지 못했으니, 이는 사람이 하늘을 이긴 것이다. 어찌 하늘의 뜻이겠는가.

그 사람이 죽은 뒤 바로 그해에 보직을 받아 한림에 들어갔고 거듭하여 청요직을 거쳐 높은 지위에 올랐으니 이는 곧 하늘이 사람을 이긴 것이다. 사람이 어찌 끝까지 훼방을 놓을 수 있겠는가. 〈중략〉

내가 그때 만일 조금만 참아서 그와 사이가 나쁘게 되지 않았더라면 반드시 이런 일은 없었을 터이다. 내가 자초해서 그렇게 된 것인데, 그러한 즉 어찌 운명과 관련되었겠는가.

(「하늘과 사람이 서로 이긴다는 설」, 『동국이상국집』 전집 권21 설)

이와 같이 이규보는 일생을 살면서 운명을 결코 무시할 수는 없지만, 인간의 의지나 노력 여하에 따라서는 자신의 앞길을 얼마든지 개척해 나갈 수 있다고 믿었다. 그리고 그 요체는 바로 청백과 근신과 겸손, 바로 이 세 가지라는 것이다. 이러한 점에서 이규보는 절대적인 운명론자는 아니었고, 자신의 길을 끊임없이 열심히 개척해 간 사람이라고 할 수 있다.

주

1 「연보」신해년.

2 「장자목 시랑에게 드리다」, 『동국이상국집』 전집 권1 고율시.

3 「윤위 낭중에게 드리는 글」, 『동국이상국집』 전집 권26 서.

4 『고려사절요』 권13, 명종 26년 7월.

5 『고려사』 권20 세가 명종 21년 정월.

6 「처음으로 황려에 들어가다」 및 「이대성 진사가 불러 주어 술을 마시다가 그 자리에서 주필로 써서 주다」, 『동국이상국집』 전집 권6 고율시.

7 「손에 병이 나서 짓다」, 『동국이상국집』 전집 권7 고율시.

8 「중구일에 손에 병이 나서 나가 놀지 못하자」, 『동국이상국집』 전집 권7 고율시.

9 『고려사』 권21 세가 신종 즉위년 9월 계해. 이날이 23일인 것은 「삭윤표」, 『한국사』 연표, 진단학회, 1959, 57쪽 참조.

10 「조영인 영공에게 올림」· 「임유 평장사에게 올림」· 「최당 평장사에게 올림」· 「최선 추밀에게 올림」, 『동국이상국집』 전집 권7 고율시.

11 『고려사』 권21 세가 신종 즉위년 12월.

12 「조영인 영공에게 올림」, 『동국이상국집』 전집 권7 고율시.

13 「임유 평장사에게 올림」, 『동국이상국집』 전집 권7 고율시.

14 「최당 평장사에게 올림」, 『동국이상국집』 전집 권7 고율시.

15 의종 14년 5월에 시행된 예부시에서 이 두 사람이 같이 뽑혔다(박용운, 『고려시대 음서제와 과거제 연구』, 일지사, 1990, 384~385쪽 참고).

16 「조충 묘지명」, 『집성』, 336쪽.

17 「연보」정사년.

18 위와 같음.

19 「조영인 태위에게 올리는 글」, 『동국이상국집』 전집 권26 서.

20 「연보」기미년.

21 「내성의 제랑에게 올리다」 중 「민식 우산기상시에게 올리다」, 『동국이상국집』 전집 권8 고율시.

22 「내성의 제랑에게 올리다」 중 「이세장 우간의에게 올리다」, 『동국이상국집』 전집 권8 고율시.

23 「내성의 제랑에게 올리다」 중 「윤위 기거랑에게 올리다」, 『동국이상국집』 전집 권8 고율시.

24 「이 이부에게 주다」, 『동국이상국집』 전집 권8 고율시.

25 「민식 우산기상시에게 올리는 글」 및 「윤위 낭중에게 드리는 글」, 『동국이상국집』 전집 권26 서.

26 「유충기 동년이 화답하므로 차운하여 답하다」, 『동국이상국집』 전집 권9 고율시.

27 「9월 13일에 장안을 떠나 전주로 부임하며」, 『동국이상국집』 전집 권9 고율시.

28 「9월 23일에 전주로 들어가며」, 『동국이상국집』 전집 권9 고율시. 개경에서 삼례까지 역이 20개임은 「경신년 5월에 하사표를 받들고 서울로 가면서 삼례역에서 말을 갈아타며 짓다」 (『동국이상국집』 전집 권9 고율시) 참고.

29 위와 같음.

30 「회찬 수좌에게 보내는 편지」, 『동국이상국집』 전집 권26 서.

31 「오덕전 선생 애사」, 『동국이상국집』 전집 권37 애사.

32 주 30과 같음.

33 김호동, 「고려 무신정권시대 지방통치의 일단면—이규보의 전주목 '사록겸장서기'의 활동을 중심으로—」, 『교남사학』 3, 1987, 12~13쪽.

34 「아무개 서기에게 주는 글」, 『동국이상국집』 전집 권27 서. 한편 이규보의 전주시절의 생활과 활약은 그가 34세 때 쓴 「남행월일기」에 잘 나타나 있다(『동국이상국집』 전집 권23 기).

35 「스스로에게 주는 잠언 8수」, 『동국이상국집』 전집 권9 고율시.

36 「회포를 읊다」, 『동국이상국집』 전집 권9 고율시.

37 「7월 3일에 운제헌에 큰물이 나서 범람했다는 말을 듣고」, 『동국이상국집』 전집 권11 고율시.

38 「하늘과 사람이 서로 이긴다는 데 대한 설」, 『동국이상국집』 전집 권21 설.

39 「12월 19일에 참소를 입고 벼슬을 그만두게 되자, 전주를 떠나던 날 짓다」, 『동국이상국집』 전집 권10 고율시.

40 위와 같음.

41 「길 위에서 지어 조카사위 한소에게 보이다」, 『동국이상국집』 전집 권10 고율시.

42 「29일에 광주에 들어가 진공도 서기에게 주다」, 『동국이상국집』 전집 권10 고율시.

43 「연보」 신유년.

44 「문을 걸고 들어앉다」, 『동국이상국집』 전집 권10 고율시.

45 「옷을 전당 잡히고 느낌이 있어 최종번 군에게 보이다」, 『동국이상국집』 전집 권12 고율시.

46 「이규보 묘지명」, 『집성』, 377쪽.

47 「연보」 임술년.

48 「연보」 임술년.

49 「정동 군막의 도통 상서와 부사 시랑에게 올리는 글」, 『동국이상국집』 전집 권27 서.

50 「'사마온 공이 항아리를 깨뜨리는 그림' 뒤에 쓰다」, 『동국이상국집』 전집 권22 잡문.

51 「연보」 갑자년.

52 「연보」에는 을축년(희종 1, 1205)에 이 글을 올렸다고 적혀 있다. 그런데 이규보는 이 글에서 자신의 나이를 37세라고 밝히고 있는데, 이 해는 1204년에 해당한다. 따라서 연보의 기록을 착오로 보고, 한 해 앞선 1204년의 글로 고친다.

53 「조충 낭중에게 주는 글」, 『동국이상국집』 전집 권26 서.

54 『고려사』 권21 세가 신종 3년 12월 정미.

55 『고려사』 권21 세가 신종 7년 정월 무진.

56 「연보」 정묘년.

57 「연보」 정묘년. 한편, 『고려사절요』에는 '최충헌이 희종 1년(1205) 5월에 남산리 집에 모정을 짓자, 문사를 불러 쌍송시를 짓게 하고 백광신이 심사하여 정공분의 시가 1등이 되었는데. 이규보도 기를 지어 그 아름다움을 찬미했'고 했다(『고려사절요』 권14 희

종 1년 5월). 그러나 『고려사』 권129 최충헌전에는 쌍송시에 대한 기사는 나오지만 이 규보가 기를 지었다는 기록은 나오지 않는다. 「연보」의 기록을 중시한다면, 아마도 희종 3년에 최충헌은 다시 이규보 등을 불러 모아 잔치를 베풀고, 기를 짓게 한 것이 아닌가 한다. 그렇다면 『고려사절요』의 기록은 이 두 가지 사실을 합쳐서 적은 것이라고 이해하는 편이 무난할 듯하다.

58 「다시 옥당에 들어가게 되자 지어 벽 위에 쓰다」, 『동국이상국집』 전집 권13 고율시.

59 박용운, 「고려시대 관원의 승출과 고과」, 『역사학보』 145, 1995; 『고려시대 관계·관직 연구』, 고려대 출판부, 1997 참고.

60 최선은 희종 5년 5월에, 최당은 희종 7년 9월에 각각 사망했다(『고려사절요』 권14 희종 대의 해당연도 기사 참조).

61 참직에 대하여는 다음의 논문을 참조할 것.
박용운, 「고려시대의 문산계」, 『진단학보』 52, 1981; 『고려시대 관계·관직 연구』, 고려 대 출판부, 1997.
김당택, 「고려시대의 참직」, 『성곡논총』 20, 1989.
이진한, 「고려시대의 참상·참외직의 구분과 녹봉」, 『한국사연구』 99·100합집, 1997; 『고려 전기 관직과 녹봉의 관계 연구』, 일지사, 1999.

62 「연보」 을해년.

63 「처음으로 정언이 되어 짓다」, 『동국이상국집』 전집 권14 고율시.

64 「처음으로 사간이 되고 겸하여 금자를 받으면서 희롱 삼아 김 정언에게 주다」, 『동국이 상국집』 전집 권14 고율시.

65 「연보」 정축년 및 「진강공에게 올리는 글」, 『동국이상국집』 전집 권27 서.

66 「연보」 기묘년.

67 「연보」 기묘년.

68 「기묘년 4월 일에 계양의 수령이 되어 조강을 건너면서 짓다」, 『동국이상국집』 전집 권 14 고율시.

69 「처음 부임하여 안찰사에게 올리는 장」, 『동국이상국집』 전집 권32 장. 계양에서 안찰사 및 강화현령, 김포현령, 안산감무, 교동감무 등 속군의 수령들과 주고받은 7통의 편지는 전집 권32에 「계양에서 지은 장」으로 정리되어 있다. 계양에서의 이규보의 활동에 대해 서는 김호동, 「계양도호부사 이규보의 활동을 통해 본 고려 군현통치의 실상」, 『한국중 세사연구』 14, 한국중세사학회, 2003 참고.

70 「지방살이 즐겁다고 이르지 말 것 4수」, 『동국이상국집』 전집 권9 고율시.

71 「공무를 마치고 퇴근하니 할 일이 하나도 없다」, 『동국이상국전집』 전집 권15 고율시.

72 「조강에서의 이별」, 『동국이상국집』 전집 권15 고율시.

73 「계양의 자오당기」, 『동국이상국집』 전집 권24 기.

74 『고려사』 권92 열전 최지몽전.

75 묘지명 원문에는 무인(고종 5, 1218)이라고 되어 있으나 경인(고종 17, 1230)의 잘못이다.

76 『고려사절요』 권16, 고종 17년 1월.

77 「스스로를 꾸짖다」, 『동국이상국집』 전집 권17 고율시.

78 『동국이상국집』 전집 권17 고율시.

79 「12월 26일에 위도로 들어가려고 배를 띄우다」, 『동국이상국집』 전집 권17 고율시.

80 「11일에 또 읊다」, 『동국이상국집』 전집 권17 고율시.

81 「신묘년 정월 9일의 꿈을 적다」·「12일 밤 꿈에 어떤 이가〈하략〉」, 『동국이상국집』 전집 권17 고율시.

82 「꿈에 대한 설」, 『동국이상국집』 전집 권21 설.

83 채웅석, 「고려시대의 귀향형과 충상호형」, 『한국사론』 9, 1983.
박은경, 「고려시대 귀향형에 대한 재검토」, 『한국사연구』 79, 1992; 『고려시대 향촌사회연구』, 일조각, 1996.
김난옥, 「고려시대의 유배형」, 『한국사연구』 121, 2003.

84 「부질없이 짓다」, 『동국이상국집』 전집 권17 고율시.

85 「신묘년 7월에 서울로 돌아온 뒤 짓다」, 『동국이상국집』 전집 권17 고율시.

86 「연보」 신묘년.

87 박용운, 『고려시대 개경연구』, 일지사, 1996, 20~23쪽.

88 「이 해 9월에 호병을 막기 위해 백의로 보정문을 지키다」, 『동국이상국전집』 전집 권17 고율시.

89 이기백, 「고려경군고」, 『이병도화갑기념논총』, 1956; 『고려병제사연구』, 일조각. 1968, 70쪽.

90 「연보」 신묘년.

91 「연보」 임진년.

92 「하음 객사의 서쪽 행랑에서 살며 짓다」, 『동국이상국집』 후집 권1 고율시.

93 「퇴직하기를 바라는 표」, 『동국이상국집』 전집 권31 표.

94 「정유년에 퇴직을 바라는 표」·「두 번째 퇴직을 바라는 표」·「세 번째 퇴직을 바라는 표」, 『동국이상국집』 전집 권31 표.

95 「신축년 3월 3일에 홍주 태수로 부임하는 맏아들 함을 보내며 짓다」, 『동국이상국집』 후집 권9 고율시.

96 「아무개 서기에게 주는 글」, 『동국이상국집전집』 전집 권27 서.

제
3
장

가
장

편지는 방금 세 번째 도착했는데	鴈信方三到
달은 이미 다섯 번이나 이울었네	蟾輪已五虧
허물어진 울타리에는 이슬 내린 국화가 남아 있을 테고	荒籬殘露菊
잎사귀 떨어진 나무에는 서리 맞은 배가 익어가겠지	寒樹爛霜梨
갈가마귀같이 머리 검은 딸이 가장 그리우나	最憶鴉頭女
무소의 뿔처럼 이마가 튀어나온 아들도 생각나네	還懷犀角兒
성 동쪽의 집 한 채	城東一區宅
누가 즐겨 띠와 이엉을 이어 주려나	誰肯葺茅茨

(「집을 생각하며[思家]」,『동국이상국집』전집 권6 고율시)

1. 집안

(1) 친가 · 외가 · 형제

이규보의 친가가 원래는 황려黃驪(지금의 경기도 여주군)의 향리 신분이었
다는 점은 앞에서 이미 언급한 바 있다. 그렇다면 그의 집안은 어떠했는가.

외가와 친척, 형제 등 그의 친족들을 좀 더 자세하게 살펴보기로 하자.

「이규보 묘지명」과 「연보」에는 이규보의 가문에 대해 다음과 같이 밝히고 있다.

> 공은 〈중략〉 황려현黃驪縣 사람으로, 증조의 이름은 은백殷伯으로 중윤中尹을 지냈고, 조부의 이름은 화和로 검교대□□교위檢校大□□校尉였으며, 아버지의 이름은 윤수允綏로 호부낭중이었다. 어머니 김씨는 금양현金壤縣 사람으로 공이 귀하게 됨에 따라 금란군군金蘭郡君에 봉해졌는데, 울진현위蔚珍縣尉 시정施政의 딸이다.
>
> (「이규보 묘지명」, 『집성』, 373쪽)

> (공은) 황려현 사람으로, 아버지의 이름은 윤수로 벼슬이 호부낭중에 이르렀다. 어머니 김씨는 금양군 사람으로, 아버지의 이름은 중권仲權이었으나 뒤에 시정으로 고쳤으며, 중고中古의 이름난 선비로 과거에 급제하여 벼슬이 울진현위에 이르렀다.
>
> (「연보」 무자년)

즉 이규보의 원래 고향은 황려현으로, 증조부 이은백은 중윤이었는데 이는 고려 향직鄕職의 9품에 해당하는 벼슬이다. 조부 화의 관직은 검교대□□교위라고 되어 있는데, 중간 부분은 글씨가 깨어져서 알 수 없으나 교위는 무반의 정9품 벼슬이다. 아버지 윤수는 문반의 5품 관직인 호부낭중을 역임했다. 외조부 김시정은 금양현(지금의 강원도 통천군) 출신으로 울진현위를 역임했는데, 그의 벼슬도 지방관에 그치고 있으므로 그다지 높다고 할 수는 없다. 그러나 그는 과거급제자로서 중고의 이름난 선비였다고 한다.

이 기록으로 보건대, 이규보의 친가는 원래 증조부 때까지는 황려현의 향리였다가 조부 때에 중앙관직을 얻어 서울의 관리 계층으로 편입된 가문이었다. 그런데 조부 이화의 관직이 교위였으므로, 무반의 신분을 얻었음을 알 수 있다. 지방의 향리가 중앙으로 진출하기 위해서는 과거에 급제하거나, 무공武功을 세우거나, 아니면 선군選軍을 통해 중앙군으로 뽑히는 세 가지 길이 있었다. 과거에 급제했다면 문반이 되었을 것이므로, 무반이 된 이화의 경우에는 후자의 두 가지 중 하나였을 터인데 어떤 것인지 알 수는 없다.

이화와 달리 그의 아들 이윤수는 호부낭중을 지냈으므로, 문신 관리임이 분명하다. 즉 무반의 신분에서 문반으로 반班을 바꾼 것이다. 개반改班을 하기 위해서는 음서를 통해 문·무반의 음직蔭職을 받거나, 과거에 급제해야 했다. 그러나 향리의 손자이자 정9품 관직인 교위의 아들이 음서를 받을 자격은 없었으므로, 이윤수는 과거의 길을 선택했다고 보는 것이 타당할 것이다.

이규보의 외가에 대해서는, 금양현(「연보」에는 금양군으로 되어 있다) 출신인 외조부 김시정이 과거에 급제하고 울진현위를 역임했다는 사실 이외에 다른 기록을 찾을 수가 없다. 「연보」에는 그가 이름난 선비였다고 적혀 있지만 『고려사』 등의 사서에는 그에 대한 기사가 나오지 않으므로 그가 언제 급제했는지도 알 수 없다. 이규보 역시 어머니에 대해서는 몇 차례 언급하고는 있지만 외가나 외가 쪽 친척에 대해 언급한 글은 하나도 남아 있지 않다. 그러므로 확실하지는 않지만 아마 외가 쪽도 친가와 비슷한 처지의 가문이 아니었을까 추측할 뿐이다. 양쪽 모두 당시에는 아직 그다지 현달하지 못한 중하급층의 관리 가문이었을 것이라는 점이다.

그러나 이규보의 친가와 외가 모두가 과거 합격자를 배출한 가문이었고, 친가 쪽은 향리가문으로부터 중앙 관리로 진출한 만큼 이규보의 아버지는 가세를 키우기 위해 자식 교육, 특히 과거급제를 통한 출세에 남달리 기대가 컸으리라고 짐작할 수 있다. 실제로 그가 아들 이규보의 교육에 매우 적극적이었고, 아들의 과거급제에 대해 기대가 매우 컸다는 점은 이미 앞에서 살펴본 바가 있다.

기대가 컸던 만큼 아들에 대해 매우 엄격했을 아버지와, 천재적 기질을 가진 채 자유분방한 아들 간에 갈등이 매우 컸으리라는 점은 짐작하기 어렵지 않다. 그러나 이규보가 아버지를 존경했던 것만큼은 분명하다. 전주에서 근무할 때 출장 중의 바쁜 일정 속에서도 8월 20일이 부친의 기일임을 특별하게 언급하고 있다는 사실도 그러하지만,[1] 무엇보다도

> 선친께서 돌아가신 지 어느덧 아홉 해가 되었는데, 심으신 나무를 보거나 열매를 먹으면서 엄하시던 모습이 생각나지 않을 때가 없어서, 혹은 나무를 잡고 목메어 울며 차마 떠나지 못했다.
>
> (「과수나무에 접붙이는 것에 대한 기」, 『동국이상국집』 전집 권23 기)

라는 기록에서 보듯이, 세월이 훨씬 지난 다음에도 여전히 아버지에 대한 절절한 그리움과 사랑을 확인할 수 있기 때문이다.

어머니 역시, 가난 때문에 늘 모시지는 못하여 상주나 죽주의 지방관으로 부임해 있는 매형의 가족과 함께 살기도 했지만, 전주에서 파직 당한 뒤에는 직접 서울로 모시고 와서는 병구완을 극진하게 했다. 어려운 형편 아래에서도 1년이 넘도록 병수발을 하면서 갖가지 맛난 음식을 대접했으나, 염소고기를 찾는 어머니의 요청을 들어주지 못해 쩔쩔 매던 차에 친구가 염소고기포를 대신 구해 준 일 등이 그러한 점을 잘 말해 준다.[2]

부모에 대한 기록은 비록 그다지 많이 남아 있지 않기는 하다. 그러나 훗날 이규보가 자식들에게 여러 책 중에서 『효경』을 가장 먼저 읽으라고 강조한 사실을 볼 때,[3] 이규보 역시 어버이에 대한 효도를 나름대로 극진하게 실천했던 것이 아닌가 짐작해 본다.

이규보의 증조부, 조부, 아버지를 제외한 다른 부계 친족은 이름조차 알려져 있지 않다. 다만 숙부인 이부李富에 대한 기록이 남아 있는데, 그는 문하성에서 종3품인 직문하성으로 근무하던 당시에 11세이던 조카 이규보의 글재주를 문하성의 성랑省郎 앞에서 자랑한 바가 있다.[4] 또 이듬해인 명종 9년(1179) 3월에는 대장군직에 있었으며,[5] 4월에는 서북면 지병마사가 되어 반

란을 다시 일으킨 조위총의 잔당을 토벌하는 공로를 세우기도 했다.[6] 그러므로 그는 형 이윤수와 달리 아버지의 무반 신분을 계승했다는 사실을 알 수 있다.

이규보는 그의 종형從兄인 장군 아무개를 추모하는 제문을 지은 바 있다.[7] 이름이 밝혀지지 않은 이 종형이 숙부인 이부의 아들인지, 아버지 이윤수의 다른 형제의 아들인지 알 수는 없다. 그러나 그가 장군이었다는 점을 보면, 이규보의 집안은 한 갈래는 문반으로, 한 갈래는 무반으로 성장해 갔다는 사실만큼은 분명하다. 이러한 점에서 이규보 가문의 가계家系는 무인정권기라는 특수성을 감안한다고 하더라도 매우 흥미로운 모습을 보여 준다.

이규보의 형제들은 어떠했을까. 우선 그는 외아들이었음이 분명하다. 그가 종형을 위해 지은 제문에서 '나에게는 동복同腹이 없다'고 밝히고 있기 때문이다.[8] 이처럼 그에게는 다른 남자 형제는 없었지만, 여자 형제는 두 명이 있었음을 확인할 수 있다. 「연보」에는 이규보가 29세 되던 해 4월에 난─이의민을 살해하고 최충헌과 최충수 형제가 정권을 잡은 사건─이 일어나자 이규보의 자부姊夫가 남쪽 황려로 귀양을 가게 되었다는 기록과, 그에 앞서 어머니는 상주尙州의 지방관으로 나간 둘째 사위에게 가 있었다는 기록이 나온다.[9] 그러므로 이를 통해 이규보에게는 두 누이가 있었고, 이들은 모두 결혼했다는 사실도 알 수 있다.

그런데 이 「연보」 기록에는 이규보가 그해 5월에 큰 누이를 데리고 황려로 귀양 가 있는 자부를 찾아갔으며, 그다음 달인 6월에는 황려에서 상주로 가서 어머니를 문안했다는 기록이 잇달아 나온다. 이러한 점으로 미루어 이규보는 두 누이는 물론이고 두 매형과도 매우 가까운 관계를 유지하고 있었다고 보인다.

이와 관련하여 이규보가 조카사위[甥姪壻]들과도 매우 친했었다는 사실도 확인할 수 있다. 이규보가 어렵게 첫 관직을 얻어 전주로 부임할 때, 임진강까지 나가서 배웅해 준 인물 가운데 한 명이 바로 조카사위인 한소韓韶

였다.[10] 그뿐만이 아니라 이규보가 임기를 다 채우지 못한 채 파직을 당해 서울로 올라올 때, 전주까지 내려와 귀경길을 동행해 준 이도 바로 한소였다.[11] 한소는 이규보가 용과 같은 친구[龍友]라고 부를 정도로 친족 이상으로 매우 절친한 사이이기도 했다.[12]

또 다른 조카사위로 정유鄭柔가 있다. 이규보는 죽주竹州(지금의 경기도 안성시 죽산면)에 있던 어머니와 누이를 서울로 모셔 가면서 그에게 시를 남겼다.[13] 또, 친구인 전이지·박환고와 함께 정유의 집을 찾아가 밤중에 술을 마시고 달구경을 하면서 각자 한 구句씩 번갈아가며 시를 이어 지은 적도 있었다.[14]

이와 같이 이규보가 조카사위인 한소·정유와 가까운 친구처럼 지냈다는 것을 볼 때, 누이와 매형과 그들의 자녀인 조카들과도 매우 가깝게 지냈다고 생각하여도 좋지 않을까 한다. 이규보의 형제는 1남 2녀로 매우 단출하기는 했지만, 나름대로 그들끼리는 가깝게 어울리면서 화목하게 지냈다는 것이다. 또 이규보는 30세의 나이에 장군으로 요절한 종형에게 드리는 제문에서,

아, 슬픕니다. 나에게는 동복同腹이 없어서 오직 형만을 의지했습니다. 이제 나를 두고 가셨으니 외로운 뿌리를 그 누가 덮어 주겠습니까. 아침의 눈물은 마르지 않고 저녁의 눈물은 물같이 흐릅니다. 술잔을 바쳐 영결을 고하지만, 쌓인 정이야 어찌 끝나겠습니까.

(「종형 장군에게 드리는 제문」, 『동국이상국집』 전집 권37 제문)

라고 하여, 그 종형을 친형처럼 의지하고 따랐다는 사실도 밝히고 있다. 그러므로 이규보는 출가한 누이의 가족은 물론이고, 다른 친척들―물론 그 수가 그렇게 많지는 않았을 것이다―과도 매우 가깝고도 화목한 관계를 유지했다고 보아도 좋을 것이다.

이러한 점은 이규보의 사회생활에 중요한 요소로 작용했으리라 생각된

다. 한때 '미치광이[狂客]'라고 불릴 정도로 천방지축으로 권위에 도전적이었으며, 또 술에 취하면 직설적인 말을 내뱉어서 다른 사람과 불화와 갈등을 겪고 오해를 초래하던 그였지만, 친족이라는 혈연관계 속에서는 그저 평범하고 다정스러운 일원으로 생활했다는 것이다. 자신에게 닥친 여러 가지 힘들고 어려운 시련을 이겨낼 수 있었던 중요한 요인 중의 하나가 혈연이라는 끈끈하고 따뜻한 울타리가 있었기 때문이라고 할 수 있지 않을까.

그러나 이규보 가문의 가세도 그러하거니와, 이들 친족의 정치적 지위도 그렇게 높은 것은 아니었다. 그러므로 이 친족 공동체가 이규보의 정치적 출세에 직접적으로 큰 영향을 주지는 못했을 것이다.

(2) 처가

「이규보 묘지명」에는 그가 대부경大府卿 진승昇의 둘째 딸과 결혼했다고 적혀 있다. 아내에 대해서는 뒤에서 다시 언급하겠지만, 이규보는 장인은 물론이고 처가 식구들과 매우 가깝게 지냈다는 사실도 확인할 수 있다. 특히 이규보는 장인을 친아버지처럼 따랐다고 했는데, 그러한 사실은 장인이 돌아가신 뒤 그를 위해 지은 다음의 제문에 잘 나와 있다.

> 모월 모일에 직한림直翰林 이 아무개는 돌아가신 장인 대부경大府卿 진 공公의 영전에 삼가 제사를 드립니다. 〈중략〉
> 아, 슬픕니다. 벼슬이 9경九卿에 오르셨으니 관직이 낮다고 할 수 없고, 연세가 칠순이 넘으셨으니 일찍 돌아가셨다고 할 수도 없는데, 갑자기 병환을 얻으셨으니 이 일이 슬픈 것입니다. 한마디 말씀도 남기지 못한 채 눈을 감고 아주 가시고 말았습니다. 제가 일찍이 아버지를 여의고 감히 가르침을 받을 데가 없었는데, 공에게 온 뒤로부터는 친히 가르침과 격려를 받아 능히 분발하여 사람이 되었으니 공께서 가르쳐 주신 덕분이었습니다.
> 아, 슬픕니다. 예전에는 부인을 맞이할 때 부인이 남편의 집으로 왔으므로 그 부인

의 집에 의지할 일이 없었으나 이제는 장가들 때에 남자가 여자의 집에 가니 무릇 필요한 모든 일은 전부 처가에 의존하는 까닭에 장인과 장모의 은혜가 친부모와 같음이 있습니다.

아, 약공岳公(장인)께서는 모든 것을 갖추어 저를 보살펴 주셨는데 저를 버리고 가셨으니 저는 장차 누구를 의지하겠습니까. 어떻게 해야 무덤자리를 골라 명산의 기슭에 자리를 잡겠습니까. 우선 흙 한 줌을 덮어 이에 영결하오니, 밝은 영혼이 계시다면 제가 바치는 소박한 제사를 받아들이소서.

(「장인 진승晉昇 대부경 공에게 올리는 제문-장지에서 지었다-」,
『동국이상국집』 전집 권37 제문)

이 글은 이규보가 직한림원으로 있을 때 지었으므로, 그의 나이 41세 무렵에 해당한다.[15] 이규보는 25세에 결혼했다고 짐작되므로, 결혼 후 16년 정도의 세월이 지난 뒤 장인인 진승이 사망했던 것이다. 그런데 이규보는 이 글에서 아버지를 잃은 자신을 장인이 거두어 격려와 가르침을 받았고, 결혼한 뒤 처가에서 생활하면서 장인과 장모를 친부모처럼 대했다고 했다.

「연보」에는 그가 처가에서 살았다는 기록이 없고, 또 얼마 동안이나 처가에서 살았는지 알 수 없으므로, 이 기록은 어느 정도는 과장된 표현이라는 생각이 든다. 그러나 이규보가 결혼한 뒤 일정한 기간 동안 처가살이를 했을 가능성은 충분하다. 고려시대에는 서류부가혼婿留婦家婚이라고 하여 결혼한 뒤 처음 얼마 동안은 사위가 처가에서 생활하는 풍속이 있었기 때문이다.[16] 또 결혼 후 몇 년 간은 이규보가 관직을 얻지 못해 백수로 지내면서 어려운 시절을 보내던 시기이기도 했다. 이와 같이 힘든 시절에 이규보가 일정한 부분에서는 처가의 도움을 받았으리라는 점도 충분히 수긍이 간다.

장인인 진승이나 그의 가문이 어떠했는지는 기록이 없기 때문에 구체적 상황은 알 수 없다. 그러나 기록이 없다는 점은 뒤집어 말하면, 당시 이규보의 가세가 그다지 현달하지 못했던 것처럼, 처가 역시 그렇게 유력한 가문은 아니었다는 사실을 반증해 주는 것이 아닌가 한다.

그렇다고 하더라도 이규보는 처가의 도움을 받는 한편으로 처가의 식구들과도 매우 친하게 지냈는데, 그중 한 명이 바로 처형妻兄인 진공도晋公度였다.[17] 32세의 이규보가 처음 전주로 부임할 때 임진강까지 나와 마지막 배웅을 해 준 사람이 바로 한소와 진공도였는데,[18] 한소는 앞에서 본 바와 같이 조카사위였고, 진공도는 처형이었던 것이다. 뿐만 아니라 파직을 당한 이규보가 전주에서 서울로 돌아올 때 한소가 직접 전주에까지 내려가 동행해 주었다는 사실도 앞에서 언급한 바 있는데, 귀경 도중 이들은 당시 광주서기廣州 書記로 있던 진공도를 찾아가 함께 머물면서 파직의 아픔을 함께 나누기도 했다.[19] 또 이규보는 35세 때에 처형인 진공도와 함께 같은 집에서 기거한 적도 있었다.[20] 이러한 사실은 이규보가 자신의 친족 이외에 처가 식구들과도 밀접한 관계를 맺고 있었다는 사실을 잘 말해 준다.

자신의 조카사위와 처형, 즉 사돈 관계에 있는 사람들끼리 같이 어울리며 서로 깊은 교유를 나누고 있다는 사실은 고려사회의 특징적인 성격을 잘 보여 주는 사례가 아닌가 한다. 즉, 고려시대에는 친가나 외가나 처가가 서로 독립된 혈연관계망으로 존재한 것이 아니라, 하나의 유기적인 관계로 기능했다는 것이다.[21] 그리고 이렇게 유기적으로 맺어진 혈연관계는 당시의 폐쇄적인 신분사회를 살아가던 인물들에게 매우 큰 영향을 끼쳤다. 그러나 이 처가 친족들 역시, 진공도가 수안현령守安縣令을 지냈다는 기록 이외에,[22] 특별하게 두각을 나타낸 인물은 없었다. 따라서 친가나 외가와 마찬가지로 이들이 이규보의 정치적 출세에 직접적인 도움을 주었다고 보기는 어려울 것이다.

(3) 아내

이규보가 언제 결혼했는지 정확하게 알 수는 없다. 그러나 최충헌이 이의민을 제거하고 권력을 잡는 정변을 일으켰을 때 29세의 이규보는 6개월 정도 서울을 떠나 남쪽에서 머물렀던 적이 있다. 그때 그는 서울에 두고 온 자신의 두 아이, 즉 어린 딸과 아들을 그리워하는 시를 지었다.[23] 이 시에서 당시 딸은 '엄마 아빠라고 부를 정도의 나이'였다고 했는데, 다른 기록에는 이해에 네 살이었다고 밝혀져 있다.[24] 또 아들은 삼백三百이라는 아명을 가지고 있었는데, 그 아이가 태어나던 날, 이규보가 오세문吳世文에게 화답한 3백운시三百韻詩를 지었기 때문에 그렇게 이름을 붙인 것이다.[25] 이때 이규보 나이 28세였다.

이로 미루어 보면 아들 삼백은 당시 두 살로 이규보가 그 전해에 낳은 아이였고, 딸은 그보다 앞서 26세에 낳은 아이라고 추정할 수 있다. 그렇다면 이규보는 아마도 25세를 전후한 나이에 결혼했을 것이라는 추론도 가능해지게 된다. 특히 앞에서 본 장인 진승을 추도하는 제문에서 자신이 '일찍이 아버지를 잃고 감히 가르침을 받을 데가 없었다'라는 구절이 있는데, 이규보는 24세 때에 부친이 사망했다.[26] 그렇다면 이규보가 결혼한 것은 아마도 부친이 사망한 다음 해인 25세 때였다고 보는 것이 적절하지 않을까 한다.

당시 이규보는 과거에 합격하기는 했지만 관직을 얻지 못한 채 백운거사라고 자칭하며 천마산에서 은거생활을 하고 있었다. 또 「동명왕편」이나 「개원천보영사시」와 같은 장편 역사시를 짓는 한편으로는 선배인 오세문 등과 교유하면서 문학에 대한 왕성한 열기를 보이기도 했다. 이러한 시절에 이규보는 결혼을 했고 신혼시절을 보내고 있었던 것이다.

결혼 뒤 이규보의 생활은, 넉넉하지 않았다라고 하기보다는 차라리 어렵다고 해야 할 형편이었다. 그는 크지 않은 자신의 농원을 직접 경영하기도 했다. 하지만 부엌에 변변한 쇠솥 하나 없이 다리가 두 개나 부러진 솥에 물건을 괴어 음식을 장만해야 하는 지경에 처하기도 했고,[27] 한때는 양식이 떨어져 털옷을 전당포에 전당 잡히고 식량을 구해 오기도 했다.[28] 그와 같은 경제적 어려움에서 벗어나기 위해서는 하루 빨리 관직을 얻어야만 했지만, 앞 장에서 본 것처럼 애타는 구직운동에도 불구하고 새신랑이자 가장이 된 이규보에게 관직은 좀처럼 주어지지 않았다.

고단한 살림 속에도 이규보는 한편으로 많은 친구들과 교유하면서 문학에의 열정을 키워 나갔는데, 그 과정에서 '술'은 또 하나의 필수적인 동반자가 될 수밖에 없었다. 10대 후반의 나이에 이미 술에 탐닉했던 이규보는 결혼한 뒤에도 여전히 그러한 상태에서 벗어나지 못했다. 그러던 어느 날, 문득 하루 동안 술을 마시지 않은 자신을 발견하고 그 느낌을 시로 읊었다. 그러나 그 시에서, 아내에 대한 미안한 마음을 다음과 같이 나타내기도 했다.

그대는 예전의 주태상을 보지 못했는가	君不見昔時周大常
일 년 중 삼백 오십 구 일을 재계하며 몸을 깨끗이 한 그를	一年三百五十九日齋而淸
또 그대는 지금의 이춘경을 보지 못하는가	又不見今時李春卿
일만 팔십 일을 지내다가 오늘 요행히 술이 깬 그를	閱歲一萬八十日 今日幸而醒
태상의 아내는 되지 말아라	莫作大常妻
단 한 번 엿보았다가 재를 범했다고 노여움을 당했으니	一窺怒犯齋
춘경의 아내도 되지 말아라	莫作春卿婦
취하여 거꾸러져서 함께 하지 않으니 〈하략〉	醉倒不與偕 〈下略〉

「하루 동안 술을 마시지 않았으니 희롱 삼아 짓다 一日不飮戱作」,
『동국이상국집』 전집 권3 고율시)

중국 후한 때 재궁齋宮을 지키느라 아내를 돌보지 않은 주태상의 고사를 들먹이면서 허구한 날 술을 마셔대는 자신의 겸연쩍은 심정을 과장스럽고도 해학적으로 표현한 것이다. 이규보 특유의 이러한 넉살 앞에서 부인은 어떤 태도를 취했을까.

당시 그의 부부생활에 대해 이규보가 특별하게 언급한 기록은 거의 없다. 남편의 친구가 찾아오면 옷을 전당 잡혀서라도 대취할 정도로 술을 대접할 망정[29] 정작 자신은 남들이 다 가진 외출복인 멱라冪羅 한 벌 없는 처지라서,[30] 궁한 살림에 불만이나 짜증을 전혀 내지 않을 수는 없었을 것이다. 특히 양식이 떨어져서 아끼던 남편의 털옷을 헐값에 전당포에 맡기던 날 같은

때에는 참았던 서글픔이 분노가 되어 폭발한 적도 있었다.[31]

그러나 이규보는 가사는 전적으로 아내에게 맡기면서 간섭하거나 책임을 돌리지 않았다. 예컨대 집안의 시루가 깨어지자 불길한 징조라고 한 『당서唐書』 두목전杜牧傳의 기록을 몇몇 무당이나 점쟁이의 말에 지나지 않는 구기拘忌라고 반박하면서, 자신의 경험을 다음과 같이 적었다.

> 시루가 깨지는 것은 혹은 불이 뜨겁거나 혹은 물이 졸아서 그럴 수가 있으니, 반드시 괴이한 일이 아니다. 두목이 죽을 때에 마침 그러한 일이 일어났을 뿐이니, 꼭 맞는 징조가 될 수는 없다. 내가 시험한 일로 보건대, 우리 집에 지난 가을 9월에 막 밥을 짓던 시루가 깨졌으나, 나는 특별히 괴이하게 여기지 않았다. 또 올해 2월에도 시루가 소가 우는 듯한 소리를 내더니 갑자기 크게 갈라졌는데 마치 사람이 일부러 깨뜨린 것 같았다. 부엌의 아내가 두려워서 실색을 하여 달려 나와 나에게 알렸으나, 나는 태연하게 웃고 말았다. 마침 점쟁이가 와서 말하기를, "이는 주인에게 이롭지 않으니 열심히 빌어서 풀지 않으면 면하지 못할 듯합니다"라고 했다. 집사람이 곧 그의 말을 따르려고 하므로 내가 말리면서, "죽고 사는 것은 명이 있소. 구태여 죽을 때가 되었다면 괴이한 일이 특별히 먼저 징조를 보였을 터이니 빈다고 무슨 소용이 있을 것이고, 그렇지 않다면 시루가 깨진 것하고 나하고 무슨 관계가 있겠소?"라고 했다.
>
> (「두목전의 시루가 깨진 일을 반박함」, 『동국이상국집』 전집 권22 잡문)

시루가 깨지는 것은 과열되었거나 물이 졸았기 때문에 일어난 자연스러운 현상이지 불길한 징조는 결코 아니라고 하여, 불안해하는 부인의 걱정을 덜어 주고 안심시킨 것이다. 이 밖에도 다리가 두 개나 부러져 절름발이가 된 솥을 괴어 쓰면서 종종 된장국을 엎지르기도 했지만, 부인의 부주의를 나무라기는커녕 솥을 제대로 만들지 않은 대장장이의 잘못이라고 웃으면서 태연하게 넘기기도 했던 것이다.[32] 이와 같은 이규보였기 때문에 부인도 이규보를 누구보다 잘 이해하고 사랑하면서 적극적인 내조를 마다하지 않았던 것이 아닌가 생각한다.

31세이던 이규보는 「느낌이 있어 우연히 두 수를 읊다」라는 시를 지었는데, 그중 첫째 시를 옮겨 보면 다음과 같다.

고지식하고 주변 없음을 타고 났으니	拙直由天賦
세상 인정 찾아보기 어려워	艱難見世情
문 걸어 찾아오는 손님 사절하고	杜門妨客到
술 빚어 아내와 마주하여 기울이네	釀酒對妻傾
이끼 낀 오솔길에는 사람의 자취 드물고	苔徑少人跡
소나무 동산에는 새소리도 없는데	松園空鳥聲
전원으로 돌아갈 계획 늦어져 가니	田園歸計晚
진나라의 도연명에게 부끄럽기만 하네	慙愧晉淵明

(「느낌이 있어 우연히 두 수를 읊다[偶吟二首有感]」, 『동국이상국집』 전집 8 고율시)

이 시는, 그 전해인 12월에 조영인 등 네 명의 재상들이 연명하여 이규보를 관직에 추천하는 글[箚子]을 올렸다가 그 문건이 인사담당자의 농간으로 중도에서 분실되는 소동이 일어나면서, 관직 발령이 물거품이 되고 말아 실의에 빠져 있을 때 지은 것이다. 이때 이규보는 문을 닫아걸고 친구들과도 만나지 않을 정도로 낙담했다. 그 대신 그는 아내와 마주 앉아 술잔을 나누었는데, 불우한 처지를 진심으로 이해하고 울적한 마음을 달래 줄 사람은 바로 아내뿐라는 사실을 고백한 것이다.

이는 결국 이규보가 부인을 얼마나 사랑하고 있는지, 동시에 부인 역시 평소에 이규보를 얼마나 존경하고 이해하고 있는지 잘 보여 준다. 비록 정치적으로나 사회적으로 어떤 면에서는 매우 무능하고 거의 매일 술이나 마셔대는 남편이었지만, 부인은 이규보를 존경했고 이규보 역시 그에 못지않게 부인을 신뢰하고 의지하고 있었던 것이다.

이규보가 부인에게 매우 성실했다는 점은 여러 곳에서 찾아볼 수 있다. 앞의 제2장에서 살펴본 바와 같이 그야말로 어렵게 관직을 얻어 전주로 부임하게 되었을 때, 이규보는 경제적 사정 때문에 식구들과 함께 가지 못하고 단신으로 부임하게 되었다. 이때 짓궂은 친구가 이규보에게 전주에는 좋은 술과 아름다운 여인들이 많으니 주색을 경계하라는 훈계조의 시를 지어 주었는데, 이에 이규보는 다음과 같은 시를 지어 화답했다.

자네의 말이 금과 옥처럼 중하니	子語重金玉
부임길에 읊고 또 읊겠네	臨行吟復吟
-군의 시에 주색을 경계하라는 말이 있다	-君詩有酒色之誡
태산이 오히려 무너질지라도	大山寧倒地
사나이의 마음은 바뀌지 않는다네	壯士不移心
초록빛 좋은 술이 바닷물처럼 많고	綠蟻浮連海
파란 옷의 아리따운 웃음이 황금 같다고 하더라도	青蛾笑直金
그때도 내 생각은 머뭇거리지 않을 터이니	此時斟我意
훈계가 모름지기 깊을 필요는 없네	訓誡不須深

(「유충기 동년이 화답하므로 차운하여 답하다[劉同年冲祺見和 次韻答之]」,
『동국이상국집』 전집 권9 고율시)

친구에게 준 이 화답시는 홀로 먼 부임지로 떠나는 남편 이규보가 아내에게 바치는 다짐 그것이라고 보아도 좋지 않을까 한다. 아내에 대한 신의를 결코 저버리지 않겠다는 것이다. 실제로 전주에서는 이규보가 화류에 무심하다는 평판도 나돌았다.[33] 아내에 대한 이규보의 이와 같은 신의와 사랑은 요란한 것은 아닐지 몰라도 은은하게 평생 지속된 것이기도 하다.

이규보가 파란 많은 관리 노릇을 하는 동안 52세 때에는 계양도호부부사桂陽都護府副使로 좌천되는 일도 겪었다. 이때는 부인이 함께 동행하여 부임했다. 임기가 끝나기 전에 부인은 서울로 올라가고 이규보 혼자 계양에 남게 되자, 이규보는 조강祖江 나루터까지 나가서 서울로 가는 부인을 배웅했다. 이때 배를 타고 저 멀리 떠나는 부인을 보면서 자신의 심정을 다음과 같은 시로 적었다.

아내는 가는데 남편은 남으니 이 무슨 곡절인가	婦去夫留是底由
그대는 나를 속박하지 않지만 나는 죄수와 같네	孅無拘迫我如囚
배는 가고 사람도 멀어지니 마음도 따라가는데	舟將人遠心隨去
바다가 보내는 조수를 따라 눈물도 함께 흐르네	海送潮來淚共流
단지 강 하나만 떨어져 있지만 물결이 넓고 넓어	只隔一江波浩浩
오히려 천리나 되듯 길은 멀고도 머네	却同千里路悠悠
곡산이 지척인데 몸은 갈 수 없으니	鵠山咫尺身難到
말 위에서 거짓 조는 척하며 머리 돌리는 것을 겁내네	馬上佯眠怯轉頭

(「조강에서의 이별[祖江別]」, 『동국이상국집』 전집 권15 고율시)

어느새 저만치 멀어져 가는 부인과 헤어지고 혼자 말머리를 돌이키던 이규보는, 흐르는 눈물을 애써 감추며 그리운 마음을 달래기 위해 말 위에서 거짓으로 조는 척했다는 것이다. 특히 이 시에서 곡산이 지척으로 보인다고 했는데, 곡산 바로 너머에는 젊은 시절 부부가 함께 살던 집이 있었다.[34] 그러므로 이 시는 부인에 대한 이규보의 애틋한 마음이 얼마나 지극했는가 하는 점을 진솔하게 보여 주기에 충분하고도 남는다.

훗날 이규보가 늙고 병들었을 때, 가장 존경하는 시인인 백낙천白樂天과 자신을 비교하는 시를 지었다. 백낙천과 자신의 문학적 취향은 물론이고, 생활 방식이나 성격, 병석에서도 식사는 잘 챙기지 않으면서 술만큼은 어쩌지 못하는 습관까지도 매우 비슷하다는 사실을 알았기 때문이다. 다만 한가지 점에서는 온전히 다르다고 밝혔는데, 다름 아니라 백낙천에게는 첩이 두 명 있었으나 자신은 그렇지 않다는 바로 그것이다.[35]

사실 고려사회는 일부일처제가 원칙이었지만, 중앙의 일부 계층 가운데에서는 첩을 두는 것도 흔한 일이었다. 심지어 피난지 강화에서 힘든 생활을 할 때에도 기생 등을 첩으로 두고 사람들을 초대하여 연회를 베풀면서 자신의 위세를 과시하는 부류도 있었다.[36] 누구 못지않게 풍류를 즐기고, 주량도 대단하며, 또 대취한 자리에서도 뛰어난 즉흥시를 지어 분위기를 압도하던 이규보가 많은 기생들에게도 인기가 있었음은 당연한 일이었을 것이다. 실제로 당시에 시도 잘 짓고 국색國色이라고 이름이 났던 서경 기생 진주眞珠가 '일생에 이 아무개 시인과 국기國碁 구종龜從을 만나는 것이 소원이다'라는 말을 할 정도였다.[37]

그러나 그는 이와 같은 유혹을 앞에 두고,

> 길 가다가 중간에 아름다운 여인을 만나면 서로 눈을 마주치지 않으려고 머리를 숙여 얼굴을 돌리고 달음질을 쳤다. 그러나 이 자체가 곧 마음에 없다고 할 수 있는 것은 아니었으므로, 이것만은 스스로를 의심했다.
>
> (「우레에 대한 설」, 『동국이상국집』 전집 권21 설)

라고 했다. 미인을 만나면 아예 얼굴을 돌리는 등 스스로 자제하려고 애를 써 보지만 그러한 생각 자체가 결코 무심한 경지가 아니므로, 유혹 앞에서 초연할 수 없는 심정을 고백한 것이다. 그러나 이러한 본능은 본인의 의지로 충분하게 극복할 수 있는 일이라고 확신했다. '색色이란 것은 음란한 자가 보면 아름다운 옥과 같지만 정직하고 순박한 이가 보면 진흙처럼 더러운 것이므로, 아름답기도 하고 더럽기도 한 것'이기 때문이다.[38]

이규보는 자신을 괴롭히는 세 가지 마魔, 즉 색마色魔와 주마酒魔와 시마詩魔 중에서 색마만큼은 일찍이 물리쳤다고 선언했다. 74세의 노년에 「내가 나이 들어 오랫동안 색욕色慾은 물리쳤으나 시와 술은 버리지 못했다. 시와 술도 단지 때때로 흥미를 붙여야 할 뿐이지 벽癖을 이루는 것은 마땅하지 않으니, 벽癖을 이루면 곧 마魔가 되는 것이다. 내가 이를 근심한 지 오래인데, 점차 조금씩 줄이고자 하여 먼저 세 가지 마에 대한 시를 지어 뜻을 보인다」

라는 긴 제목 아래 시 세 수를 지어, 색마와 주마와 시마를 경계할 것을 다짐하였던 것이다. 이 중에서 색마를 읊은 시를 보면 다음과 같다.

내 얼굴이 예쁘면 당연히 기쁘겠지만	自顔和好猶堪喜
남의 얼굴 비록 예쁜 것이 나와 무슨 관계랴	彼面雖姸奈我何
흔히들 미인을 바라보다가 마침내는 미혹되고 마나니	多向美人終蠱惑
남아라면 뉘라서 색마에게 그릇되는 것 면할 수 있으랴	男兒誰免誤於魔

(「색마色魔」, 『동국이상국집』 후집 권10 고율시)

색마에서 벗어나는 것이 쉬운 일은 아니지만, 자신과 상관없는 일로 치부해 버리면 전혀 극복하지 못할 일은 아니라는 것이다.

물론 이규보도 큰 소리는 치면서도 끝내 주마와 시마에서 벗어나지 못한 것처럼, 평생 동안 자신에게 덮쳐 오는 색마에게 시달렸다. 그 색마는 너무도 끈질긴 것이어서 말년까지도 그를 괴롭혔다. 예컨대 「미인과 희롱하는 꿈을 깨고 나서 짓다―3월 15일이다」와 「이튿날 꿈에 또 미인과 희롱하다가 깨고 나서 또 짓다」라는 두 시는 연거푸 이틀 밤을 꿈속에까지 찾아와 자신을 유혹하는 미인을 두고 지은 것이다.[39] 부인과의 잠자리를 달리한 지도 이미 오래인데 어처구니없게 꿈에 나타난 색마에게 이규보는,

육신은 비록 시험해 본다고 하더라도	革囊雖見試
타 버린 마음에 어찌 다시 불붙일 수 있으랴	灰心寧復燃
듣건대 도道에 들어가는 이에게는	吾聞入道者
마魔가 반드시 먼저 헤살 놓는다고 하는데	魔必先妨姘
네가 어찌 그런 부류가 아니겠는가	汝豈此類歟
떠나라, 머뭇거리지 말고!	去矣勿稽延

(「이튿날 꿈에 또 미인과 희롱하다가 깨고 나서 또 짓다明日夢 又與美人戲 寤而又作」,
『동국이상국집』 후집 권9 고율시)

라고 하여, '머뭇거리지 말고 떠나라'고 꾸짖었다. 그가 74세 되던 해 3월의 일이었다.

이렇듯 이규보는 평생 자신을 괴롭힌 세 가지 마 중에서 적어도 색마 하나는 자신의 의지로 이겨 냈노라고 자랑했는데, 이는 곧 부인에 대한 이규보의 평생의 진실한 몸가짐과 마음, 바로 그것 때문에 가능했을 것이다. 그러므로 이와 같은 이규보의 모습에서 부부가 된 뒤 아내만을 사랑하고 평생을 해로하면서, 그 여인에게 끝까지 성실했던 고려시대의 한 남편의 전형을 찾아볼 수 있지 않을까 한다.

(4) 자녀

「이규보 묘지명」에는 이규보의 자녀에 대해 다음과 같이 적고 있다.

아들 4명과 딸 2명을 낳았다. 장남 관灌은 공보다 먼저 죽었고, 차남 함涵은 지금 지흥주사부사 상식봉어이며, 3남 징澄은 경선점녹사이고, 4남 제濟는 서대비원 녹사이다. 장녀는 내시 액정 내알자감 이유신李惟信에게 시집갔고, 둘째는 내시 경희궁녹사 고백정高伯挺에게 출가했다.

(「이규보 묘지명」, 『집성』, 373쪽)

이 기록에는 이규보가 슬하에 4남 2녀를 두었는데, 그중 장남인 관만이 이규보보다 먼저 사망했다고 했다.

그러나 다른 기록을 찾아보면 이규보에게는 이들 말고도 적어도 두 명의 다른 자식이 더 있었다는 사실을 확인할 수 있다. 첫째가 한 명의 딸인데, 이규보가 26세에 얻은 첫째 자식으로 상주에 내려가 있을 때에 보고 싶어 하던 '갈가마귀같이 머리가 검은' 바로 그 아이이다. 그런데 이 아이는 '올해 막 네 살이 되어 바느질 솜씨도 제법 늘었는데 어찌 이렇게 빼앗아 돌아가는지 너무도 급한 것이 마치 번개가 사라지듯이' 사망하고 말았다. 겨우 네 살

배기 딸의 갑작스러운 죽음 앞에서 '도道를 배운 나는 그래도 참을 수 있지만 아내의 울음은 언제 그칠지 모르겠다'고 하여 딸아이를 잃은 부부의 슬픔을 침통하게 표현했다.[40] 이때 이규보는 29세로 상주에서 막 돌아온 뒤였다.

또 하나의 자식은 아들인데, 이 아들의 죽음에 대하여서도 이규보는 자신이 직접 「어려서 죽은 아들 법원法源의 묘지명」을 지어 애도하고 있다.[41] 이 글을 보면 이 아이는 11세 때 출가하여 중이 되었다가 13세에 사망했다. 중이 된 지 겨우 16개월 만이었다. 이 아들은 '천성이 슬기로워 무릇 시키고자 하면 문득 그 뜻을 먼저 헤아려서 스승이 가장 귀여워하던' 아이였다. 이처럼 사랑받던 아들의 갑작스러운 죽음 앞에서 55세의 아버지 이규보는 묘지명을 직접 지어 돌 대신 나무에 글을 새기면서,

육신이나 명문銘文은 빨리 썩어 없어지는 것만 같지 못하니, 어찌 하필이면 돌에 새겨 오래도록 전하게 할 것인가

라고 하여 극진한 슬픔을 오히려 에둘러 표현했다. 그런데 이 아들은 1210년(희종 6), 즉 이규보의 나이 43세에 태어났으므로, 「이규보 묘지명」에 기록된 장남 관瓘과는 다른 자식임이 분명하다. 이규보에게는 28세에 낳은 삼백三百이라는 아명을 가진 첫 아들이 있었는데, 아버지보다 먼저 사망한 장남 관이 삼백과 같은 인물일 가능성이 더 크지 않을까 생각된다.

이와 같이 이규보는 묘지명에 적힌 것과는 달리 적어도 2명의 자녀가 더 있었으므로, 4남 2녀가 아니라 최소한 5남 3녀의 자녀를 낳았다고 할 수 있다. 고려시대 한 부부의 평균자녀 출산 수는 5.1명으로 조사된 바 있는데, 이는 대략 43% 가까이로 추산되는 영유아 사망 등을 제외한 숫자이다.[42] 그러므로 이규보도 고려시대의 다른 일반적인 부부들과 마찬가지로 8명 정도의 아이를 낳아 그중에 3명 정도는 자신보다 먼저 보내고, 나머지 5명의 자녀를 끝까지 길렀던 것이다.

이 자녀들을 이규보는 어떻게 키우고 길렀을까.

대부분의 다른 아버지와 마찬가지로 이규보 역시 무엇보다도 자식들이 가문을 크게 일으켜 주기를 기대했다. 특히 향리가문으로부터 출세한 그의 아버지 이윤수도 그러했지만, 친가는 물론이고 외가나 처가 모두 별달리 내세울 것 없는 이규보로서도 자식이 커서 학문에 능하여 과거에 합격하는 것만이 출세나 가문의 영달을 위한 가장 빠르고도 확실한 길임을 잘 알고 있었다.

그러므로 그는 첫아들이 태어나자, 마침 삼백운의 장시를 지은 날이기도 했으므로 아명을 삼백이라고 지었다. 아이를 낳은 지 7일 만에 오세문吳世文, 정문갑鄭文甲, 유서정兪瑞廷과 같은 이름난 세 명의 학사가 찾아와 시를 지어 주는 등 아들의 탄생을 축하해 주자, 이규보는 장차 아들에 대한 기대를 숨기지 않고 다음과 같이 솔직하게 밝혔다.

바라노니 네가 그분들을 닮아서	願汝類其人
재능과 명성이 (당의 문장가인) 원진과 백거이를 딛고 넘기를	才名轢元白
내가 평소에는 얼굴 펼 날이 드물었는데	我生少展眉
너를 얻은 뒤부터는 노상 웃기도 하고 농담도 한단다	得汝長笑謔
가끔은 사람들에게 자랑도 하고	往往向人誇
아이를 칭찬하는 버릇도 생겨났단다	始得譽兒癖

(「두 아이를 생각하며[憶二兒]」, 『동국이상국집』 전집 권6 고율시).

아들에 대한 이규보의 이러한 기대와 자랑은 다른 아버지와 전혀 다를 것이 없을 것이다. 그러나 이 아들이 크면서 어느새 술을 마시기 시작하자, 아들이 이규보 자신을 닮고 자신의 길을 답습하게 될까 봐 염려하는 다음과 같은 시를 짓기도 했다.

너는 아직도 젖니인데 벌써 술잔을 기울이니	汝今乳齒已傾觴
나이 들면 창자가 상할까 마음이 두렵구나	心恐年來必腐腸
아비가 노상 술 취해 쓰러지는 것은 배우지 마라	莫學乃翁長醉倒
평생을 사람들이 미치광이라 비웃는단다	一生人導太顚狂
한 세상 몸을 망친 것이 오로지 이 술 탓인데	一世誤身全是酒
너조차 지금부터 술을 좋아하니 또 어찌할 것인가	汝今好飮又何哉
이름을 삼백이라 지은 것을 이제야 후회하나니	命名三百吾方悔
네가 날마다 삼백 잔을 기울일까 두렵구나	恐爾日傾三百杯

(「아들 삼백이 술을 마시다[兒三百飮酒]」, 『동국이상국집』 전집 권5 고율시).

술 때문에 뜻하지 않은 오해와 불편을 초래했던 자신과 달리 아들은 다른 길을 가기를 원하는 아버지의 마음을 언어의 유희를 통해 해학적으로 담았다고나 할까.

어떻든 이규보는 자신의 아들에게 과거에 합격하기 위한 교육을 시켰음은 분명하다. 게다가 자신과 마찬가지로 아이들에게 정규교육 이외에 특별교육, 즉 개인교습을 시켰다. 셋째 아들인 징이 과외전문 선생이라고 생각되는 80여 세의 신 대장에게서 사교육을 받았다는 사실을 언급한 적이 있기 때문이다.[43]

아들들이 기대대로 모두 과거에 합격했는지의 여부는 알 수 없다. 그러나 적어도 과거를 통한 출세와 가문의 영달은 이규보에게 매우 중요한 요소로 인식되었음에는 틀림이 없다고 생각한다. 그러한 사실은 사위와 며느리로 맞아들인 인물을 보아도 분명하게 드러난다. 즉 「이규보 묘지명」에는 큰 딸이 이유신과 결혼했다고 적혀 있는데, 이유신은 고종 12년에 시행된 국자감시의 시부詩賦 과목에서 장원을 한 인물이다.[44] 이 과거의 시험관이 바로 이규보였던 것이다. 또 그의 아들은 이백순李百順의 딸과 결혼했다.[45] 그런데 고종 21년의 예부시에 지문하성사 이규보가 지공거가 되고, 대사성 이백순이 동지공거가 된 적이 있다.[46] 또 이백순은 이규보의 국자감시 동기생인 이백전李百全의 형이기도 했다.

이렇게 과거로 얽힌 인맥을 통해 자녀들을 결혼시켰다는 사실은 이규보가 과거라는 제도의 학문적 중요성뿐만 아니라 그 사회적 기능까지도 철저하게 인식하고 있었다는 하나의 증거가 될 수 있다. 고려시대의 과거가 지배층의 특권을 독점하는 배타적인 사회적 기능을 가지고 있었다는 점은 이미 잘 알려져 있는 사실이다. 예컨대, 고려 후기의 권부權溥도 자신의 문생인 15세의 이제현李齊賢을 사위로 맞이했고,[47] 과거에 급제한 이색李穡을 두고 혼인날 저녁까지도 권세가들이 자신의 사위로 맞아들이려고 다투었다고 하는 사실이 그러한 점을 잘 말해 준다.[48]

그 자신 과거 출신자였던 이규보 역시 이와 같은 사실을 뼈저리게 체험하고 있었고, 그러한 점에서 자녀교육을 시켰음에 틀림없다고 보인다. 특히 그가 여러 차례 정치적인 좌절을 겪으면서도 끝내 서울을 떠나지 못한 사정도 결국 자녀들의 혼사 때문이라고 거듭 밝힌 것도,[49] 이러한 상황과 무관하지 않다. 이러한 점에서 이규보는 고려시대의 다른 아버지들과 다를 점이 하나도 없었다.

71세에 막내아들을 결혼시키던 날, 이규보는 저녁 늦게 시를 지어 모든 자녀의 혼사를 마친 뒤의 후련한 심정을 솔직하게 밝혔다.

자식들 혼사 이제는 끝났으니	兒雛婚嫁此時終
─막내아들이 미혼이었는데 오늘 저녁 결혼했다	─有季男未婚 今夕歸
죽더라도 오히려 달갑게 관 속에 들겠네	雖死猶甘就木中
상자尙子도 전원으로 돌아가는 일 결코 늦지 않았으니	尙子歸來猶未晩
청산도 쇠약한 늙은이 기꺼이 막지 않을 것이네	青山不肯拒衰翁

(「정월 29일에 짓다正月二十九日有作」, 『동국이상국집』 후집 권2 고율시)

자녀의 혼사가 끝나자 벼슬은 물론이고 집안일도 상관하지 않은 채 유람을 일삼은 중국 상장尙長의 옛이야기에 자신을 빗댄 것이다. 이러한 고백은 그동안 자녀의 교육과 혼사가 가장으로서의 그에게 가장 큰 멍에였다는 사실을 잘 말해 준다.

자식을 가르치면서 가정의 질서를 유지하기 위해 이규보는 가정 내의 가장 으뜸가는 덕목으로 효를 강조했다. 자녀들에게 무엇보다도 『효경』을 제일 먼저 읽을 것을 당부했기 때문이다.[50] 기본적으로 유학자였던 그가 효를 강조하는 것은 당연하다고 할지도 모르겠다. 그러나 경제적 어려움에 시달리면서도 어머니의 병구완을 지극하게 했다는 점에서, 효는 그 자신이 솔선하여 모범을 보인 가치이기도 했다.

유학자답게 그는 신선이 되기 위해 익힌 음식을 피하고 생식生食만 하는 벽곡술辟穀術을 비난했다. 벽곡을 하다가 바싹 마른 채 용을 타고 신선이 되어 하늘로 올라가느니, 자신은 차라리 기린을 굽거나 그 용을 회로 쳐서 술안주로 하겠다고 비꼬는 시를 남길 정도였다.[51] 또 이규보는 미신이나 운명론을 배격하고 자연에 순응하는 합리적인 삶을 살 것도 강조했다. 부엌의 시루가 깨지자 불길한 징조가 아닐까 불안해하는 부인에게 단순한 자연 현상일 뿐이라고 하며 안심시킨 이야기는 앞에서 말한 바 있지만, 이규보는 그 이전에도 국가에서 무당들을 서울에서 추방하자 '음란하고 간사한 무리들이 없어지니 세상이 질박해지고 백성들이 순진해져서 태고의 풍속이 회복될 것'이라고 축하한 적이 있다.[52]

그는 운명 자체를 부정하지는 않았지만, '사람의 마음이 모이면 하늘을 이기고, 하늘이 정하면 또한 사람을 이긴다人衆者勝天 天定亦勝人'라는 유자劉子의 말에 따라 마음먹기나 노력 나름으로 얼마든지 자신의 운명을 개척해 나갈 수 있다고 굳게 믿었다.[53]

이러한 견해에 따라 자연에는 오곡이나 뽕나무 등과 같이 인간에게 이로운 것이 있는 반면에 다른 한편으로는 곰이나 호랑이같이 인간에게 독이 되는 것이 있는 현상에 대해서도 다음과 같이 설명했다.

사람과 사물[物]이 생기는 것은 모두 명조冥兆에서 정해져서 자연에 나타나는 것이므로 하늘도 스스로 알 수 없고, 조물주도 또한 알지 못한다. 대저 사람이 태어나는 것은 본래 저절로 날 따름이지 하늘이 태어나도록 한 것은 아니고 오곡이나 뽕나무와 마麻의 산출도 대개 저절로 나는 것이지 하늘이 나게 하는 것이 아닐진대, 하물며 다시 이利와 독毒을 분별하여 그 사이에 두었겠는가. 오직 도道가 있는 자는 이利가 오면 받되 구차하게 기뻐하지 않고, 독이 이르면 당할 뿐 구차하게 꺼리지 않는다. 사물을 만나도 빈 것처럼 하므로 사물 또한 해를 끼치지 않는다.

(「조물주에게 묻다」, 『동국이상국집』 후집 권11 문답)

인간을 포함한 모든 사물은 저절로 생겨나는 것이므로, 그저 자연스럽게 받아들이는 것이 자연의 질서에 부합된다는 것이다.

이와 같은 신념은 자녀교육에도 한결같이 적용하였다. 10월의 어느 날 이규보가 외출했다가 돌아오니, 아이들이 흙으로 방을 만들었다. 왜 만들었는지 묻자, 아이들은 겨울철에 화초나 과일을 저장하거나 부녀자들이 길쌈하는 데에 좋고, 한겨울에도 봄날같이 따뜻하여 손이 얼어터지지 않아 참으로 좋다고 대답했다. 이 말을 들은 이규보는 매우 화를 내면서 다음과 같이 가르쳤다.

여름이 덥고 겨울이 추운 것은 사계절의 정한 이치이니, 구태여 이와 반대가 되면 괴이한 것이다. 옛 성인이 추우면 털옷을 입고 더우면 베옷을 입도록 마련했으니, 그만한 준비가 있으면 족하다. 또 흙으로 방을 만들어 추운 것을 반대로 덥게 하면 이것도 하늘의 명령을 거스르는 것이다. 사람이 뱀이나 두꺼비가 아닐진대 겨울에 굴속에 엎드려 있는 것은 너무나 상서롭지 못한 일이다. 길쌈도 때가 있는 것인데, 하필 겨울에 할 것인가. 또 봄에 피었다가 겨울에 시드는 것이 초목의 정상적인 성질인데 구태여 이와 반대가 되면 또한 어긋난 물건이다. 어긋난 물건을 길러서 때가 아닌 장난거리로 삼는다면 이것은 하늘의 권리를 빼앗는 것이다. 이러한 일은 모두 내 뜻이 아니다. 너희들이 빨리 허물지 않으면 나의 매가 너희들을 용서하지 않을 것이다.

(「흙으로 만든 방을 허문 이야기」, 『동국이상국집』 전집 권21 설)

자연의 정해진 순리대로 살아야지, 인간의 편리에 따라 그것과 어긋나게 사는 것은 도리가 아니고 섭리에 벗어난다는 것이다. 이런 식으로 이규보는 자녀들에게 미신이나 운명론에 사로잡히지 말고 합리적 사고를 하면서 자연에 순응하며 살아가라고 가르쳤다.

이 밖에도 이규보는 자식들에게 여러 가지 인성교육이나 예절교육을 시키기도 했다. 예컨대, 아이들과 함께 한여름에 성동의 초당에서 잡초를 베면서 노동의 가치와 휴식의 달콤함을 가르쳤다.[54] 또 동산에서 여러 종류의 꽃과 나무를 옮겨 심으며 시를 짓고, 아이들이 그것을 받아 적게 하면서 자연에 대한 관찰력과 아름다움을 보는 눈을 길러 주었다.[55] 친구들이 찾아와 거문고를 연주하는 등 술자리를 베풀 때에는 어린 아들에게 술을 따르게 하면서 예의범절과 주도酒道 등을 익히게 했다.[56] 이와 같은 사례들은 바로 이규보가 자녀들에게 다양한 경험을 통한 교육의 기회를 마련해 주었다는 사실을 잘 말해 준다.

이렇게 많은 시간을 자녀들과 함께했다는 것은 그가 매우 자애로운 아버지였다는 점을 말해 주기도 한다. 자신보다 먼저 죽은 두 아이의 죽음을 두고 애달픈 감정을 솔직하게 밝혔다는 점은 앞에서 말했지만, 친구의 아들이 죽었을 때에도 진심으로 같이 애도해 준 사실[57]이 그러한 점을 잘 보여 준다. 고령의 나이가 되어서도 멀리 지방관으로 부임하는 아들의 안부를 걱정하며 눈물을 흘리고,[58] 그 이튿날에도 울적한 심사를 다스릴 수 없어 다시 아들을 그리는 시를 쓰고 있다는 사실[59]은 끝까지 자식들에게 자애로웠고 그들을 사랑하던 아버지로서의 이규보의 모습이었던 것이다.

아버지 이규보가 자녀들에게 가르치고자 했던 기본적인 가치관은 만년에 지은 다음의 시에 잘 나타나 있지 않을까 한다.

집이 가난하니 나누어 줄 물건은 없고   家貧無物得支分
다만 대그릇과 표주박, 낡은 질그릇뿐이네   唯是簞瓢老瓦盆
금과 옥이 광주리에 가득해도 씀씀이에 따라 흩어지고 마나니 金玉滿籮隨手散
청백함을 자손에게 물려줌과 같지 않으리라   不如淸白付兒孫

「여러 자식에게 당부하다[囑諸子]」, 『동국이상국집』 후집 권6 고율시)

그는 한평생 대부분의 시기를 가난에 시달렸다. 그러나 재물보다 더 중요한 것은 청백함이고, 그것을 지킬 때에 인간적인 가치도 빛날 수 있으리라는 점을 무엇보다도 강조했다. 문벌을 배경으로 한 전통 귀족과 달리, 스스로의 노력으로 출세한 이규보가 평생 동안 얻은 경험이 녹아 있는 교훈이기도 했다.

2. 살림

이규보의 조상이 황려현의 토착 세력인 향리였으므로, 이곳에는 집안 대대로 내려오는 경제적 터전이 있었다. 고려시대에는 딸이나 아들에게 똑같이 재산을 나누어 주는 자녀균분상속子女均分相續이 원칙이었기 때문에, 이규보의 두 누이에게도 일정한 재산이 상속되었을 것이다. 또 부인이 상속받은 재산도 있었을 것이다. 그러나 그것에 대해서는 내용을 전혀 알 수 없으므로, 이규보가 받은 부분만 살펴보기로 한다.

이규보는 황려현에 있던 재산을 물려받았다. 그가 받은 유산은 크게 토지와 노비로 나눌 수 있는데, 이에 대해 이규보는 「6월 11일에 황려를 떠나 상주로 향하면서 근곡촌根谷村 —내 토지가 있는 곳이다— 에서 자다」[60]라는 시에서 그 대략적인 흔적을 보여 준다.

우선 이 시의 제목에 나타나 있는 바와 같이 황려현의 근곡촌에 이규보의 농토가 있다고 하는데, 이 시는 이규보가 29세 되던 해에 지은 것이다.[61] 그러므로, 이 토지는 이규보 자신이 구입한 것이 아니라 조상 대대로 전해 오던 것을 물려받은 것임이 분명하다. 이 시의 전문은 다음과 같다.

산으로 들어서니 숲이 우거져 처음에는 길을 헤맸는데	入山蒙密初迷路
마을 사람들이 고개를 넘어와 서로 맞아 주네	村人過嶺相迎去
밭 갈던 농부들은 원숭이처럼 늘어서서 절하는데	畦丁羅拜似獼猴
떠들썩한 말소리는 자못 남쪽 지방의 말투를 띠고 있네	嘍囉頗帶南蠻語
전가의 주인은 장기瘴氣가 있어 머리털이 누런데	田家主人瘴髮黃
반가이 나를 맞아 닭을 잡고 기장밥을 해 주네	邀我欣然具雞黍
수염이 난 종은 물동이 지고 달려가 샘물을 길어 오고	髯奴舁甕走汲泉
목에 혹이 난 할멈은 절구를 씻어 힘껏 방아를 찧네	癭嫗洗臼力舉杵
석 자 가웃의 술통은 허리와 배가 크기도 한데	三尺山樽腰腹媻
솔불 밝혀 두고 향기롭게 거른 술을 마시네	松明吹火酌芳醑
마루 아래에는 허리를 굽히며 다투어 조심하는데	堂下曲腰爭磬折
마루 위에서는 두건을 벗고 두 다리를 뻗네	堂上脫幘自箕踞
술 취한 채 그대로 누워 두어 번 코를 골았는데	酒酣徑臥再鼾鼻
종이 말을 먹이니 하늘이 벌써 밝았네	僕夫秣馬天已曙

(「6월 11일에 황려를 떠나 상주로 향하면서 근곡촌에서 자다−내 토지가 있는 곳이다−
[六月十一日 發黃驪 將向尙州 出宿根谷村−予田所在]」, 『동국이상국집』 전집 권6 고율시)

이 시에는 이규보를 반가이 맞아 주는 고향 사람들의 모습이 마치 그림을 그린 것처럼 자세하게 묘사되고 있다. 여기에 등장하는 사람들을 열거해 보면, 마을 사람[村人], 밭 갈던 농부들[畦丁], 전가의 주인[田家主人], 수염이 난 종[髯奴], 목에 혹이 난 할멈[癭嫗], 종[僕夫] 등이다. 마을 사람들 중에는 이규보의 친척뻘 되는 사람도 있었겠지만, 샘물을 길어 오는 수염 난 종이나 방아를 찧는 혹이 난 할멈 등은 한 가족으로, 아마도 이규보 집안에 속한 노비, 즉 외거노비였을 가능성이 높다고 생각한다. 이들 노비의 전체 숫자는 알 수 없지만 위의 기록만으로 짐작해 본다면 가족 단위의 조그만 규모가 아니었을까 여겨진다. 그리고 새벽에 일어나 말에게 먹이를 주는 종은 아마도 개경에서부터 이규보를 따라온 노비,[62] 즉 솔거노비로 보아 좋을 것이다. 또 밭을 갈던 농부 중에는 이규보의 토지를 경작하던 소작인도 있었을 것이고, 닭을 잡고 밥을 해 주던 전기의 주인은 이규보 가문의 토지를 관리해 주던 마름과 같은 존재였다고 생각된다.

이렇게 정리해 보면, 근곡촌에는 이규보 가문 대대로 내려오던 토지가 있었다는 것, 그 규모가 얼마나 되는지는 알 수 없지만 그 토지의 경영이나 경작은 지주인 이규보가 직접 하는 것이 아니라 소작인이나 외거노비들이 담당했다는 것, 또 그들을 관리 감독하고 일정한 액수의 소작료나 신공身貢을 거두어 이규보에게 전해 주던 마름 같은 존재가 있었다는 것 등을 알 수 있다.

고향에 있는 이 토지와 노비에 더하여 이규보는 서울에서 자신과 함께 거주하는 솔거노비도 소유하고 있었다는 사실도 보탤 수 있다. 이 솔거노비에 대해 이규보는 다른 기록에서 '집에는 키 작은 종 세 명과 파리한 아이 종 다섯 명이 있다'고 밝힌 바 있다.[63] 이 글은 이규보의 나이 27세 때에 적은 것이므로 이 노비 역시 상속 받았을 가능성이 충분하다. 그 노비의 수는 아이 종 다섯 명을 포함한 전체 여덟 명인데, 이들도 한 가족 정도의 집단으로 보아 무난하지 않을까 한다.

이와 같이 볼 때 이규보는 조상 대대로 세습되던 토지를 소유한 중소지주였으며, 이 토지로부터 나오는 수입이 이규보 자신의 일차적인 경제적 기반이 되었을 것이다. 아울러 그 수가 비록 많지는 않지만, 한 가족 단위 규모의 외거노비와 솔거노비도 각각 소유했다는 사실도 알 수 있다.

한편 호부낭중직에까지 오른 이규보의 부친 이윤수는 중앙의 관리로서 나름대로 재산을 마련했다. 그중 하나가 별장이 딸린 토지인데, 이것 역시 이규보에게 상속되었다. 이규보는 이 토지를 '사가재四可齋'라고 불렀는데, 그 까닭에 대해서 다음과 같이 적었다.

> 옛날 나의 선친께서 서쪽 성곽 밖에 별장을 두었는데, 계곡이 깊숙하고 경치가 궁벽하여 즐길 만한 다른 세상을 이루어 놓은 것 같았다. 내가 그것을 얻어서 차지하고 자주 왕래하면서 글을 읽으며 한적하게 지낼 곳으로 삼았다. 밭이 있으니 식량을 마련하기에 가하고, 뽕나무가 있으니 누에를 쳐서 옷을 마련하기에 가하고, 샘이 있으니 물을 마시기에 가하고, 나무가 있으니 땔감을 마련하기에 가하다. 나의 뜻에 가한 것이 네 가지가 있기 때문에 그 집을 '사가四可'라고 이름 지은 것이다.
>
> (「사가재기」, 『동국이상국집』 전집 권23 기)

이 글에서 보듯이 서울 서쪽 성곽 밖에 있던 별장과 토지는 아버지가 마련한 것으로 이규보가 물려받았다. 그 위치나 부근의 지형으로 보아 번화하고 왕래가 편한 곳이라기보다는 교외 변두리의 궁벽진 곳이라 생각된다. 당시 이규보는 이 토지로부터 식량과 옷감과 땔감 등을 공급받을 수 있었다.

이 별장은 부친 생존 시에 이규보가 머물던 곳이기도 했다. 당시 53세의 오세재가 처음으로 이규보를 찾아가 열흘이 넘도록 함께 머물면서 간곡하게 회포를 논한 곳이 바로 이곳인데, 그때 이규보는 18세였다.[64] 그러나 이곳은 이규보 가족이 상주하는 곳은 아니었다. 위의 기록에서 보듯이 이규보는 이곳을 자주 왕래하면서 책도 읽으면서 한적하게 지내던 곳이기 때문이다.

이규보는 이곳을 서교 초당西郊 草堂이라고도 부르면서 뒤에도 자주 놀러 왔는데, 그때에도 이곳은 어디까지나 잠시 머무는 곳이지 상주하며 사는 곳은 아니라고 했다.[65] 그러므로 이곳의 건물 관리나 토지 경영 역시 본인이 직접 한 것이 아니라 관리인을 따로 두었다. 26세 때에 이곳을 두고 지은 시의 한 구절에는 '직접 김을 매고 싶다'는 소망을 밝히기도 했다.[66]

한편 이규보는 성의 동쪽에도 작은 동산을 가지고 있었는데, 세로와 가로가 모두 30보步가 되는 상원上園과 세로와 가로가 10보쯤 되는 하원下園으로 나뉘어져 있었다.[67] 이 토지 역시 27세 당시에 이규보가 소유하고 있었으므로, 물려받은 유산임이 분명하다.

이렇게 보면 이규보는 조상 대대로 전해 내려오는 고향의 토지와 노비와 함께 서울 서쪽의 별장이나 동쪽의 조그마한 토지를 물려받아서, 거기에서 나오는 식량과 옷감과 땔감 등의 수입으로 생활해 나갔다고 정리할 수 있다. 23세에 과거에 급제하고 그 이듬해에 부친이 사망하자, 몇 년 동안 서울 북쪽의 천마산에 우거하면서 백운거사라고 자칭하고 유유자적하며 살 수 있었던 것도 이러한 경제적 기반이 뒷받침되었기에 가능했을 것이다.

그 토지의 크기나 수입이 어느 정도 되는지 정확하게 알 수는 없다. 그러나 그 액수가 그다지 많지는 않았던 듯하다. 스스로 고백했듯이 당시에 이미 '집에는 식량이 떨어져 끼니를 잇지 못하는' 상태에 있었기 때문이다.[68] 관직도 얻지 못하여 녹봉이나 전시과田柴科 토지의 전조田租 등의 수입도 전혀 없는 실직 상태의 생활이 몇 년이나 계속되었던 터에, 어쩌면 천마산의 우거와 성중의 가옥을 오가는 이중생활과 거의 매일 술을 마셔대는 등 친구들과 어울리느라 가산을 탕진했을 가능성도 크다.

이규보가 사가재라고 이름을 붙인 별장에는 선친이 살아 있을 때에 접을 붙인 배나무 두 그루도 잘 자라서 그 배를 먹을 때마다 선친 생각이 나서 목이 메기도 했다.[69] 부친이 사망한 지 9년 뒤인 32세 때에 쓴 기록 중에 나오는 일이다. 그런데 전주에서 파직당해 돌아온 해인 34세 때에 자신을 '성서선생城西先生'이라고 한 것을 마지막으로 더 이상 이 별장에 대한 언급이 나오지 않는다.[70] 이러한 사실을 볼 때 아마도 이 어간에 그 토지를 처분하지 않았을까 하는 생각이 든다.

이규보는 27세에 앵계리鸎溪里의 회동檜洞으로 이사하여 거처를 정했다.[71] 앵계리는 행정구역상으로는 부部·방坊·리里로 구획된 개경의 5부 체제에서 중부中部에 속하며 앵계방罵溪坊이라고 부르기도 했는데,[72] 이규보가 살던 마을은 오래된 전나무[檜]가 있어서 회동檜洞이라고 불렸다. 스스로 묘사한 대로 '무너진 벽에는 이끼가 두텁게 끼었고 텅 빈 마당에는 잡초가 우거졌다'는 기록을 그대로 믿는다면, 새로 집을 지은 것이 아니라 오래된 집을 사지 않았나 생각된다.

그렇다고 하더라도 마루에 앉으면 용수산 곡령이 바로 마주 보이는 이곳 초당에 살면서, 이규보는 마당에 푸른 대나무도 심고 장미도 가꾸는 한편으로 독서도 하고 거문고도 타는 등 전원생활을 즐겼다. 또 우물을 함께 쓰던 이웃의 양 각교梁 閣校라는 이와 자주 왕래하면서 오이도 같이 심고 바둑도 두고 꽃구경을 함께 하기도 했다. 첫 아들 삼백이 태어난 것도 이곳에 이사한 바로 다음 해였다.

그러나 생활은 나아지지 않았다. 집에는 한 가족을 이루고 있는 것으로 생각되는 키가 작은 종 3명과 아이종 5명이 함께 살았지만, 이들조차 노동을 하지 않으려 하여 성동의 상원과 하원에는 잡초가 우거졌다. 이를 보다 못한 이규보가 아이들을 데리고 하원을 직접 가꾸기도 했던 것이다.[73]

그 경위에 대해 이규보는

이것은 내가 일을 감독하는 것이 해이하고 종들이 힘을 쓰는 것이 게으르기 때문이다. 드디어 그들을 용서해 힐책하지 않고, 내가 스스로 아래쪽에 있는 작은 동산을 손질했다.

(「초당의 작은 동산을 가꾸며 적은 기」, 『동국이상국집』 전집 권23 기)

라고 하여, 자신이 게으른 노비들을 제대로 감독하지 못한 탓이라고 적었다. 그러나 게으른 노비를 야단치지 않고 용서해 줄 수밖에 없었던 실상은, 주인조차 자주 끼니를 거를 정도로 어려운 상황에서 노비들도 각자 생존하기 위한 방법을 개척해야만 했기 때문이었을 것이다. 결국 노비는 노비대로 주인은 주인대로 각기 호구지책을 마련해야 했던 탓으로 파악하는 것이 온당하지 않을까 한다. 이규보의 노비들은 신분상으로만 노비였지, 자신의 가계를 스스로 꾸려 나가는 등 실제로는 자유민과 다름없는 생활을 했을 것이다.

앵계리에서 이규보는 다시 성 동쪽의 봉향리奉香里로 이사했다.[74] 봉향방奉香坊이라고도 불리던 봉향리는 개경의 동부東部에 속했다. 언제 이곳으로 이사했는지 정확한 시기는 알 수 없지만, 29세 때 최충헌이 집권할 당시 남쪽으로 내려갔던 이규보가 집과 아이들을 그리워하면서 지은 시에 '성동의 집 한 채'라는 구절이 나온다.[75] 이러한 사실을 보면 앵계리에서 2~3년가량 살다가 적어도 29세의 봄에는 봉향리로 이주한 것이 아닌가 한다.

봉향리에 사는 동안 이규보는 사륜정四輪亭이라는 정자를 스스로 설계하고 지어 친구들과 즐기려고 했다. 그러나 전주로 부임하는 바람에 그 계획은 무산되고 또 어머니의 병환 등 다른 이유도 겹쳐 뒷날 그 설계도만 기록으로 남겼다.[76]

이곳에서 6년을 거주하던 이규보는 35세에는 성남의 안신리 색동安申里塞洞으로 이사했다. 개경의 5부 중 남부南部에 속하던 이 동네에 대해 이규보는 다음과 같이 적었다.

> 태화 2년 임술년(신종 5, 1202)에 나는 성동의 옛집을 떠나 성남의 안신리로 이사했다. 찬 샘이 있어 마을 왼쪽의 바위틈에서 졸졸 흘러나오는데, 마을이 깊숙하고 지세도 아늑한 것이 산촌이나 시골에 거하는 듯 맑고 깨끗하여 나는 여기에 사는 것이 매우 즐겁다. 단지 마을 이름이 '막혔다[塞]'는 뜻이어서 나도 그 이름을 좋아하지 않았다. 〈중략〉 내가 이 마을에서 산 지도 이제 이미 20여 년이나 되었다. 〈후략〉
>
> (「천개동기」, 『동국이상국집』 전집 권24 기)

새로 이주한 곳은 색동이라는 이름이 말해 주듯이, 서울이기는 하되 산촌이나 시골과 같이 궁벽진 곳이었던 것이다.

고려시대에 농촌이 아닌 도시 사람들이 얼마나 자주 이사를 다녔는지는 알 수 없다. 그러나 10여 년 사이에 서울의 중부에서 동부로, 다시 남부로 세 번이나 이사한 이규보의 경우는 분명히 특수한 사례에 속한다고 보아도 좋지 않을까 한다. 게다가 마침내 정착한 곳은 번잡한 도회지가 아니라 시골 분위기가 물씬 풍기는 변두리의 외진 곳이었다.

그 전해 5월에 죽주竹州의 누이 집으로 내려가 직접 모시고 온[77] 어머니가 1년 뒤인 5월에 돌아가셨는데,[78] 아마 그 뒤에 바로 이사한 것으로 보인다. 미신을 배격하던 합리주의자인 이규보였던 만큼 이사와 구기拘忌 따위와는 전혀 관련이 없었을 것이다.[79] 그렇다면 이토록 잦은 이사는, 갈수록 악화된 그의 경제적 상태와 관련이 크다는 사실을 말해 주는 것이 아닌가 한다.

그러므로 20·30대의 이규보가 겉으로는 백운거사를 자칭하면서 전원생활을 즐기고 있다고 큰 소리를 치면서도, 한편으로는 자존심을 버리면서까지 끈질기게 구직운동을 벌여야 했던 속사정도 당시의 가난했던 생활과 연결시켜야 하지 않을까 싶다.

3. 가난

40세가 가까워질 때까지 제대로 된 관직 하나 갖지 못했던 이규보였기에 그의 경제적 궁핍이 어떠했을지 짐작하기 어렵지는 않다. 이규보도 그 어려움을 여러 편의 글로 써서 옮기기도 했다. 그중에서도 39세이던 희종 2년 (1206) 3월 11일 아침에 일어났던 다음과 같은 일은 그의 처지가 얼마나 힘들고 딱했는지 대표적으로 잘 보여 준다.

이날 마침내 집에 식량이 떨어져 아침을 굶을 지경이 되고 말았다. 3월 초순이면 춘궁기인 보릿고개의 최절정에 해당되는 시기였을 것이다. 이미 하루에 두 끼씩 먹는 것으로 버텨 왔지만, 허기에 시달린 아이들을 보다 못한 아내는 이규보의 털옷을 전당포에 맡겨 곡식을 구해 오자고 했다. 자신이 손수 만들어 겨우내 남편이 입고 지냈던 바로 그 옷이었다.

그러나 이규보는 아내를 나무라며 반대했다. 3월도 중순으로 넘어가는데, 이제 추위가 다 갔으니 전당포의 주인은 이 옷을 받아 주지 않을 것이고, 추위가 다시 오면 나는 어떻게 올 겨울을 나란 말이오. 이 말을 듣자 아내는 도리어 성을 내며 말했다. 이 옷이 비록 화려하지는 않다고 하더라도, 내가 직접 손으로 꿰매 만든 것이라 당신보다 곱절로 더 아껴요. 그러나 굶주림이 더 급한데, 하루에 두 끼라도 먹지 못하면 허기져서 다 굶어 죽고 말 터이니 어떻게 올 겨울을 기다린다는 건가요.

이에 이규보는 할 수 없이 아이종을 불러 털옷을 전당포에 팔러 보냈다. 아마도 며칠 동안 먹을 수 있을 정도의 값은 쳐 주겠지 기대하면서. 그러나 아이종이 손에 쥐고 온 것은 너무도 뜻밖의 헐값이어서 이규보는 의심이 더럭 들었다. 이 녀석이 혹시 중간에 빼돌렸나? 그래서 사실대로 말하라고 윽박질렀더니, 아이종은 되레 얼굴에 분한 기색을 띠면서 전당포 주인의 말을 그대로 옮겼다. 봄도 얼마 남지 않아 이제 곧 여름이 오는데, 지금이 어찌 털옷을 팔 때인가. 내가 마침 여유가 있으니 다행이지, 그렇지 않았다면 좁쌀 한 말 값이라도 쳐 주지 못했을 것이다.

이 말을 들은 이규보는 너무 부끄럽고 창피했다. 아내가 힘들게 장만해 준 털옷을 거저 주다시피 겨우 한 말의 좁쌀 값과 바꾸다니. 더구나 명색이 상전으로서 아이종에게 볼멘소리까지 듣다니. 허기진 아이들이 대나무같이 기운 없이 늘어서 있는 것을 보면서 기막힌 현실과 자괴감에 어느새 이규보 눈에서 흘러내린 눈물은 턱까지 적셨다.

이규보는 젊은 시절을 돌이켜 보았다. 세상일은 전혀 모르고 책만 수천 권 읽으면 과거에 합격하는 것은 윗수염을 뽑는 것보다 쉽고, 항상 자부심을 가지고 사노라면 좋은 벼슬도 쉽게 얻으리라 말해 왔는데, 어쩌다가 운명이 박해서 이다지 궁한 살림을 서러워하게 되었는가.

마음을 가라앉히고 자신도 반성해 보았다. 결국 내 잘못이었구나. 술을 좋아하되 억제하지 못해서 시작했다 하면 천 잔 씩이나 마셔댔고, 취하면 평소 마음에 담았던 말을 참지 못해 모조리 토해 내고는 했는데, 결국 돌아오는 것은 참소와 비방뿐이라는 사실을 알지 못했으니. 처신을 한결같이 이렇게 해 왔으니 지금 궁하고 굶주리는 것도 마땅한 일이고, 사람들이 좋지 않게 여기고 하늘도 도와주지 않으니 가는 곳마다 허물이고 모든 일이 어긋나고 말았네. 아, 이것은 내가 스스로 거머쥔 일이니, 누구를 원망하랴.

이렇게 자신을 반성한 이규보는 친구 최종번에게 이날 있었던 일과 자신의 심정을 숨김없이 시로 써서 옮겨 주면서, 그 마지막을 다음과 같이 끝맺었다.

손가락을 꼽아가며 스스로의 죄를 헤아려서	屈指自數罪
채찍을 들어 석 대를 때렸네	舉鞭而三笞
지난 일이야 뉘우친다고 어찌 미치겠는가마는	旣往悔何及
앞으로 올 일들은 당연히 쫓아가겠네	來者儻可追

(「옷을 전당 잡히고 느낌이 있어 최종번 군에게 보이다(典衣有感 示崔君宗藩」,
『동국이상국집』 전집 권12 고율시)

이렇듯 처절하게 자신의 처지를 반성하고 앞으로는 더 열심히 살겠노라고 다짐했던 것이다.

그러나 정작 가장으로서 이규보는 이 궁핍함을 해결할 아무런 능력도 가지고 있지 못했다. 그 대신에, 솥의 다리가 부러지면 고치거나 새로 사지 않고 다른 것을 괴서 쓰는 처지가 되어도 절름발이가 된 솥에게 '대장장이의 잘못이지 어찌 너의 잘못이겠는가'하고 낙천적으로 받아들였다.[80] 숯이 없어서 추위를 참을 수 없는 지경이 되면, '여름에도 얼음 없이 더위를 보냈는데 겨울에 숯 없다고 추위 걱정할 게 뭐 있으랴'라고 천연덕스럽게 대처할 뿐이었다.[81] 또 친구가 찾아오면, 집에는 돈 한 푼 없는 지경이지만 '차마 청담淸談만 나누면서 헛되이 하루를 보내겠는가'라고 하면서, 전당포에 옷을 맡겨서라도 대취하도록 만든 대범한 풍류만이 있을 뿐이었다.[82]

이규보의 문집에 남아 있는 시 중에는 자신의 가난을 풍자와 해학으로 포장하여 반어적反語的 수법으로 쓴 것도 많을 것이다. 그러므로 여기에 나타난 표현들을 문자 그대로 받아들이기에는 주저되는 면이 있다. 그러나 적어도 이규보는 자신의 비참한 처지를 숨기지 않고 그대로 보여 주었다는 사실만큼은 분명하다. 자신의 가난 앞에서 결코 절망하거나 좌절하거나 분노하지 않고, 항상 긍정적이고도 낙천적인 사고로 대처했다는 것이다. 아마도 가장으로서의 이러한 모습은 가난과 배고픔과 추위에 떠는 가족들에게 신뢰와 안정감을 주는 데 크게 기여했을 것이다.

또 하나 중요한 점은 옷을 전당 잡힌 후 자신의 서글픈 처지를 최종번에게 솔직하게 토로한 앞의 시에서 보듯이, 이규보는 고민을 숨기지 않고 친구들에게 모두 털어놓았다는 사실이다. 이러한 솔직한 점 때문에 어떤 면에서는 매우 무능한 가장이고 가끔은 술에 취해 말썽을 일으키는 골칫거리이기도 했지만, 몇몇 친구들과는 매우 깊은 우정을 나눌 수 있었던 것이 아닌가 한다.

이규보가 절망적인 어려움을 헤쳐 나갈 수 있었던 것은 바로 이 친구들 덕택이었다. 1206년 3월에 일어난 이규보의 비참한 집안 사정을 다 들어 준 최종번은, 몇 년 전에 이규보의 어머니가 병석에 누워 있을 때 염소고기의 포를 보내 병구완을 도와주었던 바로 그 인물이다.[83] 또 다른 절친한 친구인 승려 혜문惠文은 숯과 쌀과 솜 등 필수품을 고비 때마다 보내 주어 추위와 배고픔에 시달리던 이규보의 가족들에게 큰 도움을 주었다.[84] 또 희希 선사도 매일 죽으로 끼니를 때우던 이규보의 식구들에게 쌀을 보내 주어 흰 쌀밥을 배부르게 먹게 해 주었다.[85]

이와 같이 이규보는 친구들의 도움으로 여러 차례 어려운 고비를 넘길 수 있었는데, 그 도움은 피난지 강화江華에서 어려운 시절을 보낼 때에도 계속

되었다.

고종 19년(1232) 6월에 갑작스럽게 강화 천도가 단행되자, 65세의 이규보도 피난길에 올랐다. 그러나 집을 미처 마련하지 못해 온 식구가 하음 객사河陰 客舍의 행랑에서 여러 달 동안 기거해야 했다.[86] 새 서울에 들어간 뒤에 모두가 새로 집을 짓는데 그렇지 못한 이는 이규보뿐이었고,[87] 사람들이 다투어 땅을 구하여 경작하는 판에 그렇게 하지 못한 사람도 이규보 혼자뿐이었다.[88] 이렇게 몇 년을 살다가 재상의 지위에까지 올랐으나, 녹봉도 제대로 지급받지 못해 양식이 떨어지고 숯이 없어 추위에 떠는 일도 다반사여서 '세상에는 궁한 재상이 없는데 나는 최고로 궁하다'라고 스스로 탄식할 정도로 늘 가난에 시달렸던 것이다.[89]

이러한 이규보를 두고 친구나 후배들은 쌀,[90] 숯,[91] 채소씨앗[92]과 같은 생활필수품은 물론이고, 병중의 이규보를 위해 복숭아,[93] 배,[94] 홍시,[95] 곶감,[96] 귤[97] 등의 과일이나 꿩[98] 같은 귀한 음식도 보내 주었다. 많은 사례들을 일일이 열거할 필요는 없겠지만, 친구들이 이렇게 끝까지 이규보를 도와준 것은 그의 재능을 아낀 탓도 있겠지만, 이규보 역시 친구들을 잘 대접했기 때문이었을 것이다.

아울러 앞에서도 언급한 바와 같이 친구들에게 자신의 고민을 모두 다 털어놓는 꾸밈없고 소탈한 개방적인 성격, 그것이 친구들과 깊은 우정을 쌓게 한 것이 아닌가 여겨진다. 그러므로 이제 우리는 이규보의 친구들은 어떠한 사람들이었는가, 즉 이규보는 어떠한 인맥을 형성하여 사회생활을 해 갔는가 하는 점을 살펴보아야 할 차례가 되었다.

주

1 「남행월일기」, 『동국이상국집』 전집 권23 기.

2 「최종번 천원이 염소고기 포를 보내 주어 병든 어머니께 드린 것에 감사하다」, 『동국이상국집』 전집 권11 고율시.

3 「여러 아들에게 보이다」, 『동국이상국집』 후집 권1 고율시.

4 「연보」 무술년(명종 8, 1178). 그러나 『고려사』에는 이부가 명종 11년 5월에 직문하성이 되었다고 하여(『고려사』 권20 세가 명종 11년 5월 조), 「연보」의 기록과는 차이가 난다.

5 명종 9년 3월에 그는 대장군직을 가지고 있었다(『고려사절요』 권12, 명종 9년 3월 조). 이때 그의 조카[甥姪]가 惡少로 행패를 부리다가 처형되었다는 사실을 보면, 이부에게 누이가 더 있을 가능성이 크다.

6 『고려사』 권20 세가 명종 9년 4월 경술 소.

7 「종형 장군에게 드리는 제문」, 『동국이상국집』 전집 권37 제문.

8 위와 같음.

9 「연보」 병진년.

10 「9월 13일에 장안을 떠나 전주로 부임하며 임진강 배 위에서 진공도·한소와 서로 작별하면서」, 『동국이상국집』 전집 권9 고율시.

11 「길 위에서 지어 조카사위 한소에게 보이다—소가 서울에서 전주까지 와서 맞이해 갔다—」, 『동국이상국집』 전집 권10 고율시.

12 「혜문 장로·한소와 함께 최종번 수재의 서실을 찾아가다」, 『동국이상국집』 전집 권8 고율시.

13 「죽주에서 어머니를 가마에 모시고 누이와 함께 장안으로 가면서 조카사위 정유에게 보이다」, 『동국이상국집』 전집 권10 고율시.

14 「7월 13일에 전이지·박환고 군과 함께 밤에 술을 마시고 정유의 집에서 달구경을 하면서 聯句를 짓다」, 『동국이상국집』 후집 1 고율시.

15 이규보가 직한림원이 된 것은 무진년, 그의 나이 41세 때였다. 「연보」 무진년 참조.

16 노명호, 「가족제도」, 『한국사』 권15, 국사편찬위원회, 1995 참고.

17 진공도가 이규보의 처형이었다는 기록은 「진공도가 동산을 손질하는 것을 보고 동파 시의 운을 따서 주다」(『동국이상국집』 전집 권11 고율시)라는 시의 서문에 '진생은 나의 처형인데, 이때 한집에 같이 있었다'라고 나온다.

18 「9월 13일에 장안을 떠나 전주로 부임하며 임진강의 배 위에서 진공도·한소와 서로 작별하면서」, 『동국이상국집』 전집 권9 고율시.

19 「29일에 광주에 들어가 진공도 서기에게 주다」, 『동국이상국집』 전집 권10 고율시.

20 앞의 주 17과 같음.

21 노명호는 고려의 친족관계의 특성으로 '양측적 친속 조직'을 강조했다(노명호, 「고려의 오복친과 친족관계 법제」, 『한국사연구』 33, 1981).

22 「수안현령 진공도가 안찰사에게 올리는 장」, 『동국이상국집』 전집 권32 장.

23 「두 아이를 생각하며」, 『동국이상국집』 전집 권6 고율시.

24 「어린 딸을 애도하며」, 『동국이상국집』 전집 권5 고율시.

25 「연보」을묘년.

26 「연보」신해년.

27 「다리 부러진 솥을 조롱하며」,『동국이상국집』전집 권11 고율시.

28 「옷을 전당 잡히고 느낌이 있어서 최종번 군에게 보이다」,『동국이상국집』전집 권12 고율시.

29 「전이지가 찾아오자 함께 술을 마시고 크게 취하여 주다」,『동국이상국집』전집 권11 고율시.

30 「오세문 동각이 고원의 여러 학사에게 드린 삼백운시에 차운하다」,『동국이상국집』전집 권5 고율시. 한편 '(귀부인은) 검은 비단으로 된 너울을 머리에 쓰는데, 세 폭으로 만들고 폭의 길이는 여덟 자로, 정수리에서부터 내려뜨려 다만 얼굴과 눈만 내놓고 나머지는 끝이 땅에 끌리게 한다'라는 기록이 있는데, 이 너울을 멱라로 보는 견해가 있다. 민족문화추진회,『국역 고려도경』권20 부인 귀부, 1977, 125쪽의 역주 2 참고.

31 앞의 주 28과 같음.

32 앞의 주 27과 같음.

33 「안부 이경 소경이 부임하는 연회에 참석하게 하고, 이튿날 녹수를 보내 준 것에 감사하다」,『동국이상국집』전집 권9 고율시.

34 「앵계 초당에서 우연히 쓰다(『동국이상국집』전집 권3 고율시)에는 집 앞에 곡령, 즉 곡산이 있다고 했다.

35 「백낙천의 '병중 15수'에 화답하여 차운하다」,『동국이상국집』후집 권2 고율시.

36 「6월 7일에 박인저 학사의 집을 찾아가 잔뜩 움츠린 채 나와 다니지 않음을 시로 조롱하다」라는 시에는 '그가 집에 기녀 한 명을 두고 있다'고 적혀 있다(『동국이상국집』후집 권4 고율시).

37 「서경 기생 진주에게 주다」,『동국이상국집』전집 권11 고율시.

38 「이상한 관상쟁이의 대답」,『동국이상국집』전집 권20 잡저.

39 『동국이상국집』후집 권9 고율시.

40 「어린 딸을 애도하며」,『동국이상국집』전집 권5 고율시.

41 「(승)이법원묘지명」,『집성』, 339쪽.

42 김용선,「고려귀족의 결혼·출산과 수명」,『고려금석문연구』, 일조각, 2004, 146~147쪽.

43 「신 대장이 내 아들 징을 가르쳐 주어 감사하다—신 군은 80여 세인데 항상 학생을 모아 가르쳤다」,『동국이상국집』전집 권16 고율시.

44 『고려사』권74 선거지 2 국자시, 고종 12년 2월 조.

45 「이백순 학사를 곡하며」,『동국이상국집』전집 권18 고율시.

46 『고려사』권73 선거지 1 선장, 고종 21년 5월 조.

47 「이제현 묘지명」,『집성』, 588쪽 및 『익재집』부록 「익재선생 연보」신축년.

48 「이색 처 권씨 묘지명」,『양촌집』권39 묘지.

49 「우연히 산속에서 놀다가 벽 위에 쓰다」,『동국이상국집』전집 권5 고율시.

50 「여러 아들에게 보이다」,『동국이상국집』후집 권1 고율시.

51 「이미수 시랑이 권경중 박사에게 준 '벽곡을 나무라는 시'에 차운하다」,『동국이상국

집』전집 권14 고율시 및 『고려사』권101 열전 권경중전.

52 「늙은 무당의 노래」, 『동국이상국집』전집 권2 고율시.
53 「하늘과 사람이 서로 이긴다는 설」, 『동국이상국집』전집 권21 설.
54 「초당의 작은 동산을 가꾸며 적은 기」, 『동국이상국집』전집 권23 기.
55 「아이들과 동산을 거닐며」, 『동국이상국집』전집 권11 고율시.
56 「초당에 해가 저물자 거문고를 타는 손님을 맞이하여 술자리를 베풀다」, 『동국이상국집』전집 권13 고율시.
57 「박환고의 아이를 애도하면서 겸하여 꿈속의 일을 적다」, 『동국이상국집』전집 권8 고율시.
58 「신축년 3월 3일에 홍주 태수로 부임하는 맏아들 함을 보내며 짓다」, 『동국이상국집』후집 권9 고율시.
59 「이튿날 홀로 앉아 회포를 쓰다」, 『동국이상국집』후집 권9 고율시.
60 『동국이상국집』전집 권6 고율시.
61 「연보」병진년.
62 이 종은 개경에서부터 이규보를 수행해 왔을 것인데, 다른 시에서는 '童僕'이라고 표현되어 있다(「시후관에서 쉬면서」, 『동국이상국집』전집 권6 고율시).
63 「초당의 작은 동산을 가꾸며 적은 기」, 『동국이상국집』전집 권23 기.
64 「오덕전 선생 애사」, 『동국이상국집』전집 권37 애사.
65 「백운거사어록」, 『동국이상국집』전집 권20 어록.
66 「아버지의 별장인 서교의 초당에서 놀며 2수」, 『동국이상국집』전집 권2 고율시.
67 「초당의 작은 동산을 가꾸며 적은 기」, 『동국이상국집』전집 권23 기.
68 「백운거사전」, 『동국이상국집』전집 권20 전. 한편, 이규보가 20대 후반까지는 적지 않은 유산을 물려받아 부유한 경제적 기반을 가지고 있었으므로, 「백운거사전」의 이 기록 및 이 시기에 지어진 작품들은 객관적 사실과는 크게 다를 뿐만 아니라 작품 전반에 과장되고 허투적인 요소가 적지 않아 그 진지성을 의심할 수밖에 없는 측면이 있다는 견해가 있다(이종민, 「청년기 이규보의 집안 상황 및 행동 양식과 '백운거사전'」, 『한국한문학연구의 새 지평』, 이혜순 외 엮음, 소명, 2005). 문학작품에서의 다소의 과장이나 반어적 표현을 수긍한다고 하더라도, 이규보에 관한 이러한 시각이 근본적으로 성립하려면 『동국이상국집』에 수록된 모든 글의 객관성은 물론이고 나아가 이규보 인간성 자체의 진실성 여부에 대해서도 총체적인 의문을 가져야 할 것이다.
69 「과수나무에 접붙이는 것에 대한 기」, 『동국이상국집』전집 권23 기.
70 「'배를 두드리며 부르는 노래'로 친구가 홀로 술 마시는 것을 희롱하다」, 『동국이상국집』전집 권10 고율시.
71 「앵계에 거처를 정해 살면서 우연히 초당의 한적함을 쓰고, 겸하여 두 집이 오가는 즐거움을 서술하여 서쪽의 이웃인 양 각교에게 주다」, 『동국이상국집』전집 권5 고율시.
72 박용운, 『고려시대 개경 연구』, 일지사, 1996, 94~95쪽.
73 「초당의 작은 동산을 손질한 데 대한 기」, 『동국이상국집』전집 권23 기.
74 아래의 주 79 참고.
75 「집을 생각하며」, 『동국이상국집』전집 권6 고율시.

76 「사륜정기」, 『동국이상국집』 전집 권23 기.

77 「연보」 신유년.

78 「연보」 임술년.

79 「지지헌기」에서는 성동 봉향리의 초당을 지지헌이라고 불렀다고 했는데(『동국이상국집』 전집 권23 기), 이 해는 이규보가 40세 되던 1207년이다. 그런데 「천개동기」에서는 35세인 1202년에 봉향리에서 안신리로 이사했다고 하여 서로 어긋난다. 둘 중의 하나는 착오이겠지만, 여기서는 「천개동기」의 기록을 따르고자 한다.

80 「다리 부러진 솥을 조롱하며」, 『동국이상국집』 전집 권11 고율시.

81 「숯이 없지만」, 『동국이상국집』 후집 권5 고율시.

82 「전이지가 찾아오자 함께 술을 마시고 크게 취하여 주다」, 『동국이상국집』 전집 권11 고율시.

83 「최종번 천원이 염소고기의 포를 보내 주어 병든 어머니에게 드린 것을 감사하다」, 『동국이상국집』 전집 권11 고율시.

84 「혜문 선로가 쌀과 솜을 보내 준 것에 감사하며」, 『동국이상국집』 전집 권10 및 「대왕사의 혜문 스님이 숯을 보내 준 것을 주필로 감사하다」, 『동국이상국집』 후집 권1 고율시.

85 「희 선사가 쌀을 보내 준 것에 주필로 감사하다」, 『동국이상국집』 전집 권7 고율시.

86 「하음 객사의 서쪽 행랑에서 살며 짓다」, 『동국이상국집』 후집 권1 고율시.

87 「최우 상국에게 올리다」, 『동국이상국집』 전집 권18 고율시.

88 「반가운 비」, 『동국이상국집』 전집 권18 고율시.

89 「9월 초이레에 추부 박거 공을 찾아가 새로 지은 집을 구경했다」, 『동국이상국집』 후집 권6 고율시 및 「춘주 수령(강힐)이 앞서의 시 두 수에 화답하여 보낸 것에 차운하다」, 『동국이상국집』 후집 권7 고율시.

90 「또 진양공이 흰쌀을 보내 준 것에 감사하다」, 『동국이상국집』 후집 권9 고율시.

91 「춘주 수령 강힐 장원에게 숯을 빌면서 희롱 삼아 주다」, 『동국이상국집』 후집 권7 고율시 및 「진양공에게 드리다」, 『동국이상국집』 후집 권8 고율시.

92 「이수 아경이 〈중략〉 여러 가지 채소 씨앗을 준 것에 차운하다」, 『동국이상국집』 후집 권3 고율시.

93 「이수 시랑이 복숭아를 준 시에 차운하다」, 『동국이상국집』 후집 권4 고율시.

94 「배를 준 이에게 감사하다」, 『동국이상국집』 후집 권5 고율시.

95 「하천단 낭중이 홍시를 보내 준 것에 감사하다」, 『동국이상국집』 후집 권8 고율시.

96 「하천단 낭중이 곶감을 보내 준 것에 감사하다」, 『동국이상국집』 후집 권7 고율시.

97 「최안 제주 태수가 동정귤을 보내 왔기에 시로 감사하다」, 『동국이상국집』 후집 권2 고율시.

98 「또 (황려현의 유경로 수령이) 꿩을 보내 준 것에 감사하다」, 『동국이상국집』 후집 권2 고율시.

굳센 금과 단단한 쇠는 녹을 때가 있지만	堅金硬鐵有時融
그대들과 내가 나눈 정은 만고에 같으리	君我交情萬古同
세 친구가 이미 머리와 배와 꼬리를 이루었으니	三友已成頭腹尾
죽음과 삶과 슬픔과 즐거움이 한 몸 속에 있도다	死生憂樂一身中

(「이날 전이지 군이 지은 시에 차운하고, 겸하여 박환고 군에게 주다[是日 次韻全君有作 兼贈朴君]」,
『동국이상국집』후집 권1 고율시)

1. 7현

어려서부터 신동 소리를 듣던 이규보가 과거의 예비고시인 국자감시에서
조차 몇 차례나 불합격한 사실을 두고 「연보」에서는 다음과 같이 기록했다.

이 해 봄(1187년)에 또 사마시에 응시했으나 합격하지 못했다. 공은 이 4~5년 동
안 술로 기세를 부리며 마음대로 살면서 스스로를 단속하지 않고 오직 시 짓는 것
만 일삼고, 과거에 대한 글은 조금도 연습하지 않았으므로 잇달아 응시했어도 합

격하지 못한 것이다.

(「연보」 정미년)

20세에 국자감시에 다시 도전했으나 세 번째로 낙방한 것을 두고, 4~5년 동안 술과 자신만의 시 짓기에 몰두하느라 과거에 대한 준비를 소홀히 했다는 것이다. 실제 10대 중후반의 이규보는 당시 아버지가 근무하던 수주에 있으면서 친구들과 어울려 술을 마시고 시도 짓고, 거문고를 뜯고 바둑도 두는 등 풍류를 즐겼다고 회고한 바 있다.[1] 다만, 이때 어울린 친구들이 누군지는 기록이 없으므로 알 수 없다.

이규보는 19세에 수주를 떠나 서울로 되돌아왔는데, 서울에는 젊은 이규보의 문학적 재능을 높이 평가하고 아껴 준 선배들이 많이 있었다. 대선배인 장자목張自牧도(1129~?) 그중의 한 명인데, 이규보는 자신에게 베풀어 준 그의 후의에 대해 다음과 같이 회고했다.

예전에 내가 약관이었을 때 과감하게 자부심을 가진 채 납가새풀이 앞에 있다고 하더라도 돌아보지 않고 앞으로 나갔습니다. 사람들의 잘잘못을 논하면서 말이 나오는 대로 뱉으니 진신사대부들이 눈을 흘기며 두려워하는가 하면, 비록 그들의 문전에 이르게 되더라도 문득 문을 닫아걸기도 했습니다. 그러나 공은 한 번 보고서는 그전부터 친했던 것같이 마루에 오르게 하여 말을 나누면서, 가슴속에 있는 것을 털어 놓았습니다. 급하게 가동家童을 시켜 술과 안주를 차려 놓고 담 너머의 객을 불렀는데, 그는 생황을 잘 부는 사람이었습니다. 생황을 불고 흥을 돋우며 술잔을 거듭 주고받으면서 달빛 아래 어깨를 붙잡고 옷자락을 펄럭이면서 춤을 추기도 했습니다. 이로부터 매번 뵐 때마다 문득 지위를 벗어던지고 시를 읊으면서 후생이라는 생각도 잊었습니다.

(「장자목 학사에게 드리는 제문」, 『동국이상국집』 전집 권37 제문)

장자목은 이규보와의 첫 대면에서부터 흉금을 털어놓는 사이가 되었다고 하는데, 그는 이규보보다 무려 40세 연상이었다.[2] 대선배인 장자목은 뒷날 예부시랑으로 있을 때에는 26세의 이규보를 추천하는 등,[3] 이규보와의 교유를 계속해 갔다.

이 밖에도 많은 선배들이 이규보를 아껴 주었는데, 이규보와 가장 가깝게 지내면서 큰 영향을 끼친 이로는 죽림고회의 7현을 꼽아야 할 것 같다. 이들에 대해 이규보는 다음과 같이 간단하게 설명했다.

> 글로 세상에 이름이 난 선배 아무개 등 일곱 사람이 스스로 당시의 호걸이라고 하면서 드디어 서로 어울려서 7현七賢이라고 하니, 대개 진晉의 7현을 사모한 것이다. 늘 함께 모여 술을 마시고 시를 지으면서 자기들 외에는 사람이 없는 것처럼 했는데, 세상에서 비방이 많아지자 기세가 조금 누그러졌다. 그때 내 나이 19세였는데, 오덕전吳德全(오세재吳世才의 자字)이 나이를 무시한 친구[忘年友]로 삼아 늘 그 모임에 데리고 갔다.
>
> (「칠현설」, 『동국이상국집』 전집 권21 설)

당시 일곱 명의 문사들이 모임을 만들었는데, 이규보는 19세 때부터 오세재의 권유로 이 모임에 참석한 뒤부터 늘 그 모임에 참석했다는 것이다. 중국 진晉의 죽림7현竹林七賢을 모방한 이 모임을 당시 사람들은 죽림고회竹林高會라고 불렀다. 그 구성원은 오세재吳世才(1133~?), 임춘林椿(?~?), 이인로李仁老(1152~1220), 조통趙通(?~?), 황보항皇甫抗(?~?), 함순咸淳(1155~1211), 이담지李湛之(?~?)로 모두 당시의 이름난 문인들이었다.[4] 이들 가운데에서도 이 모임에 이규보를 소개한 이가 바로 오세재였던 만큼, 이규보는 그와 가장 가까웠다.

오세재와의 첫 만남에 대해 이규보는 다음과 같이 적고 있다.

> 예전에 공이 동경東京(경주)으로 가기 전에 처음으로 나를 성서城西의 별장으로 찾

아와 열흘이 넘도록 머물면서 간곡하고도 친밀하게 회포를 논했다. 그때 나는 18세로 아직 관례도 치르지 않았으나 공은 이미 53세였다. 내가 어른으로 모시고 섬기려 하니, 공은 받아들이지 않고 망년忘年을 허락하면서 말했다. "옛 사람들도 사귐을 논하면서 단지 뜻이 어떠했는가를 논했을 뿐, 반드시 나이로 하지 않았소. 내 재주가 (중국의) 혜강嵇康에는 미치지 못하지만 그대를 완적阮籍으로 삼는 것이 좋겠소." 이로부터 항상 시와 술의 놀이에 참여하게 되었는데, 매번 이름난 선비들의 큰 모임에 가서 나를 얻은 것을 자랑으로 삼았다.

(「오덕전 선생 애사」, 『동국이상국집』 전집 권37 애사)

이규보의 재능을 높이 산 오세재가 직접 성서의 별장으로 찾아와 이규보를 만남으로써 두 사람의 교유가 시작되었던 것이다. 이때 오세재는 53세였고 이규보는 18세였으므로, 무려 35세나 차이가 난다. 당연히 어른으로 모시려는 이규보를 굳이 만류한 오세재는 나이를 무시한 망년의 친구로 지내자고 했고, 7현뿐 아니라 다른 모임에서도 이규보를 늘 자랑스럽게 소개했다는 것이다.

이미 문학적 명성을 크게 떨치고 있던 오세재는 평소 다른 사람의 능력을 높이 평가하는 일이 드물었다고 한다.[5] 이러한 그가 이규보에 대해서는 매우 파격적인 태도를 보이자, 당연히 불만이 일게 되었다. 이에 대해 오세재는,

어떤 이가 나무라며, "선생께서는 노숙한 큰 선비이신데 어찌 이런 어린아이를 친구라고 하여 그 마음을 교만하게 만드십니까?"라고 했다. 공은 곧 말하기를, "그대들이 알 바가 아니오. 이 아이는 보통 사람이 아니니, 뒤에 반드시 크게 될 것이오"라고 했다.

(『동국이상국문집』 서)

라고 하여, 이규보의 재능을 높이 평가하고 끝까지 그를 두둔해 주었다.

자만심이 누구 못지않게 강했던 이규보 역시 오세재를 무척 존경하고 따

랐다. 그러나 끝내 관직을 얻지 못한 오세재가 생활고를 견디다 못해 외가가 있던 동경으로 떠나면서,[6] 3년 동안 계속되었던 이규보와의 만남도 끝이 나게 되었다. 그렇지만 그 뒤에도 이규보는 그를 그리워하는 글을 여러 편 지었다.[7] 몇 년 뒤 그가 동경에서 사망하자 그를 추모하는 애사를 애절하게 쓰고 현정선생玄靜先生이라는 시호를 사사로이 지어 증정한 것은 널리 알려진 일이기도 하다.[8] 이러한 사실들은 두 사람의 관계가 어떠했는지 잘 보여준다.

오세재에게는 오세공吳世功, 오세문吳世文이라는 두 형이 있었다. 이들 역시 문학적 명성을 날리고 있었는데, 이규보는 오세문과도 매우 가깝게 지냈다. 27세 때 이규보는 조수潮水를 논하는 글을 지어 오세문에게 바쳤고,[9] 그 다음 해에는 오세문에게 화답하는 삼백운시를 지었다.[10] 마침 이날 이규보가 아들을 낳아 삼백이라는 이름을 붙이자, 오세문은 직접 찾아와 축하해 주기도 했다. 이렇게 오씨 형제들과도 서로 가까웠다는 사실은 그들의 교유가 단순히 개인적인 차원에 그친 것이 아니라, 일종의 사회적 인맥을 형성하고 있었다는 점을 말해 준다.

한편 동경으로 내려간 오세재가 돌아오지 않자, 이규보는 그 후임으로 죽림고회의 모임에 정식으로 가입하라는 제의를 받았다. 이규보는 '7현이 조정의 벼슬도 아니고, 더구나 옛 7현들이 결원을 보충했다고 들은 적이 없다'라고 하여 이 제의를 일축하기는 했지만, 이규보는 나머지 사람들과 계속하여 깊은 관계를 맺어나갔다.[11]

이인로는 고려 최고의 문벌의 하나인 인주 이씨仁州 李氏 출신으로, 무신난이 일어나자 난을 피해 잠시 머리를 깎고 중이 되기도 했지만 명종 10년의 과거에 장원으로 급제했다.[12] 이규보는 16년 연상인 그를 '적선謫仙'이라고 부르면서 귀양 온 신선으로 대접할 정도로 각별하게 존경했다.[13] 고종 7년(1220)에 그가 69세의 나이로 사망하자 이규보는 죽림고회를 회고하면서 그의 은덕을 추모하는 시를 짓기도 했다.[14] 이규보는 이인로의 아들인 이균李困,[15] 이정李程[16]과도 가깝게 지냈다.

　오세재와 이인로를 제외한 나머지 사람들과의 관계는 잘 알 수 없다. 그러나 함순은 이규보가 15세 때에 하과에서 지은 급작시를 1등으로 평가하면서,[17] 그의 재능을 일찍부터 알아준 바가 있다. 이담지는 오세재가 동경으로 떠난 뒤 죽림고회에 정식 구성원으로 가입할 것을 제의할 정도로 이규보의 재능을 높이 샀고,[18] 이규보 역시 주필走筆로 시를 짓는 방법을 처음으로 고안한 사람이 이담지였던 만큼 그를 존경하지 않을 수 없었을 것이다.[19] 임춘은 너무 가난해서 사망한 뒤에 묘지명도 만들지 못했는데, 훗날 이규보가 꿈속에서 그의 묘지명을 써 주었다는 일화가 있다.[20] 단편적인 기록들이기는 하지만, 이러한 사례들은 7현들과 이규보가 나이와 세대를 초월한 교유를 오래도록 맺었다는 사실을 잘 보여 준다. 특히 최충헌이 자신의 집으로 이규보를 불러 문학적 재능과 아울러 사람 됨됨이를 평가하려던 자리에 이인로 · 이담지 · 함순 등이 함께 참석했다는 점과, 최우가 이규보의 문학적 능력을 확인하는 자리에 이인로가 동석했다는 사실은 매우 시사적이다.[21]

　물론 전통적인 문신귀족 출신 자제들로 구성된 7현은 당시의 무인정권에 대해 비판적인 태도를 견지했고, 또 '자기들 외에는 아무도 없는 듯'이 행동했으므로 많은 사람들로부터 비난을 받기도 했다. 결국 오세재는 뛰어난 문학적 명성에도 불구하고 끝내 관직을 얻지 못한 채 외가인 경주로 내려가 궁핍한 가운데 일생을 마쳤고, 고려 최고의 문벌 출신이자 과거에 장원으로 급제한 이인로 역시 '성질이 편협하고 급해서 남에게 미움을 받아 당시에 크게 쓰이지 못하다가' 뒤늦게 최우 정권 아래에서 겨우 출세할 정도였다.[22] 사정이 그러했던 만큼 이들이 젊은 이규보의 정치적 출세에 실질적인 도움을 줄 수 있는 처지는 되지 못했을 것이다.

　그러나 이들은 이규보에게 문학적 재능에 대한 자부심을 한껏 키워 주면서 사회생활을 해 나가는 데 큰 영향을 끼쳤다. 이러한 점에서 7현들은 사회에 갓 진출한 이규보의 가장 가까운 친구들이자 첫 번째 주요한 인맥이었다고 평가해도 좋지 않을까 한다.

2. 좌주·동년·문생

고려시대의 과거의 정·부 시험관을 지공거知貢擧와 동지공거同知貢擧라
고 했는데, 당해 연도에 급제한 사람들은 이들을 좌주座主라 부르고 합격생
들은 이들의 문생門生이라고 불렀다. 이러한 좌주와 문생들의 관계는 마치
부자父子의 그것과 같아 평생 동안 서로 돈독한 관계를 맺었다. 또 같은 해
에 급제한 문생들 역시 스스로는 동년同年이라고 하여 서로 형제와 같이 지
냈다. 이규보도 국자감시와 예부시에 잇달아 급제했고, 뒷날에는 몇 차례
과거의 시험관이 되었으므로, 이를 매개로 하여 맺어진 그의 인간관계 역시
중요한 의미를 가질 것이다.

(1) 국자감시

이규보는 국자감시에 도전한 지 네 번 만에 겨우 합격했다. 22세인 「연보」
기유년의 기록에서 보았듯이, 그가 제출한 시를 본 시험관 유공권柳公權이
탄복하여 수석으로 뽑았던 것이다. 『고려사』에는 이 과거에 대해 다음과 같
이 적혀 있다.

> (명종) 19년 5월에 우승선 유공권이 시부詩賦에 정수강鄭守剛 등 19명, 십운시十
> 韻詩에 이규보 등 62명을 뽑았다.
>
> (『고려사』 권74 선거지 2 국자시)

이규보는 십운시 부분에서 1등을 했는데, 이 과목에서 62명이 합격하여
동년의 관계를 맺었다. 고려시대의 과거에서 국자감시는 예비고시의 성격

을 지니고 있었으므로 본고시인 예부시가 더 중요했고, 따라서 좌주·문생의 관계도 예부시로 맺어진 것이 더 의미가 컸다. 그러나 국자감시에서의 이 관계도 나름대로 의미가 적지는 않았다.

이 동기생 중에서 이규보와 가장 가깝게 지낸 이는 이백전李百全으로, 그들은 만년까지도 교유를 이어 나갔다. 이백전은 이규보가 66세가 되던 해에 재상이 되는 꿈을 미리 꾸어 축하해 주었고,[23] 71세 되던 해에는 네 차례에 걸친 이규보의 문생들이 합동으로 축하연을 베풀어 주었을 때 그 자리에 같이 참석하여 기쁨을 나누었다.[24] 또 그는 노년에 병이 들자 이규보 등을 초대하여 잔치를 크게 베풀면서 이승에서의 마지막 작별을 고하기도 했다.[25] 이규보는 그의 형인 이백순李百順과도 매우 친했는데, 이규보의 아들은 이백순의 사위가 되었다.[26]

또 한 명의 동기생인 오천유吳闡猷는 63세의 이규보가 위도로 귀양 갈 때 고부古阜(지금의 전라북도 정읍시 고부면) 태수로 재직하고 있었는데, 부령扶寧(지금의 전라북도 부안군)까지 찾아와 유배길의 이규보와 술을 나누며 위로해 주었다.[27] 이러한 우정에 대해 몇 년 뒤 오천유가 사망하자 이규보는 직접 그의 묘지명을 지어 주며 보답했다.[28]

그다음, 이름을 알 수 없으나 노盧 아무개라는 동년은 이규보가 한창 실의에 빠져 있던 34세 때에 술을 가지고 직접 찾아가 위로해 준 일이 있고,[29] 그 뒤 중서문하성에서 근무하는 이규보에게 도움을 요청하는 편지를 보내자 이규보가 약간의 쌀을 보낸 적이 있다.[30] 한때 그는 낙향하기도 했지만,[31] 71세의 이규보 집에 찾아가 술을 마시면서 중구일을 함께 보내기도 했다.[32] 이를 보면 그도 상당히 오랜 기간 이규보와 교유했던 것 같다.

또, 이李 선배라는 이는 늘그막에 이백전과 함께 이규보를 찾아온 적이 있는데, '성산星山(지금의 경상북도 성주군)으로 돌아가 농사를 지으면서 무려 40여 년 동안이나 서울 땅을 밟지 않다가 지금에야 일 때문에 잠시 왔다'라고 하여,[33] 근 40년 만에 같은 문생인 이규보와 서로 만나게 되었다고 한다.

한편 좌주와 관련하여, 이규보가 국자감시 좌주인 유공권에게 시를 지어 자신의 취업을 부탁한 사실도 주목할 필요가 있다.[34] 과거에 급제한 뒤 몇 년이 지나도록 관직을 얻지 못한 이규보가 다방면으로 구직운동을 하는 모습은 앞에서 살펴보았는데, 이때 이규보는 유공권에게도 시를 바쳐 자신을 문한직에 추천해 주기를 부탁했던 것이다. 그러나 아쉽게도 유공권은 이규보가 29세 되던 명종 26년(1196)에 사망하고 말았다.[35] 따라서 그는 문생인 이규보의 출세에 직접적인 도움을 주지 못했다.

이규보의 국자감시 동기생 중 인적 사항을 알 수 있는 이들은 위의 네 명에 불과하다. 이 중에는 오랜 기간 헤어져 있던 이도 있지만, 노년에 이르도록 친하게 지낸 이들도 있다. 이와 같은 점에서 그들은 나름대로의 인맥을 형성하여 상호간에 친목을 도모하는 등 일정한 영향력을 주고받았다고 보아도 좋지 않을까 한다. 그러나 그들은 좌주라는 존재 자체를 곧 잃어버린 가운데, 국자감시로 맺어진 인맥도 몇 명을 제외하고는 이규보의 출세나 사회생활에 그다지 큰 영향을 미치지는 않은 것으로 보인다.

(2) 예부시

이규보는 23세에 본고시인 예부시에 급제했다. 「연보」 경술년의 기록을 통해 살펴본 바와 같이, 비록 격에는 맞지 않았지만 좌주였던 지공거 이지명李知命의 강력한 추천으로 낮은 성적으로나마 겨우 합격할 수 있었던 것이다.

이 과거에 대해 『고려사』에는 다음과 같이 적혀 있다.

(명종) 20년 5월에 정당문학 이지명이 지공거가 되고 좌승선 임유任濡가 동지공거가 되어 진사를 뽑았는데, 황보위皇甫緯 등 30명, 명경 5명, 은사 7명에게 급제를 주었다.

(『고려사』 권73 선거지 1 선장)

즉, 이지명과 임유가 예부시 제술과에서 장원 황보위를 포함한 30명을 뽑았던 것이다. 「연보」에는 좌주였던 이지명이 특히 이규보의 능력을 높이 평가한 덕에 합격했다고 적혀 있으므로, 어쩌면 그가 문생 중에서 유달리 이규보를 총애했을 가능성도 높다. 그러나 아쉽게도 이지명은 명종 21년 정월, 즉 이규보가 과거에 급제한 바로 그다음 해에 사망하고 말았다.[36] 합격자의 방이 붙은 지 겨우 6개월 뒤였다. 그러므로 이규보는 명종 26년에 사망한 국자감시 좌주 유공권과 마찬가지로, 이 좌주로부터도 아무런 도움을 받지 못했다.

이제 이규보에게는 동지공거인 임유만이 남게 되었는데, 임유는 나름대로 이규보를 위해 애를 써 주었다. 즉 그는 조영인·최선·최당과 함께 명종 27년에 이규보를 천거하는 글을 연명으로 써서 올렸던 것이다. 그 노력은 아쉽게도 실패로 돌아가고 말았지만, 두 사람의 관계는 오래도록 지속되었다. 훗날 임유가 추밀부사 이부상서에 임명될 때에 그것을 사양하는 글과, 마침내 그것을 수락하는 글을 이규보가 대신 쓰기도 했다.[37] 또 임유의 아들도 이규보가 병이 들었을 때 직접 집으로 가서 문안을 하는 등 돈독한 관계를 이어 갔는데,[38] 임유는 이규보가 45세 되던 해에 사망했다.[39]

한편 이규보의 예부시 제술과 동년 30명 중 황보위皇甫緯, 조충趙冲, 진식陳湜, 유승단兪升旦, 유충기劉冲基, 윤의尹儀, 한광연韓光衍, 김연수金延脩, 윤우일尹于日, 신례申禮, 최극문崔克文의 이름이 알려져 있다.

이들 중 조충(1171~1220)은 명문가 출신으로 조영인의 아들이자 최선의 사위이기도 했다. 이규보는 30세 때에 조영인에게 구직을 부탁하는 글을 올리면서 자신이 막내아들인 조충의 친구라는 사실을 빠뜨리지 않고 적었고, 또 37세 때에 최선에게 역시 구직을 부탁하는 글을 올리면서 이미 낭중직에 올라 있던 조충에게도 함께 글을 지어 도움을 요청했다.[40] 이규보는 승려인 각훈覺訓(각월覺月)과 함께 조충과 어울리는 등 서로 친하게 지냈는데,[41] 53세 되던 해에 조충이 사망하자 그를 추도하는 시와 뇌서를 직접 지었다.[42]

진식은 동년인 윤의, 그의 형 진화陳澕와 함께 이규보와 잘 어울렸다.[43] 거문고를 잘 타던 윤의는 이규보와 서로 바둑 적수이기도 했다.[44]

유승단(1168~1232)의 원래 이름은 원순元淳으로,「한림별곡翰林別曲」에서 '유원순의 문장[元淳文]'이라고 할 정도로 문장이 뛰어났다. 이규보는 그를 '침착하면서도 조용하고 깨끗한 운치를 머금은 이'라고 평했는데,[45] 자신이 지은 글을 윤색해 달라는 부탁을 다음과 같이 할 정도로 그를 존경했다.

> 요사이 아들 함涵이 아비가 못난 줄을 알지 못하고 스스로 말하기를, "자식이 있어 글을 배웠으면서도 아버지의 시를 모으지 않으면 참으로 무정한 자다"라고 하고, 이에 모두 찾으면서 혹은 내가 교유하던 선비의 집이나 중의 절에서 얻기도 하고, 혹은 새로 배우는 아이들이 간직한 것에서 얻기도 하여 무릇 1,000여 수를 모았습니다. 그러나 아직 권卷으로 나누지는 못하고, 단지 1·2·3질秩로 표시했는데, 내가 능히 막지 못하고 그가 하는 대로 맡겨 두었습니다.
>
> 제가 일찍이 다른 사람의 시의 잘못된 점을 말해 주는 사람을 영원한 부모와도 같다고 말한 적이 있습니다. 이제 먼저 1질과 2질을 각하께 보내어 윤색해 주실 것을 청합니다. 엎드려 생각하건대, 학사께서 조금이라도 고쳐 주신다면 또한 부모와 같이 적지 않은 은혜가 될 것입니다. 황공하여 다 말씀드리지 못하고, 규보가 두 번 절하며 삼가 올립니다.
>
> (「유승단 시랑에게 주는 편지」,『동국이상국집』전집 권27 서)

유승단은 뒷날 최우에 맞서 강화로 천도하는 것을 반대한 것으로 유명하다. 그러나 그해에 자식이 없이 사망하자,[46] 이규보가 제문을 지어 명복을 빌어 주었다.[47]

이와 같은 사례에서 보듯이, 이규보는 동년들과 자주 만나 시도 짓고 술도 마시는 한편으로 작품의 평가도 부탁하는 등 다양하면서도 깊은 관계를 유지했다. 그리고 이규보의 동기들은 대부분 고위관료로 성장했다. 이규보에 의하면, 그중에서 7~9품에 오른 자는 6명이고, 3·4품이나 제고制誥·대간

臺諫·낭관郎官과 같은 중요한 관직에 오른 자는 11명이며, 재상의 지위에 오른 자는 이규보 자신을 포함하여 조충, 유승단, 한광연, 진식 등 5명이나 되었다고 한다.

동기들의 출세를 이렇게 일일이 밝힌 이규보는

무릇 문장으로 세상을 울리는 자도 또한 우리 동년에서 많이 나왔다. 세상에서 동년을 말하는 이는 우리 동년을 반드시 으뜸이라고 일컫는다. 이 해에 이지명 정당문학이 주시협관이었고, 임유 승선이 부시협관이었는데, 세상에서는 또한 이 두 분의 사람 뽑음이 이와 같았음을 감복한다. 이것은 실로 사림士林의 성대한 일인데, 만일 기록하여 후세에 보이지 않고 백세가 지나면 누가 다시 알겠는가. 이에 이 일을 적어서 훗날의 표지로 삼는다.

(「동년재상서명기同年宰相書名記」, 『동국이상국집』 전집 권25 기)

라고 하여, 자신들의 좌주와 동년에 대한 자부심을 노골적으로 자랑했다. 그러한 한편으로 벼슬하지 못한 두 동년인 신례와 최극문을 추천하는 글을 최우에게 올리는 등 끈끈한 동기애를 과시하기도 했다.[48]

그러나 세월이 지나면서 동년들이 차례로 세상을 떠나고, 마지막 남았던 한광연마저 세상을 떠나자 70세의 이규보는 그 허전함을 다음과 같이 표현했다.

신선의 계수나무[과거]에 같이 올랐던 서른 명	仙掛同攀三十人
오직 한韓 늙은이와 나만이 살아남았는데	唯餘韓老與予存
한 공마저 오늘 돌아가 귀신이 되었으니	韓公今日還爲鬼
홀로 남겨진 아픈 마음 차마 어떻게 말을 하랴	孤立傷懷忍可言
48년 사이에	四十八年間
오직 한 명의 노인네만 남았도다	唯留一箇老
한韓이 죽으니 내가 슬퍼하지만	韓亡吾得悲

내가 가면 누가 애도해 줄 것인가	我去誰當悼

(「동년인 한광연 추밀의 부음을 듣고」, 『동국이상국집』 전집 권18 고율시)

이렇게 적은 이규보의 심정은 역설적으로 당시 고려사회에서 좌주 문생 등 과거로 얽힌 인맥이 얼마나 큰 영향력을 행사했는지, 또 과거제도가 가졌 던 정치적 사회적 역할과 기능이 얼마나 중요했는지 다시 한 번 잘 말해 준 다. 바로 이 점에서 이규보의 아버지도 그러했고, 이규보도 자식의 과거합 격을 위해 끝없는 정성을 기울였던 것이다. 이러한 사정은 다른 사람들이라 고 하여 결코 예외가 될 수는 없었다. 고려 귀족사회의 구성원들은 모든 수 단과 방법을 동원하여 이와 같은 학맥과 인맥을 형성하기 위해 자신들이 할 수 있는 최대의 노력을 기울였던 것이다.

(3) 문생

이규보는 한 차례 국자감시를 주재했고, 세 차례 예부시를 주관했다. 이 시험에 대해 『고려사』에 나오는 기록을 옮겨 보면 다음과 같다.

(고종) 12년 2월에 국자제주 이규보가 시부에 이유신李惟信, 십운시에 원양윤元 良允 등 66명, 명경에 3명을 뽑았다.

(『고려사』 권74 선거지 2 국자시)

(고종) 15년 3월에 평장사 최보순이 지공거가 되고 판위위사 이규보가 동지공거 가 되어 진사를 뽑았는데, 이돈李敦 등 31명에게 급제를 주었다.

(『고려사』 권73 선거지 1 선장)

(고종) 21년 5월에 지문하성사 이규보가 지공거가 되고 대사성 이백순이 동지공 거가 되어 진사를 뽑았는데, 김연성金鍊成 등 31명과 명경 2명, 은사 8명에게 급 제를 주었다.

(위와 같음)

(고종) 23년 5월에 참지정사 이규보가 지공거가 되고 판예부사 박정규朴廷揆가 동지공거가 되어 진사를 뽑았는데, 을과에 박희朴曦 등 3명, 병과 8명, 동진사 18명, 명경 3명에게 급제를 주었다.

(위와 같음)

이 기록에서 보듯이 이규보는 4차례의 시험을 통해 국자감시에서 69명, 예부시에서 모두 104명이나 되는 문생을 거느리게 되었던 것이다. 그러나 이 많은 인물 중에서 인적 사항을 살펴볼 수 있는 사람은 겨우 네 명밖에 되지 않는데, 그들을 소개하면 다음과 같다.

우선, 예부낭중 최지崔址는 완산 태수로 재임 중 『동파문집東坡文集』을 새로 새겨 펴내면서, 이규보에게 그 발문을 써 달라고 부탁했다.[49] 당시 69세의 이규보는 이 글에서 최지를 자신의 문인門人이라고 했으므로, 그가 이규보의 문생일 가능성이 높다. 다음, 조염우趙廉右 유원留院은 은퇴하고 한가하게 지내던 이규보에게 가야금을 구해 주었다. 이에 이규보는 감사하는 시를 짓고 또 조염우는 그에 화답하는 글을 썼는데, 이 글에서 조염우를 문생이라고 했다.[50] 양신성梁信成과도 가야금에 관한 시를 서로 주고받았는데, 그 역시 문생이었다.[51] 한편 이규보는 친구이던 이세화李世華가 화답하여 보낸 시에 다시 차운하여 지은 시에서

| 자네의 아들이 또한 나의 문사가 되었으니 | 君兒又作吾文士 |
| 뒷날 틀림없이 크게 쓰이는 신하가 될 터이네 | 他日當爲大用臣 |

(「그날 좌객인 이세화 간의가 '친親'자 운으로 화답한 시를 보내왔으므로 차운하다
[次韻其日座客李諫議世華 和親字韻詩見寄]」, 『동국이상국집』 후집 권4 고율시)

라고 하여, 이세화의 아들도 문생이었음을 밝히고 있다. 이규보는 이세화의 묘지명도 지어 주었는데,[52] 이 묘지명에는 그가 수진守眞, 수년守年, 수심守深이라는 세 명의 아들을 두었다고 했다. 그러나 이 중에서 누가 이규보의

문생인지는 알 수 없다.

이상 네 명의 문생을 찾아보았지만, 앞에서 인용한 『고려사』 기록에 나오는 다섯 명의 장원 급제자들을 제외하면, 이규보의 문생으로 이름이나 인적 사항을 알 수 있는 것은 이들뿐이다. 물론 이들이 언제 어떤 과거에 합격했는지도 알 수 없다. 따라서 이규보와 문생들과의 관계를 구체적으로 살펴보기에는 매우 부족하다. 그러나 고종 12년의 국자감시의 시부 과목에서 수석을 한 이유신이 이규보의 큰 딸과 결혼했다는 사실은 앞에서 설명한 바 있다.[53] 이와 같은 사례는 좌주 이규보 역시 그의 문생들과 특별한 인맥을 만들어 갔다는 사실을 보여 주는 대표적인 사례가 아닌가 한다

이규보가 71세가 되었을 때, 네 차례의 과거를 통해 관계를 맺은 문생들은 연합하여 그들의 좌주 이규보에게 성대한 잔치를 베풀어 주었다. 이에 이규보는 시를 지어 감사한 마음을 표했는데, 그 시의 서문을 다음과 같이 썼다.

무술년(1238) 5월 11일에 네 차례 급제한 문인들이 크게 잔치를 벌여, 내가 벼슬에서 물러나 한가하게 지내는 것을 위로해 주었다. 술이 거나해지자 연회석상에서 장구長句 한 편을 지어 후의에 만분의 일이나마 감사를 드린다.

(「네 차례의 문생 급제자들에게 주다」, 『동국이상국집』 후집 권4 고율시)

그리고 그 시에서는

네 해의 용방에서 문인을 길러내니	四年龍牓鑄門人
수레귀를 물리치고 태를 나눈 형제처럼 되었네	較却胎分義等親
늘그막에 다시 분에 넘치는 즐거움을 마련해 주니	老境還供非分樂
이 생에서 다하지 않은 인연이 마땅히 있을 것이네	此生應有未窮因

(위와 같음)

라고 하여, 무엇보다도 자신의 문생들이 마치 한 부모에게서 태어난 형제들 같다고 끈끈한 인연을 강조했다.

이 자리에는 이규보의 자식과 함께 여러 친구들도 상객으로 참석하여 축하를 해 주었다. 수많은 인파가 모이고 풍악도 질펀한 가운데, 술이 거나해진 이규보는 연회에 참석한 명기名妓 어류환御留歡에게도 그녀의 이름을 빗댄 시를 즉석에서 지어 주었다.

어찌 우리들의 귀밑털만 허옇게 되겠는가	豈唯吾輩鬢成班
미인들도 세월을 만나면 옛 얼굴이 바뀌리	紅粉年來換舊顔
그대는 만날 때마다 늘 윤기 나는 푸른 머리였으니	到處逢渠猶綠髮
긴 봄 속에서 마땅히 즐거움을 남기소	長春應爲御留歡

(「즉석에서 취한 채 명기 어류환에게 주다[卽席醉贈名妓]」, 『동국이상국집』 후집 권4 고율시)

노년의 이규보는 아마 이날, 생애 최절정의 기쁨을 맛보지 않았을까. 어쩌면 40여 년 전 과거 합격 당시 술에 만취한 채 "내가 비록 성적은 낮으나, 어찌 서너 차례 문생들을 길러내지 않겠는가?"라고 큰 소리 치던 광경을 떠올렸을지도 모를 일이다.

3. 친구

일종의 공식적인 관계로 형성된 좌주와 문생이라는 인맥 이외에, 이규보에게는 개인적으로 매우 친한 친구들도 여러 명 있었다. 이 친구들과 이규보는 '4인계四人契', '3익우三益友'라는 모임을 맺기도 하고, 또 어떤 이와는 개별적으로 사귀기도 했다.

4인계의 구성원은 최종번崔宗藩, 유충기劉冲基, 승려 혜문惠文, 그리고 이규보였다.[54] 최종번(?~1230)은 고려 최고 문벌의 하나인 철원 최씨 출신으로, 아버지 최선은 조영인 등과 연명으로 29세의 이규보를 관리로 추천하는 글을 올린 바 있다. 그런데 이규보와 최선은 그전부터 구면이었다. 즉, 이규보가 27세 때에 자신의 집을 찾아온 최선의 셋째 아들 최종재와 함께 다시 그의 집으로 가서, 다른 형제들과도 어울려 놀면서 당시 비서감이던 최선에게 글을 올린 적이 있었던 것이다.[55] 또 그 뒤 35세 때에는 은퇴한 최선을 모시고 막내아들인 최종번과 함께 술을 마신 적도 있었다.[56] 이렇듯 이규보는 최종번뿐 아니라 그의 형제와 부친까지도 오랫동안 가깝게 지냈던 것이다. 최종번은 이규보의 예부시 동년인 조충의 처남이기도 했다.

명문가 출신으로 풍족한 생활을 하던 최종번은 이규보가 어머니를 모시고 있을 때, 염소고기 포를 보내 주어 어머니의 병구완을 하게 해 주는 등[57] 가난한 친구에 대해 자상한 배려를 아끼지 않았다. 또 온 가족이 배고픔에 시달리다 못해 아끼던 털옷을 전당포에 처분하고도, 고작 몇 끼니밖에 되지 않는 좁쌀 한 말과 바꿔 왔을 때의 자신의 비참하고도 쓰라린 심정을 솔직하게 털어놓은 친구도 바로 최종번이었다.[58] 이런 점에서 볼 때 그는 아마 이규보가 가장 허물없이 대할 수 있는 친구였다고 해도 좋지 않을까 한다.

막내인 최종번에게는 최종원崔宗源 · 최종준崔宗峻 · 최종재崔宗梓라는 세 명의 형이 있었는데,[59] 이규보는 이들과 노년이 되어서도 가깝게 지냈다. 젊은 시절 최종재와 함께 두 집을 오가면서 사귀었다는 것은 앞에서 말했지만, 박훤朴暄 학사가 연회를 마련하여 병석에 있던 74세의 이규보도 특별히 초청했는데,[60] 이때 최종재도 좌객으로 참석하여 서로 시를 주고받기도 했다.[61] 한편, 강화도로 도읍을 옮긴 그해에 이규보는 최종준이 베푼 연회에 참석했다가 모처럼 대취하여 인사불성이 된 채 집으로 돌아온 뒤, 사과 겸 감사를 드리는 편지를 쓴 일이 있고,[62] 그 뒤 71세 때에는 최종준이 시중이 되자 축하하는 시를 썼다.[63] 최종준은 이규보가 74세이던 6월에 술과 얼음을 보내 더위를 잊게 해 주기도 했다.[64] 이러한 일들은 이규보가 최씨 가문과 맺은 인맥을 잘 보여 준다.

그러나 최종번은 1230년 11월 21일, 이규보가 멀리 전라도의 위도猬島를 향해 유배길을 떠나던 바로 그날 사망하고 말았다. 이규보는 그날 저녁에 숙소에 도착해서야 친구의 부음을 들었지만, 이미 유배길에 오른 처지가 되었으므로 조문도 할 수가 없었다. 그러다가 이듬해 유배에서 풀려나 서울에 도착한 뒤 문서 사이에서 우연히 그가 서명한 이름을 발견하고, 그립고 안타까운 심정을 뒤늦게나마 다음과 같이 시로 적었다.

옛 자취를 이제야 돌아와서 보니	舊蹟今還覩
창자가 찢어지는 슬픔을 어찌 막아낼 수 없네	悲腸不奈摧
눈물은 싸락눈처럼 흩날리고	涕洟飄似霰
곡성은 우레소리보다 크게 퍼져 나가네	聲放殷於雷
다시는 가슴속 품은 생각 열어 보일 수 없으니	無復開懷抱
앞으로 누구와 함께 술잔을 들어 볼 거나	將誰擧酒杯

(「고 최종번 승선을 뒤늦게 곡하며[追哭故承宣崔宗蕃]」, 『동국이상국집』 전집 권17 고율시)

사인계 중의 한 명인 유충기(?~?)는 이규보와 예부시 동년이었다. 그는 「한림별곡翰林別曲」(『악장가사樂章歌詞』)의

李正言 陳翰林 雙韻走筆
冲基對策 光鈞經義 良鏡詩賦
위 試場ㅅ景 긔 엇더ᄒ니잇고

라는 부분에서의 '충기대책冲基對策'이라는 구절에서 보듯이, 대책對策으로 이름을 날리던 문장가였다. 『동국이상국집』에는 그와 이규보가 서로 주고받은 글이 여러 편 실려 있는데, 이규보가 첫 부임지인 전주로 떠날 때 주색을 조심하라는 짓궂은 충고를 한 친구가 바로 유충기였다.[65] 이렇듯 이규보

와 유충기는 서로 허물없이 막역하게 지내던 사이였던 것이다. 이규보는 55세 때 처음으로 궁궐의 등석연燈夕宴에 참석했는데, 이때 대간으로 있던 유충기와 함께 연회에 참여한 감격을 시로 지어 서로 나누기도 했다.[66] 그러나 그도 이규보보다 먼저 세상을 떠나고 말았다.

승려 혜문(?~1234) 역시 이규보가 67세 되던 해에 사망했는데, 이규보는 애사를 통해 그의 이력을 간단히 밝혔다.[67] 이에 의하면, 혜문의 속성은 남씨南氏로 고성군固城郡 출신인데, 선종인 가지산문에 의탁하여 중이 되었고, 서른이 넘은 나이에 승과에 합격하여 마침내 대선사大禪師의 지위에 올랐다. 서울의 보제사普濟寺 등을 거쳐 고종 19년(1232)에 화악사華岳寺에 머물렀으나 몽고가 침략하자 제자가 있는 운문사雲門寺로 피난했다가 3년 뒤 그곳에서 입적했다. 그는 특히 시를 잘 지어 많은 사대부들과도 교유했는데, 보현사普賢寺에서 그가 지은 명시의 구절을 따서 월송화상月松和尙이라는 별호로 불리기도 했다. 명종 26년(1196)에는 궁궐에 불려가 왕에게 '고공苦空'의 담론을 설법하기도 했고,[68] 또 왕에게 「우죽시雨竹詩」를 지어 바치기도 했다.[69] 고종 초에는 최충헌에게 불려가 이규보·진화 등과 함께 「바둑을 보며」라는 40여 운의 시를 지은 적도 있다.[70]

그는 약관의 나이 때부터 이규보와 사귀었다고 하는데, 『동국이상국집』에는 제목에 '혜문'이라는 이름이 들어간 글만 해도 30여 편이나 된다. 아마 개인별로 보자면 가장 많지 않을까 싶다. 그만큼 이규보와 가까웠다는 뜻이 될 것이다. 이규보는 그를 도우道友라고 불렀는데, '잠시라도 조계의 늙은 이를 보지 않으면 풍류의 흥취나 고요한 생각 둘 다 이길 수가 없다'[71]라고 하며, 극진한 우정을 표시했다.

시승詩僧으로서의 뛰어난 문학적 재능이 서로를 잘 어울리게 만들었겠지만, 그는 깊은 신앙심과 더불어 불교 교의에도 해박한 지식이 있던 이규보와 철학적 토론도 많이 했을 것이라고 생각한다. 그러나 이러한 고답적인 교유 이외에도 혜문은 이규보가 가난에 쪼들릴 때 여러 물질적 지원을 아끼지 않왔다. 즉, 쌀이나 솜, 숯과 같은 생활필수품을 여러 차례 보내 주어 이규보 가족의 경제적 궁핍을 고비 때마다 덜어 주었던 것이다.[72] 또 그는 이규보의 친구인 유충기 · 유승단 등과도 친하게 지냈고,[73] 또 전이지[74] · 박환고[75] · 한소 · 최종번 등과도 함께 잘 어울렸다.[76] 이와 같은 점에서 혜문과 이규보 는 진실로 승僧과 속俗을 초월한 친구 사이였다고 할 수 있다.

이와 같이 사인계로 불린 네 명의 친구들은 함께 어울리면서 서로가 가진 문학적 재능을 나누었을 뿐만 아니라, 친구의 내면 깊숙이 자리 잡은 고민도 함께 들어주고, 때로는 물질적인 지원도 아끼지 않으면서 돈독한 우정을 키워 나갔다. 그러므로 이규보가 온갖 어려움을 겪으면서도 끝내 그것을 헤쳐 나갈 수 있었던 배경에는 바로 이러한 우정이 있었기 때문이었다고 해도 큰 무리는 아닐 것이다.

이렇듯 막역한 사이였지만 최종번은 이규보가 귀양길에 오르던 날 사망 하여 조문도 하지 못했고, 유충기도 어느새 떠나 버렸으며, 혜문의 부음도 전쟁통에 서로 헤어져 있던 탓에 뒤늦게야 들었다. 가장 가깝던 친구들을 차례로 보내고 마지막 친구인 혜문의 부음을 뒤늦게 들은 이규보는, 다음과 같은 시를 써서 친구들의 영혼을 위로하면서 그의 고적한 마음을 달랬다.

최군은 일찌감치 황천길을 물어 떠났고	崔君早問玄臺路
유자도 푸른 하늘로 신선을 찾으러 돌아갔네	劉子還尋碧落仙
스님도 잇달아 죽어 선뜻 바지를 벗었으니	師復繼殂輕脫袴
나 홀로 서로의 추억을 떠올리며 손으로 연꽃을 피우네	我唯相憶擘開蓮

(「강 선배가 장 대선사에게 곡한 시에 차운하다[次韻康先輩哭丈大禪師]」,
『동국이상국집』전집 권18 고율시)

이규보가 67세 되던 해였다.

다음, 이규보는 자신의 가까운 친구로 삼익우三益友를 꼽았다. '삼익우'란 문자 그대로는 세 명의 유익한 벗이라는 뜻이지만, '익자삼우益者三友'라는 말과 같이 사귀어서 도움이 되는 벗, 즉 곧은 벗[友直], 믿음직한 벗[友諒], 견문이 넓은 벗[友多聞]을 뜻하기도 한다.[77] 이러한 친구로 이규보는 전이지全履之와 박환고朴還古를 들었다.[78]

전이지(?~?)의 이름은 탄부坦夫이고, 이지는 자字이다. 등주登州(지금의 함경남도 안변군) 출신으로, 아버지도 명사였다고 하나 이름은 전해지지 않는다.[79] 전이지는 이규보보다 먼저 관직에 나갔으나 중도에 관로가 막혀 이규보가 40대 후반에 보유補遺가 될 때까지도 승진하지 못하였다. 그러다가 원수元帥의 막부幕府에 참여하여 거란을 토벌한 공으로 8품직에 올랐으나, 거란과 싸우다가 전쟁터에서 사망했다. 거란은 고종 3년 8월에 고려에 침입했다가 고종 6년 정월에 여몽연합군에 의해 강동성이 함락됨으로써 항복했으므로, 전이지는 이 어간에 사망한 것으로 보인다.[80]

그는 이규보가 흉금을 털어놓는 친구의 하나였다. 40대 중반에 눈이 침침해지면서 가까이 있는 사람도 봄 안개 끼듯이 뿌옇게 보이자, 의원은 간이 나쁘든지 젊을 때 등불 밑에서 책을 보았기 때문이라고 진단을 내렸다. 이에 대해 이규보는 사실은 가난 때문에 제대로 먹지 못한 탓일 것이라는 시를 지어 전이지에게 보내기도 했다.[81] 또 하루는 그가 집으로 찾아오자 술을 사오지 못할 정도로 궁핍한 살림에도 불구하고 다음과 같이 정성껏 대접했다.

우리집 살림이 가난해서 술 사 올 돈이 없는데	我家計拙酒錢空
재주가 뛰어난 친한 손님이 집에 오셨네	我客才高交契密
무척이나 한가로운 모습으로 자리 잡고 앉았으나	貌甚閑暇來座隅
차마 청담만 나누면서 헛되이 하루를 보낼소냐	忍把清談空遣日
내 남루한 옷을 전당 잡혀	典我身上藍縷衣
한 항아리 술로 바꿔 오니 맑고도 넘치네	換此一壺清且溢
술잔 거듭 기울이니 흥에 겹고 취해 오는데	觥船屢倒興復酣

굴레 벗은 미친 말처럼 날뛰고 싶어만 지네 〈하략〉　　　有如狂馬泛駕欲奔軼 〈下略〉

（「전이지가 찾아오자 함께 술을 마시고 크게 취하여 주다全履之見訪 與飮大醉贈之」,
『동국이상국집』 전집 권11 고율시)

이렇게 각별한 대접을 받은 전이지 또한, 이규보의 글이 옛사람의 것을 본받지 않고 구사하는 언어들이 모두 새로운 뜻을 담고 있어서 실로 '말과 뜻을 창조했다'고 평가하면서, 친구를 중국의 이백과 두보에 비하면서 극찬했다.[82] 이러한 그가 죽자 이규보는 애도하는 글을 써서

이제 다시는 대면해서 볼 수 없으니　　　　　已哉更不得覿兮

나는 누구와 함께 시를 논할 것인가　　　　　吾與誰兮論詩

어찌 내가 같이할 이가 없느냐고 할지라도　　　豈無余子尙可同兮

유독 그대의 글이 간결하면서도 능히 할 말을 다하기 때문이네　　獨子之詞兮簡而能披

（「전이지 애사全履之哀詞」,『동국이상국집』 전집 권37 애사)

라고 하여, 문학을 논할 수 있는 진정한 친구를 잃었다고 애통해했다.

박환고(?~?)는 계림雞林(경주) 출신이라는 것을 제외하고는 신상에 대해 알려진 것이 없다. 『동국이상국집』에는 이규보가 46세 때인 고종 즉위년(1213)에 그에게 지어 준 시를 마지막으로 하여 더 이상의 언급이 없는 것을 볼 때,[83] 아마도 그 가까운 시기에 사망하지 않았나 추측된다. 박환고는 죽림고회의 7현이던 오덕전, 임춘과도 교유가 깊었던 것으로 보인다. 경주로 내려간 오덕전을 생각하는 시를 그가 짓자 이규보가 화답했고,[84] 여섯 살 된 그의 아이가 죽자 임춘의 묘 곁에 묻기도 했다는 사실이 그러한 점을 말해 준다.[85] 이러한 점에서 보면 그가 이규보와 만나기 시작한 것도 매우 오래되었을 것으로 추측된다.

그런데 『동국이상국집』을 보면 20 · 30대의 이규보가 전이지, 박환고와 함께 만나서 지은 시들이 많이 나온다. 그러한 시에는 달구경을 하건 꽃을

감상하건, 빠짐없이 술이 등장하는 것이 공통된 현상이기도 하다. 또 서로가 멀리 떠날 때에는 잠시 동안의 이별이 아쉬워서 눈물을 흘리며 쉬 다시 만날 것을 약속했다.[86] 이와 같이 이 세 사람은 늘 붙어 다니면서 걷잡을 수 없는 젊음을 함께 발산하는 사이였던 것이다.

이규보는 그들을 '동심우同心友'라든가 '진아우眞我友'라고 부르면서,[87] 다음 시에서 보듯이 변하지 않을 우정을 다짐했다.

굳센 금과 단단한 쇠는 녹을 때가 있지만	堅金硬鐵有時融
그대들과 내가 나눈 정은 만고에 같으리	君我交情萬古同
세 친구가 이미 머리와 배와 꼬리를 이루었으니	三友已成頭腹尾
죽음과 삶과 슬픔과 즐거움이 한 몸 속에 있도다	死生憂樂一身中

(「이날 전이지 군이 지은 시에 차운하고, 겸하여 박환고 군에게 주다
[是日 次韻全君有作 兼贈朴君]」, 『동국이상국집』 후집 권1 고율시)

한 마리 용과 같은 세 친구 간의 영원할 우정을 다짐할 정도로, 야심 차고 젊은 이규보에게 소중한 친구들이었던 것이다.

이 밖에도 이규보에게는 많은 친구들이 있었다. 젊은 시절의 친구들을 하나씩 저 세상을 보낸 만년의 이규보는 후배들을 새로운 친구로 삼으면서 깊은 우정을 나누었다. 『동국이상국집』의 서문을 쓴 이수李需(1190~?)는 이규보가 익우益友라고 부르면서 존경하였는데, 그는 이규보보다 23살이나 어렸다.[88] 이규보는 생전에 이수에게 자신의 묘지명을 써 줄 것을 부탁하기도 했다. 이 두 사람이 나눈 우정은 마치 젊은 날의 이규보와 오세재의 관계를 연상시킨다. 또 이규보의 문학적 후계자로 공인받은 최자崔滋(1188~1260)도 이규보보다 20년이나 어렸는데,[89] 두 사람의 관계도 그러했다. 특히 최자는 자신이 엮은 『보한집補閑集』에서 이규보가 '성품이 정직하고 공명하였는데, 착한 것을 칭찬하고 악을 꾸짖는 것을 보면 천성에서 나온 것이다'라고 하여, 그를 존경하였다.[90] 그 밖에도 가깝게 지냈던 수많은 이들을 일일이

언급할 필요는 없을 것이다.

이토록 많은 친구들을 이규보는 선배先輩, 동년同年, 문생門生, 사인계四人契, 삼익우三益友 등으로 구분하여 표현하기는 했지만, 이러한 구분과 전혀 관계없이 그들은 평소 서로 뒤섞여 어울리면서 문학을 토론하고 풍류를 즐겼으며, 친구의 아픔을 함께했다. 그들은 학맥으로 얽히기도 했지만, 개중에는 서로 인척이거나 부자·형제간이기도 했으며, 때로는 혼맥으로 맺어져 있기도 했다. 이렇게 겹겹이 쌓인 사람의 그물망으로 얽힌 사회, 그러한 사회가 바로 고려사회였고, 그 안에서 이규보도 다른 사람들과 마찬가지로 다양한 인맥을 쌓으면서 울고 웃으며 살아갔던 것이다.

4. 승려

노년의 이규보는 피난지 강화에서 옛 서울을 그리워하면서, 천수사 문전天壽寺 門前·귀법사歸法寺 냇가·안화사 연의정安和寺 漣漪亭, 세 곳을 떠올렸다.[91] 천수사 문전은 개경에서 동쪽으로 통하는 교통로의 길목에 있어서 사람들의 왕래도 많고 수많은 이별이 이루어지던 곳이었고, 귀법사 냇가는 어린 시절 성명재의 하과에서 급작시를 짓던 추억이 서린 곳이었다. 그렇기는 하지만 그리운 세 곳이 모두 사찰이라는 것은 불교가 그만큼 이규보의 인생에서 큰 위치를 차지했다는 점을 말해 준다.

물론 과거에 합격한 이규보는 유교이념을 기본으로 삼는 유학자였다. 그러나 그는 불교에도 열린 마음을 가지고 있었다.

부처를 섬기는 것이 어찌 흠이 되랴　　　　　　　　　事佛有何痕
더구나 또 유교와 불교는　　　　　　　　　　　　　況復儒與釋
이치를 다 찾으면 뿌리가 같으니　　　　　　　　　理極同一源

어떤 것이 잡되고 또 어떤 것이 순수하다는 말인가 　　　　　　誰駁又誰純

（「남헌에서 손님에게 답하다[南軒答客]」, 『동국이상국집』 후집 권6 고율시）

라는 시가 그러한 점을 잘 보여 주는데, 이와 같은 사상적 개방성은 고려시대 지식인들의 공통된 성향이기도 했다. 그가 젊은 시절에 스스로 지은 '백운거사白雲居士'라는 호나, 만년에 지은 '남헌장로南軒長老'라는 호에도 '거사'와 '장로'라는 불교식 용어가 공통으로 들어 있다. 이는 불교에 대한 이규보의 깊은 관심을 잘 보여 준다. 70세가 넘어서는 『능엄경楞嚴經』을 읽다 못해 제6권까지 외울 정도였던 것이다.[92]

이규보는 불교 교리에 대해서도 해박한 지식을 가지고 있었는데, 본격적으로 그것을 접하게 된 계기를 다음과 같이 밝혔다.

내가 천수사의 지각知覺 대선사와 사귀면서 늘 장실丈室에 가면 문득 술을 마시고 미친 척을 하되, 내전內典(불경)은 조금도 읽지 않았다. 스님이 말하기를, "임자의 미친 행동은 나이가 어려서 그런 것이나, 행실을 반드시 스스로 반성해야 한다. 특별히 옛 사대부들은 『법화경法華經』을 많이 읽어서 마음을 다스리는 요체로 삼았으니, 임자도 또한 그렇게 하겠는가?"라고 했다. 나는 감격하여 울면서 그 말을 들었다. 이로부터 항상 읽으면서 쉬지를 않았는데, 무릇 87,505 글자를 읽으니 실로 중생이 일승一乘으로 들어가는 큰 문이었다.

또 스님과 약속하여 말하기를, "사흘 안에 능히 2권을 외우겠습니다"라고 하자, 스님은 믿지 않았다. 사흘 동안 읽은 뒤에 방장에 나아가 경을 등지고 외우니, 첫 번째 품품이 끝나기도 전에 스님이 향을 피우고 무릎을 꿇고 앉아 들으면서 말하기를, "노승은 어려서부터 이 경을 공부했지만 아직 제1권의 제1품도 외우지 못하는데, 임자의 빠름이 이와 같으니 일찍이 숙겁宿劫부터 배운 것이 아닌가?"라고 했다. 이로 인하여 지관止觀의 대의로 다시 가르쳤다. 내가 자못 그 한 부분이나마 엿보게 되었으므로, 물러나와 『법화경』에 대한 송을 지어 바친다.

（「『법화경』에 대한 송과 지관에 대한 찬」 서문, 『동국이상국집』 전집 권19 송）

절에 가서 술을 마시고 주정이나 부리던 그가 지각의 가르침을 통해 천태종의 지관止觀사상을 접하게 된 과정을 마친 신앙을 간증하듯이 밝힌 것이다.

이규보는 자신의 형제와도 같은 세 명의 승려가 있다고 밝혔다.[93] 그중 한 명이 바로 지각이고, 나머지는 현장玄章과 훈 장로訓 長老였다. 현장 역시 천태종 승려로 이규보와 지각의 술자리에 동석하여 술을 마시며 함께 시를 짓기도 했는데,[94] 그는 뒤에 천수사의 방장이 되었다.[95] 훈 장로의 이름은 알 수 없으나, 이규보와 지각과 현장이 합석한 술자리에 그도 같이 참석했던 것을 보면 그 역시 천태종 승려로 천수사에 머물고 있었던 것이 아닐까 짐작된다.[96]

천수사의 종의鍾義도 법력과 아울러 문학적 재능이 뛰어난 승려였는데, 10년 가까이 사귀던 그가 죽자 40세의 이규보는 다음과 같은 제문을 써서 그를 추모했다.

무오년(1198, 이규보 31세)에 처음 만나 증산甑山을 왕래하면서 도를 묻고 공空을 이야기했으며, 〈중략〉 대나무창의 밤비와 솔밭의 맑은 바람에 등불을 밝히고 바둑을 두면서 날이 밝은 것도 깨닫지 못했습니다. 그렇지 않으면 시를 지어 서로 다듬고 갈다가 나에게 술을 마시게 했는데, 취하여 내가 무릎을 베고 잠이 들어 잠결에 콧소리를 뿜어내어도 잡다한 예절을 벗어나 가슴속을 털어 놓게 했습니다.

(「종의 선사에게 드리는 제문」, 『동국이상국집』 전집 37 제문)

이 밖에도, 달이 기울 때까지 함께 바둑을 곧잘 두던[97] 천수사의 희希 선사는 5년 만에 만난 이규보에게 미치광이 자태가 여전히 남아 있다고 농담할 정도로 가까운 사이였는데,[98] 가난한 이규보에게 쌀을 보내 준 자상한 승려이기도 했다.[99] 그러므로 피난지 강화에서 천수사를 그리워한 것은 바로 그곳의 승려들에 대한 그리움이었을 것이다.

한편, 의종도 놀러 오던 안화사에는 왕실 출신의 고귀한 신분임에도 '미치광이 취한을 가르치며 천진함을 드러내는' 왕王 선사가 있었고,[100] '학과 같이 가녀린 자태 앞에서 스스로를 꽁지 빠진 수탉처럼 느끼게 하는' 돈식 선로敦軾 禪老와,[101] 초가을 늦더위에 얼음같이 찬 참외와 붉은 뺨 같은 복숭아와 직접 끓인 차를 대접해 주는 당幢 선사가 있었다.[102]

융숭한 대접을 받고 돌아오던 날, 이규보는 안화사 연의정을 두고 다음과 같은 시를 지었다.

연의정 위에서 곤죽이 되도록 취하여	漣漪亭上醉淋灰
꾸불꾸불한 돌길을 밤중에 걸어왔네	石路崎嶇犯夜來
한가한 이 한 몸 혼자서 갔었는데	一隻閑身曾獨往
달이 밝아 돌아올 때는 두 사람이 되어왔네	月明還作兩人迴

(「안화사에서 취하여 돌아오다[自安和寺醉迴]」, 『동국이상국집』 전집 11 고율시)

훗날 이규보가 피난지 강화에서 서울의 옛 추억을 떠올리던 날도 아마 춘삼월의 달이 밝던 밤이었을 것이다.[103]

이외에도 이규보는 많은 승려와 교유했다. 규珪 선사는 15·16세의 어린 시절부터 사귄 친구인데,[104] 이규보가 41세 되던 해에도 멀리 운봉雲峰에 있으면서 차[茶]를 얻어 보내 주는 등 오랜 교분을 이어 갔다.[105] 묘엄妙嚴은 미치광이라는 세간의 풍문도 마다하지 않고 젊은 이규보를 따뜻하게 대해 주면서,[106] 다른 사람에게는 술을 거의 내놓지 않았으나 이규보가 찾아가면 반드시 술자리를 베풀어 주었다.[107]

『해동고승전海東高僧傳』을 쓴 각훈覺訓은 각월覺月이라고도 했다. 그림과 시를 좋아하던 그는 이규보의 친구인 조충과 승려 혜문과도 가까운 사이였는데, 각월이 사망하자 혜문과 이규보는 조시를 짓기도 했다.[108] 또 이규보가 노년인 69세에 과거의 지공거가 되었을 때, 당시 무인정권의 비호를 받고 있던 송광사松廣寺 사주 몽여夢如에게 부족한 경비를 지원해 달라는 편지를 보내서 기대한 것 이상의 후원을 받아 내기도 했다.[109] 겸겸謙 선사는 명주를 보내 한겨울 추위를 벗어나게 해 주었고,[110] 돈유 수좌敦裕 首座는 김이나 미역 같은 해소海蔬와 초[燭]를 보내 주기도 했다.[111] 회찬懷璨 수좌는 이규보가 첫 근무지인 전주로 부임할 때 여행 경비의 일부를 보조해 주기도 했다.[112]

이 밖에도 이규보가 사귄 승려들은 일일이 언급할 수 없을 수 정도로 많다. 이규보와 사귄 이 승려들의 공통된 특징은 회찬 수좌에게 보낸 다음 편지의 구절에 잘 나타나 있다.

> 우리 스님은 〈중략〉 왕궁이나 황제의 건물에 나아가 설법하는 일도 사양하지 않고, 재상이나 제후의 집에 가서 시주를 받는 일도 마다하지 않았다. 또 우리 무리들과 함께 시사詩社에 들어와 술자리에도 참석하면서 놀고 회롱하는 것을 마음대로 하면서 가可함도 없고 불가함도 없으니, 참으로 달권한 이리고 할 만하다.
>
> (「'본사로 돌아가는 회찬 수좌를 전송하는 편지'의 서문」, 『동국이상국집』 전집 권21 서)

즉, 불교 교리에 정통한 법력을 바탕으로 정치권력과 적당하게 타협하면서 현실 참여도 하고, 또 문인 학자들과 어울려 글도 짓고 문학도 논하며 풍류도 즐기는 그러한 승려였다는 것이다.

한편 이규보는 43세 때에 아들 한 명을 출가시켜 법원法源이라는 이름을 받게 했는데, 그 아들의 머리를 잘라 준 승려가 친구인 현규玄規였다.[113] 이규보는 현규의 부탁으로 새로 만든 개천사開天寺의 청석탑青石塔에 대한 글을 썼는데, 이 절의 시주가 현규의 스승의 친구이자 종실인 광릉후 왕면廣陵侯 王沔이었다.[114] 그런데 왕면은 이규보와도 가까운 사이로, 전주에 재임할 당시 이규보는 그에게 동지와 새해를 하례하는 글을 특별히 올린 일도 있었다.[115] 또 현규는 보제사 주지로 재임하면서 이규보에게 그 절의 벽에 그려진 늙은 소나무 그림에 대한 찬贊을 지어 달라고 청한 일이 있었는데,[116] 이 보제사는 이규보의 막역한 친구인 혜문이 머문 곳이기도 하다.

이와 같이 이규보와 승려들도 얽히고설킨 관계 속에서 하나의 인맥을 형성했다. 이들도 속세에서의 친구들과 마찬가지로 이규보의 문학적 재능을 사랑하고, 종교와 철학적 담론과 함께 문학과 풍류를 즐겼으며, 또 이규보가 힘들고 어려울 때 정신적 경제적 지원을 아끼지 않았다. 이러한 점에서 승려들도 이규보의 사회생활에 큰 영향을 끼친 중요한 인맥의 하나로 꼽는 것이 마땅할 것이다.

1 「강남에서 예전에 놀 때」, 『동국이상국집』 전집 권1 고율시.

2 장자목은 희종 2년(1206)에 78세의 나이로 해동기로회의 모임에 참석한 적이 있으므로 (「해동후기로회」서, 『졸고천백』 권1), 역산해 보면 인종 7년(1129)에 출생한 것을 알 수 있다.

3 「장자목 시랑에게 드리다—일백운」, 『동국이상국집』 전집 권1 고율시.

4 『고려사절요』 권15 고종 7년 3월 조 기사 참조.

5 『동국이상국문집』 서.

6 『고려사』 권102 열전 이인로전 부 오세재.

7 「오덕전을 생각하며」(전집 권1), 「오덕전이 동경으로 떠난 뒤 돌아오지 않기에 시를 써서 부치다」(전집 권1), 「동고재[朴還古]가 두목의 운을 써서 오덕전을 생각하기에 차운하다」(전집 권1), 「거듭 오덕전을 생각하며」(전집 권3).

8 「오덕전 선생 애사」, 『동국이상국집』 전집 권37 애사.

9 「오세문 동각이 조수를 논한 글에 부치는 서」, 『동국이상국집』 전집 권26 서.

10 「오세문 동각이 고원의 여러 학사에게 드린 삼백운시에 차운하다」, 『동국이상국집』 전집 권5 고율시.

11 「칠현설」, 『동국이상국집』 전집 권21 설.

12 『고려사』 권102 열전 이인로전.

13 「'귀양 온 신선에게 묻는 노래'를 이미수 내한에게 앉은 자리에서 지어 주다」, 『동국이상국집』 전집 권13 고율시.

14 「황보관 서기가 소동파의 '임준성을 곡하는 시'의 운을 써서 이미수 대간을 곡한 것에 차운하다」, 『동국이상국집』 전집 권15 고율시.

15 「이미수 시랑이 시랑의 아들 균의 '겨울날' 시에 화답하여 내 아들 함에게 화답할 것을 명하고, 또 함을 시켜 나를 맞아 오게 하여 같이 지으라고 하기에 차운하여 받들어 올리다」, 『동국이상국집』 전집 권14 고율시.

16 「이정 교서가 미나리를 보내며 쓴 시에 차운하다」, 『동국이상국집』 전집 권14 고율시.

17 「연보」 임인년. 함순은 뒤에 이름을 咸脩로 바꾸었는데, 지금 그의 묘지명이 남아 있다 (「함수 묘지명」, 『집성』, 301~302쪽)

18 「칠현설」, 『동국이상국집』 전집 권21 설.

19 「주필의 일을 논한 간단한 글」, 『동국이상국집』 전집 권22 잡문.

20 「박환고의 아이를 애도하면서 겸하여 꿈속의 일을 적다」, 『동국이상국집』 전집 권8 고율시.

21 「기미년 5월 일에 〈하략〉」, 『동국이상국집』 전집 권9 고율시 및 「연보」 계유년.

22 『고려사절요』 권15, 고종 7년 3월 조.

23 「이백전 시랑이 꿈속에서 내가 재상이 된 것을 보았다고 하여 찾아와 말하고 또 축하해 주었으나, 시로 부인하다」, 『동국이상국집』 전집 권18 고율시.

24 「좌객인 이백전 학사와 이종주 아경이 화답하므로 즉석에서 다시 차운하다」, 『동국이상국집』 후집 권4 고율시.

25 「경자년 3월 일에 이백전 학사가 병중에 크게 연회를 베풀어 기생과 풍악을 갖추고, 나

와 박거 추부, 최 복야, 박인저·정이안 두 학사를 불러 술을 마셨는데, 즉석에서 시 두 수를 지어 올리다」, 『동국이상국집』 후집 권6 고율시.

26 「이백순 학사를 곡하며」, 『동국이상국집』 전집 권18 고율시.

27 「고부 태수 오천유 동년이 술을 가지고 찾아왔기에 감사하다」 및 「고부 태수가 잠자리 시녀와 좋은 술, 산 꿩과 함께 겸하여 시를 보내왔으므로 차운하다」, 『동국이상국집』 전집 권17 고율시.

28 「오천유 묘지명」, 『동국이상국집』 후집 12 묘지명.

29 「노 동년이 술을 가지고 찾아와 지은 시에 차운하다」, 『동국이상국집』 전집 권10 고율시.

30 「노 동년에게 주는 편지」, 『동국이상국집』 후집 권12 서.

31 「전원의 집으로 돌아가는 동년 노생을 보내는 서」, 『동국이상국집』 전집 권21 서.

32 「중구일에 심심하던 차에 공공 상인과 노 동년이 찾아와 간단한 술자리를 열어 국화를 띄우면서 느낌이 있어 글 한 수를 낭도사 조로 짓다」, 『동국이상국집』 후집 권5 고율시.

33 「이날 이백전 학사가 동년인 이 선배와 함께 찾아왔으므로 술자리에서 주필로 지어 주면서 옛정을 서술하다」, 『동국이상국집』 후집 권4 고율시.

34 「유 승선에게 올리다─내가 그 문하에서 진사에 합격했다」, 『동국이상국집』 전집 권2.

35 『고려사』 권20 세가 명종 26년 7월.

36 『고려사』 권20 세가 명종 21년 정월 조.

37 「임유 상공이 추밀부사 이부상서직을 사양하는 표」 및 「임유 상공이 추밀부사 이부상서에 제수됨을 사은하는 표」, 『동국이상국집』 전집 권29 표.

38 「임 상국의 방문을 사례하다」, 『동국이상국집』 후집 권9 고율시.

39 『고려사』 권21 세가 강종 1년 3월 경신.

40 「최선 상국에게 올리는 글」 및 「조충 낭중에게 주는 글」, 『동국이상국집』 전집 권26 서.

41 「각월 수좌가 조충 시랑에게 준 시에 차운하다」, 『동국이상국집』 전집 권13 고율시.

42 「손 이부가 조충 상국을 곡한 것에 차운하다」, 『동국이상국집』 전집 권16 고율시 및 「조충 뇌서」, 『동국이상국집』 전집 권36 뇌서.

43 「윤의 동년, 진식 동년과 진화가 찾아오자 유빈객의 시의 운을 써서 각기 짓다」, 『동국이상국집』 전집 권11 고율시.

44 「윤의 동년이 화답하므로 다시 차운하여 주다」, 『동국이상국집』 전집 권11 고율시.

45 「유충기·유승단 두 동년과 함께 혜문 장로를 찾아갔다가 온비경의 시의 운을 써서 각기 짓다」, 『동국이상국집』 전집 권5 고율시.

46 『고려사』 권102 열전 유승단전.

47 「유승단 승상에게 드리는 제문」, 『동국이상국집』 전집 권37 제문.

48 「최우 상국에게 동년을 추천하는 글」, 『동국이상국집』 전집 권27 서.

49 「전주목에서 새로 새긴 『동파문집』 끝에 跋하다」, 『동국이상국집』 전집 권21 서.

50 「문생인 조염우 유원이 가야금을 가져다 준 것에 감사하며」, 『동국이상국집』 후집 권4 고율시.

51 「양신성 문생이 화답한 것에 차운하다」, 『동국이상국집』 후집 권4 고율시.

52 「이세화 묘지명」, 『동국이상국집』 후집 권12 묘지명.

53 「이규보 묘지명」, 『집성』, 377쪽.

54 「고 최종번 승선을 뒤늦게 곡하며」 (『동국이상국집』 전집 권17 고율시)에서 이규보는 '내가 공과 더불어 사인계를 맺었다'라고 했는데, 「강 선배가 장 대선사에게 곡한 시에 차운하다」(『동국이상국집』 전집 권18 고율시)에서는 혜문과 유승기의 이름을 추가로 밝히고 있다.

55 「최선 비서감에게 올리다」, 『동국이상국집』 전집 권3 고율시.

56 「최선 상국을 모시고 막내아들[崔宗藩] 낭중의 수정에서 술을 마시는데 상국이 일찍이 지은 시가 있었다. 명을 받아 나도 즉석에서 화답하여 올렸다」, 『동국이상국집』 전집 권11 고율시.

57 「최종번 천원이 염소고기 포를 보내 주어 병든 어머니께 드린 것에 감사하다」, 『동국이상국집』 전집 권11 고율시.

58 「옷을 전당 잡히고 느낌이 있어 최종번 군에게 보이다」, 『동국이상국집』 전집 권12 고율시.

59 『고려사』 권99 열전 최유청전 부 최선.

60 「6월 초하룻날에 박훤 학사가 화연을 베풀어 손님을 모으면서 나도 함께 불러 주었는데, 술이 거나해지자 시 한 수를 짓다」, 『동국이상국집』 후집 권10 고율시.

61 「좌객 최종재 복야가 화답하므로 다시 차운하여 답을 올리다」, 『동국이상국집』 후집 권10 고율시.

62 「최종준 상국의 연회에 감사하며 올리는 글」, 『동국이상국집』 후집 권12 서.

63 「최종준 상국이 시중이 된 것을 축하하며」, 『동국이상국집』 후집 권2 고율시.

64 「6월 28일에 수상인 최종준 시중이 보내온 술과 얼음에 감사를 올리다」, 『동국이상국집』 후집 권10 고율시.

65 「유충기 동년이 화답하므로 차운하여 답하다」, 『동국이상국집』 전집 권9 고율시.

66 「등석에 유충기 대간과 함께 궁궐의 연회에 참석하여 짓다」 및 「유충기가 화답하므로 다시 답하다」, 『동국이상국집』 전집 권16 고율시.

67 「혜문 선사 애사」, 『동국이상국집』 전집 권37 애사.

68 「정공분 수재가 혜문 장로가 임금을 대하여 담론한 것을 축하하는 시에 차운하다」, 『동국이상국집』 전집 권5 고율시.

69 「혜문 장로가 화답한 것이 많아 아홉 수에 이르렀는데, 매 편마다 모두 아둔함을 경계하고 채찍질했기에 부지런히 힘써 숫자를 갖추어서 받들어 올리다」, 『동국이상국집』 전집 권11 고율시.

70 『고려사』 권96 열전 윤관전 부 윤세유

71 위의 주 69와 같음.

72 「혜문 선로가 쌀과 솜을 보내 준 것에 감사하며」, 『동국이상국집』 전집 권10 고율시 및 「주필로 혜문 선로가 숯을 보내 준 것을 감사하다」, 『동국이상국집』 전집 권13 고율시.

73 「유충기 · 유승단 두 동년과 함께 혜문 장로를 찾아갔다가 온비경의 시의 운을 써서 각기 짓다」, 『동국이상국집』 전집 권5 고율시.

74 「전이지와 혜문 장로가 찾아와 나의 『강남집』 중의 시의 운을 쓴 것에 차운하다」, 『동국이상국집』 전집 권6 고율시.

75 「11월 14일에 혜문 장로 · 박환고와 함께 홍성사의 성 선로를 찾아가다가 길 위에서 구점하다」, 『동국이상국집』 전집 권7 고율시.

76 「혜문 장로 · 한소와 함께 최종번 수재의 서실을 찾아가다」, 『동국이상국집』 전집 권8 고율시.

77 『논어』 季氏篇.

78 「무오년 2월 9일에 전이지와 함께 박환고가 남쪽으로 가는 것을 전별하는데, '舊'자를 얻다」, 『동국이상국집』 전집 권7 고율시.

79 「전이지의 집에서 크게 취하여 입으로 시를 부르면서 이지에게 바로 받아 벽에 쓰게 하다」, 『동국이상국집』 전집 권5 고율시.

80 「전이지 애사」, 『동국이상국집』 전집 권37 애사.

81 「눈이 침침해짐에 느낌이 있어 전이지에게 주다」, 『동국이상국집』 전집 권14 고율시.

82 「전이지가 문장을 논한 것에 답하는 글」, 『동국이상국집』 전집 권26 서.

83 「혜문 장로와 박환고가 무궁화를 논한 시에 차운하다」, 『동국이상국집』 전집 권14 고율시.

84 「동고자[朴還古]가 杜牧의 운을 써서 오덕전을 생각하기에 차운하다」, 『동국이상국집』 전집 권1 고율시.

85 「박환고의 아이를 애도하면서 겸하여 꿈속의 일을 적다―서문을 붙임」, 『동국이상국집』 전집 권8 고율시.

86 「무오년 2월 9일에 전이지와 함께 박환고의 남쪽 여행을 전송하는데 '舊'자를 얻다」, 『동국이상국집』 전집 권7 고율시.

87 「박환고의 남유시에 차운하다」, 『동국이상국집』 전집 권7 고율시.

88 「이수 시랑이 화답한 두 수에 차운하다」, 『동국이상국집』 후집 권7 고율시 및 「이수 시랑이 내가 홍주로 부임하는 아들을 보내며 지은 시를 듣고 회문으로 화답한 한 수에 다시 차운하다」, 『동국이상국집』 후집 권9 고율시.

89 『고려사』 권102 열전 최자전.

90 「문순공 가집」, 『보한집』 중6.

91 「옛 서울을 그리며 세 수를 읊다」, 『동국이상국집』 후집 권1 고율시.

92 「『능엄경』을 제6권까지 외우고서 짓다」, 『동국이상국집』 후집 권6 고율시.

93 「또 운을 나누어 '動'자를 얻어 覺公에게 주고 겸하여 玄公에게도 쓰다」, 『동국이상국집』 전집 권8 고율시.

94 「천태종의 현 스님이 내가 각 공을 찾아가 머무르면서 술을 마신다는 것을 듣고 술을 가지고 와서 위로하기에 앞의 운을 써서 주다」, 『동국이상국집』 전집 권8 고율시.

95 「양공로 학유가 화답하므로 차운하여 답하다」, 『동국이상국집』 전집 권12 고율시. 이 시에는 이규보가 양공로와 함께 玄闍梨를 찾아갔다고 했는데, 협주에서 그의 이름이 玄韋이라고 밝혔다. 승려의 이름을 약칭할 때는 뒤 글자를 따서 부르는 것이 일반적이기는 하지만, 이규보는 이와 같이 앞 글자를 따서 약칭으로 삼기도 했다.

96 「훈 장로가 시를 달라기에 또 앞의 운을 쓰다」, 『동국이상국집』 전집 권8 고율시.

97 「회 선사의 방장에서 바둑 두는 것을 보며」, 『동국이상국집』 전집 권8 고율시.

98 「회 선사에게 주다」, 『동국이상국집』 후집 권1 고율시.

99 「회 선사가 쌀을 보내 준 것에 주필로 감사하다」, 『동국이상국집』 전집 권7 고율시.

100 「안화사의 종실 왕 선사에게 드리다」, 『동국이상국집』 전집 권2 고율시.

101 「안화사의 돈식 선로의 방장에서 밤에 술을 마시다가 동파의 운을 써서」, 『동국이상국집』 전집 권8 고율시.

102 「안화사의 당 선사를 찾아갔는데 스님이 시 한 편을 청하다」, 『동국이상국집』 전집 권14 고율시.

103 「옛 서울을 그리며 세 수를 읊다」(『동국이상국집』 후집 권1 고율시)에는 '3월이 거의 다 간다'라는 구절이 있다.

104 「이날 원흥사에 들어가 친구 규 스님을 만나서 주다」(『동국이상국집』 전집 권6, 고율시)

105 「운봉의 주지인 규 선사가 조아차를 얻어 보여 주자 내가 '孺茶'라고 이름을 붙였는데, 스님이 시를 청하므로 짓는다」 및 「다시 앞의 운을 써서 주다」, 『동국이상국집』 전집 권13 고율시.

106 「묘엄 선로에게 보내는 편지」, 『동국이상국집』 전집 27 서.

107 「엄 선사를 찾아가다」, 『동국이상국집』 후집 권1 고율시.

108 「혜문 선사가 각월 수좌를 곡한 시에 차운하다」, 『동국이상국집』 전집 권16 고율시.

109 「송광사 주지 몽여 선사에게 부치는 편지」, 「이 지식에게 답하는 편지」 및 「송광사 주지에게 답하는 편지」, 『동국이상국집』 후집 권12 서.

110 「진구사 주지 겸 공이 명주솜을 주어 감사하다」, 『동국이상국집』 전집 권14 고율시.

111 「돈유 수좌에게 답하는 편지」, 『동국이상국집』 후집 권12 서 및 「또 따로 한 수를 지어 초를 보내 준 것에 감사하다」, 『동국이상국집』 전집 권17 고율시.

112 「회찬 수좌에게 부치는 편지」, 『동국이상국집』 전집 권26 서.

113 「(승)이법원 묘지명」, 『동국이상국집』 전집 권35 묘지명.

114 「개천사의 청석탑에 대한 기명」, 『동국이상국집』 전집 권24 기.

115 「동지를 하례하는 글」 및 「새해를 하례하는 글」, 『동국이상국집』 전집 권32 장.

116 「늙은 소나무 그림에 대한 찬」, 『동국이상국집』 전집 권19 찬.

여름날 손님과 함께 동산에 자리를 깔고, 혹은 누워서 자기도 하고,

앉아서 술잔을 들기도 하고, 바둑도 두고, 거문고도 타며,

뜻에 맞는 대로 하다가 날이 저물면 파한다.

이것이 한가한 자의 즐거움이다.

(「사륜정기四輪亭記」, 『동국이상국집』 전집 권23 기)

1. 음주

(1) 주마酒魔

　이규보는 평생 자신을 따라다니며 괴롭히는 세 가지의 마魔가 있다고 했다. 색마色魔, 주마酒魔, 시마詩魔가 그것이다. 그런데 나이가 들면서 색마는 물리쳤지만, 주마와 시마는 아무리 털어 버리고자 해도 끝내 그럴 수 없음을 고민했다. 이렇게 자신을 괴롭히는 주마에 대해 이규보는 다음과 같은 시를 남겼다.

사람들은 먹을거리 중에서 신 것은 싫어하지만	人於喫物嫌辛物
술맛은 쓰고 시어도 좋다고 하니 어찌하랴	酒味深辛樂奈何
반드시 사람들의 창자를 상하게 하려는데도	必欲使人腸腐爛
이야말로 으뜸가는 독 중의 마인 것을 알지 못하누나	不知元是毒中魔

(「주마酒魔」, 『동국이상국집』 후집 권10 고율시)

「내가 나이 들어 오랫동안 색욕色慾은 물리쳤으나 시와 술은 버리지 못했다. 시와 술도 단지 때때로 흥미를 붙여야 할 뿐이지 벽癖을 이루는 것은 마땅하지 않으니, 벽을 이루면 곧 마魔가 되는 것이다. 내가 이를 근심한 지 오래인데, 점차 조금씩 줄이고자 하여 먼저 세 가지 마에 대한 시를 지어 뜻을 보인다」라는 긴 제목을 붙인 시에서 주마의 해독을 읊은 것인데, 그 폐해를 알면서도 끝내 술을 끊지 못하는 자신의 경험을 노래한 것이다.

이처럼 이규보는 한평생을 술과 싸우면서 살았다. 그러나 그 싸움은 자고自古 이래 세상의 거의 모든 주당들이 그러하듯이, 승패가 뻔한 마당에서 번번이 패배를 당하면서도 다음에는 꼭 승리하고야 말겠다는 헛된 다짐과도 같은 것이었다.

이규보에게 술과의 인연은 상당히 오랜 것이었다. 숙부의 손에 이끌려 간 문하성의 성랑 앞에서 11세의 이규보는 '종이 결에는 모학사가 길게 다니고, 술잔 가운데에는 늘 국선생이 있네[紙路長行毛學士 盃心常在麯先生]'라는 대귀對句를 지어, 기동奇童이라는 찬사를 얻음과 아울러 술과 관련한 심상치 않은 조짐을 이미 보인 바 있다.[1] 이어 10대 후반에는

표지를 입힌 거문고 악보도 펼쳐 보고	縹帙披琴譜
무늬 진 바둑판에서 승부를 겨루었네	紋楸鬪手談
꾀고리 우는 봄에는 거침없는 생각으로 시를 짓고	鸎春詩思暢
닭이 우는 새벽까지 술에 취해 단잠을 즐겼네	鷄曉醉眠酣

(「강남에서 예전에 놀 때[江南舊遊]」, 『동국이상국집』 전집 권1 고율시)

라는 시를 지어 새벽까지 술에 취하는 등, 술에 관한 본실력을 어느 정도 예고했다.

신동 소리를 듣던 그가 국자감시에 연거푸 실패한 것이나, 본고시인 예부시에서 낮은 성적으로 겨우 합격한 것도 술이 큰 원인이었다. 「연보」에는 예부시 시험장에서도 이규보가 술 때문에 글을 제대로 짓지 못했다고 적었다. 이 기록의 진실성 여부는 의심이 가지만, 평소에 늘 술을 마시던 습관대로, 그가 과거시험장에서조차 쓰디 쓴 '고배苦杯'를 여러 잔 마셨다는 사실만큼은 명확하다고 할 것이다.

합격자가 발표되던 날에도, 이 쓴 술에 취한 이규보는 축하 연회장에서 큰소리를 쳤다. "내가 과거시험의 성적은 비록 낮지만, 어찌 서너 차례 문생을 길러내지 않겠습니까." 술기운이 과도한 주정꾼의 허풍 같은 다짐이라고 생각한 하객 중에는 입을 가리고 몰래 비웃는 이들도 있었다.[2]

과거시험장에서의 이 해프닝은 술꾼 이규보의 존재를 온 천하에 공식적으로 알리는 계기가 되었을 것이다. 이때 그의 나이 23세였는데, 이 사건이 얼마나 그의 관록에 영향을 미쳤는지는 20년이 훌쩍 지난 다음에도 확인할 수 있다. 46세가 된 이규보, 그러나 당시까지 출세는커녕 미관말직에서 맴돌고 있던 그가 최충헌과 최우 부자에게 불려가 능력을 다시 검증받게 되는 절대 절명의 자리에서도, 그는 술 실력부터 먼저 발휘해야 했기 때문이다. 앞에서 이미 인용한 바 있고 좀 길기는 하지만, 이 대목의 기록을 다시 보기로 하자.

(고종 즉위년, 1213) 12월에 진강후[최충헌]의 아들인 상국[최우]이 저녁에 연회를 크게 베풀고 모든 고관을 불러 모았는데, 공[이규보]은 홀로 8품의 미관으로 부름을 받고 참석했다. 밤중에 상국이 이르기를 "그대가 문장을 잘 한다는 소문은 들었으나 아직 보지는 못했으니, 오늘 한번 시험해 보는 것이 어떻겠소?"라고 하고, 이인로를 시켜 운을 부르게 했는데, 40여 운에 이르렀다. '촛불'을 시제詩題로

삼고 이름난 기생에게 먹을 갈도록 했다. 시가 완성되자 상국은 탄복하여 마지않았다. 다음 날 상국은 그 시를 가지고 부府로 나아가 진강후에게 여쭙고 공을 불러들여 재주를 시험해 보라고 했다. 진강후가 처음에는 쾌히 승낙하지 않다가 두세 번 여쭌 후에야 공을 불러들이도록 했다.

공이 부에 이르자 상국이 진강후에게 여쭈기를, "이 사람은 술을 마시지 않으면 시를 제대로 짓지 못한다고 합니다"라고 하고, 바로 걸음이 빠른 자를 시켜 집으로 가서 술을 가져오도록 했는데, 술이 미처 이르기 전에 진강후는 벌써 술상을 차려 놓고 함께 마시고 있었다. 상국은 또 말하기를, "이 사람은 취한 다음이라야 시를 짓습니다"라고 하고 술잔을 번갈아 가면서 취하도록 마시게 한 뒤에 이끌고 진강후 앞으로 나아갔다. 진강후 바로 앞에 필갑이 있고, 붓이 열 자루가 넘었는데 상국이 친히 그중에서 좋은 붓을 골라서 공에게 주었다.

이때 마침 뜰에서 오락가락하는 공작이 있기에 진강후가 이 공작을 시제로 삼고 금 상국琴 相國(琴儀)을 시켜 운을 부르게 했는데, 40여 운에 이르도록 잠시도 붓을 멈추지 않으니 진강후는 감탄하여 눈물까지 흘렸다.

공이 물러 나오려 할 때 진강후가 이르기를, "그대가 만약 벼슬을 희망한다면 뜻대로 이야기하시오"라고 하자, 공이 대답하기를, "제가 지금 8품에 있으니 7품만 제수해 주시면 됩니다"라고 했다. 상국이 여러 번 눈짓을 하면서 바로 참관參官을 희망하게 하려고 했다. 그날 상국은 집으로 돌아와 공을 불러 꾸짖으며, "그대가 벼슬을 희망하는 것이 왜 그리 낮소? 무슨 이유로 참관을 희망하지 않은 거요?"라고 했으나, 공은 대답하기를 "제 뜻이 그러할 뿐입니다"라고 했다.

(「연보」계유년)

즉, 최우가 이규보를 적극 추천하자 아버지 최충헌은 처음에는 마뜩하지 않게 여겼으나, 이규보의 주량을 먼저 확인한 다음에야 그의 문학적 능력을 인정하고, 관직을 주려는 마음도 가지게 되었다는 것이다. 냉철한 독재자인 최충헌으로서는 이규보를 대취하게 만든 다음에 그가 진짜로 충성을 바칠 인물인지 아닌지 그 속마음을 떠보려고 획책한 일인지도 모를 노릇이다.

실상 술은 이규보에게 시의 날개를 돋아나게 했고,[3] 친구들과 함께하는 술자리는 그의 가슴속에 담겨 있는 문학적 광기를 마음껏 발산할 수 있는 좋은 기회였다. 예컨대,

술 취해 사방을 둘러보니 마음이 날아올라	酒酣四顧心飛揚
천지 육합이 좁게만 보이도다	天地六合爲之窄
문득 계집종을 불러 고려산高麗産 종이를 펼치게 하고	忽呼侍婢鋪蠻牋
나더러 시 속에 광증을 통쾌하게 쏟아 내라고 청하니	請我快放詩中顚
가슴에 가득 찬 왕성한 분노를 이에 토하여	塡胸壯憤吐乃已
그로 인해 미치광이가 부른 노래를 남겨 놓는다	因之留贈狂歌篇

(「민광효 판관의 집에서 취하여 머무르다가 주인이 시를 청하므로 주필로 써서 주다
[留醉閔判官光孝家 主人乞詩 走筆贈之]」, 『동국이상국집』 전집 권3 고율시)

같은 시가 그와 같은 광경을 잘 말해 준다.

그러나 이규보에게 술이라는 것이 항상 긍정적인 요소로만 작용한 것은 아니었다. 주마가 항상 틈을 엿보고 있었기 때문이었다. 특히 가슴속에 맺혀 있던 그 광기가, 종이 위가 아니라 입을 통해 나오게 되었을 때에 문제가 생겨났다. 직선적이고 솔직한 성격의 이규보는 술이 취하면 평소 생각했던 바를 전혀 숨기지 않고 거침없이 내뱉었던 것이다. 특히 모방 투성이의 개성 없는 '과거장의 글' 따위나 써 놓고 문사연하는 이들을 이규보는 무척이나 경멸했을 것이다.

더구나 한번 마셨다 하면 끝장을 보아야 직성이 풀리던 이규보는 인사불성이 되는 일도 다반사였다. 친구는 물론이고 선배나 승려들 앞에서도 예외가 없었고, 심지어는 까맣게 먼 후배들의 하과夏課에 참석한 뒤 거꾸로 실려 돌아오기도 했다.[4] 이러한 이규보에게 '주광酒狂'이니 '광취狂醉'니 하는 별명과 함께 온갖 비방과 빈축이 뒤따르는 것은 당연한 일이었을 것이다.

본인도 이러한 사실을 몰랐을 리 없었겠지만 자존심 하나로 애써 무시하

고 버티던 참에, 어느 날 식량이 떨어져 아침부터 굶주림에 시달리는 가족들을 보는 순간에는 그동안 마셔댔던 모든 술이 한꺼번에 깨는 것처럼 정신이 번쩍 들었다. 그날 친구에게 넋두리처럼 내뱉은 다음의 시에는 술꾼 이규보의 사무치는 반성이 들어 있다.

술을 좋아하되 억제하지 못해	嗜酒不自檢
마시면 곧 천 잔을 기울이고	飮輒傾千巵
평소 마음에 담았던 말도	平日心所蓄
취하면 참지 못하고	及醉不能持
모조리 내뱉고 말았을 따름인데	盡吐而後已
참소와 비방이 뒤따를 줄 몰랐네	不知讒謗隨
처신을 한결같이 이렇게 해 왔으니	行身一如此
궁하고 굶주리는 것도 마땅한 일이네	窮餓亮其宜
아래로는 사람들이 좋지 않게 여기고	下不爲人喜
위로는 하늘이 도와주지 않으니	上不爲天毗
가는 곳마다 흠과 허물이어서	觸地皆玷纇
모든 일이 어긋나고 말았네	無事不參差
이것은 스스로 거머쥔 일이니	是我所自取
아, 또 누구를 원망하랴	嗟哉又怨誰
손가락을 꼽아가며 스스로의 죄를 헤아려서	屈指自數罪
채찍을 들어 석 대를 때렸네	擧鞭而三笞
지난 일이야 뉘우친다고 어찌 미치겠는가만	旣往悔何及
앞으로 올 일들은 당연히 쫓아가겠네	來者儻可追

(「옷을 전당 잡히고 느낌이 있어 최종번 군에게 보이다[典衣有感 示崔君宗藩]」,
『동국이상국집』전집 권12 고율시)

지명知命이라고 하는 마흔을 코앞에 둔 39세가 되었어도, 아직까지 관직 하나 가지지 못하고 가장 구실도 제대로 못하는 가장 근본적인 이유가 바로 술과 그 술버릇 때문이었다는 뼈저린 자각이자 참회였다. 이 모든 일이 스스로 초래한 것이므로 이제 와서 후회해야 소용없는 노릇이지만, 다시는 그러한 잘못을 되풀이 하지 않겠노라고 굳게 다짐했다. 그러나 스스로 채찍질을 해 가면서까지 다짐한 이 맹세의 결말이 어떠했는지, 굳이 더 언급할 필요는 없을 것이다.

그 뒤 어렵게 관직을 구하고, 조심조심 출세의 길을 걸어갔지만, 그 다짐이 있은 지 20년도 더 지난 60세에는 임금 앞에서 술이 취해 쓰러지고 인사불성이 되는 일까지도 벌어졌다. 탄핵은 고사하고 유배까지도 각오해야 하는 엄청난 중죄를 저지른 것인데, 천만다행으로 이규보를 적극 후원하던 당시의 실력자 최우의 비호 덕분에 무사히 넘어가게 되었다. 이 일 역시 앞에서 언급한 적이 있으므로, 더 이상의 언급은 생략하기로 한다.

술과 관련하여 한 가지만 덧붙인다면, 그가 말년에 병고에 시달릴 때조차 음주와 금주 사이에서 고민하다가 끝내는 전자를 택하고 만다는 사실이다. 예컨대 다음의 시가 그러하다.

나처럼 눈병을 앓는 사람이	如予病眼者
눈을 감고 누워 있는 것이 어때서	閉目臥如何
도리어 그대와 어울려	迺反與吾子
대취하고 크게 노래까지 불렀네	大醉放長歌
다시 두 눈은 더 어둑해지고	更益眩雙目
어지럽게 검은 꽃도 보이네	掩亂見玄花
술을 마시는 것을 그만두지 않으면	飲酒若不已
반드시 병이 더해질 터인데	是必病所加
알고도 끝내 끊지 못하니	知之竟未斷
병이 깊어진들 또 누구를 탓하리	雖病又何嗟

(「3월 8일에 친척인 채 낭중과 크게 취하여 노래를 부르다[三月八日 與族人蔡郎中 大醉歌唱]」,
『동국이상국집』후집 권9 고율시)

술 앞에서 의지박약이라고 할 수도 없고, 이런 글을 읽다 보면 이규보가 적어도 술에 대해서는 어떠한 사람이었는지 더 말할 필요가 없을 듯하다.

가전체假傳體 문학이라 불리는 「국선생전麴先生傳」을 지어 술의 실체를 일찌감치 파악한 이규보는,[5] '술도 신비한 약이므로, 마시지 않으면 병이 든다[酒亦神藥 不飮病隨]'라거나,[6] '아침에 마시는 석 잔의 술은 천 첩의 약재와 맞먹고, 달게 잔 봄잠은 만금에 값한다[三杯卯飮敵千藥 一枕春眠置萬金]'[7]라는 격언을 스스로 만들면서 평생을 주마와 싸워 나갔다. 이러한 격언으로 무장한 것에 더하여, 집안 후손들에게 '죽어 백골이 된 무덤 앞에 신선한 고기를 잡아 제사 지내는 것보다, 살아 있을 때 술 한 잔이 더 낫다'라고 훈시하기도 했다.[8] 이렇듯 이론과 실제를 겸비한 강적이었던 것만큼 주마도 결코 이규보를 이겨낼 수는 없었을 것이다. 그러므로 주마와의 싸움은 승패 자체를 떠났다고나 할까, 영원히 끝나지 않는 싸움이라고 할까. 그는 참으로 술을 많이 마시기도 했거니와, 술 그 자체를 즐긴 진정한 술꾼이었다.

(2) 백주白酒

그러면 그가 마신 술은 어떠한 것이었을까. 술꾼 시인답게 이규보는 그가 마신 다양한 술의 이름을 작품 속에 많이 적어 놓았다. 또 절기에 따라 마시는 술의 종류도 다양했다. 예컨대, 정월 설날에는 초화주椒花酒를,[9] 5월 단오에는 예주醴酒를,[10] 9월 9일인 중양절에는 황국주黃菊酒[11] 같은 술을 마셨던 것이다. 정월 삼해일三亥日에 특별히 만든 삼해주三亥酒 같은 술도 있었다.

때가 아니고 구실이 없어서 술을 못 마시지는 않았겠지만, 이규보가 평소에 즐겨 마시던 술은 백주白酒였다. 그가 좋아하던 술을 두고 역시나 그는 「백주시白酒詩」라는 시를 지었는데, 그 서문에서 이 술을 다음과 같이 소개하고 있다.

내가 예전에 젊었을 때에는 백주를 즐겨 마셨는데, 맑은 것은 만나기가 어려웠기 때문에 늘 탁한 것을 마셨다. 높은 벼슬을 거치면서 항상 맑은 것을 마시게 되자 또 탁한 것은 즐겨하지 않게 되니, 어찌 습관이 된 때문인가. 근자에 관직에서 물러나 녹봉이 줄어드니 맑은 술이 이어지지 못한 때가 자주 있다. 어쩔 수 없이 백주를 마시는데, 마시면 곧 체하여 뱃속이 편하지 않다.

(「백주시」, 『동국이상국집』 후집 권3 고율시)

이와 같이 백주를 즐겨 마셨는데, 백주에는 다시 맑은 것과 탁한 것이 있다는 것이다.

이 백주는 바로 막걸리로, 쌀과 누룩과 물을 원료로 한 술덧을 발효시킨 것이다. 그런데 발효시킨 술독에 용수를 박아 넣으면 맑은 술이 괴는데, 이것이 곧 청주淸酒이고, 탁주濁酒는 술덧을 대강 체로 걸러낸 것을 말한다.[12] 술 찌꺼기를 거를 때에는 견직물로 만든 자루[紬絹帒]를 쓰기도 했지만, 띠[茅]를 엮어 만든 것을 사용하면 술맛이 더 좋다고 하여 이것을 사용하기도 했다.[13] 그는 술에 벌레가 뜨는 것[浮蛆]을 보고 처음 떠낸 것인지 아닌지 구분할 정도의 감식력도 가지고 있었지만,[14] 성질이 급한 그답게 날마다 술을 거르는 것이 귀찮아서 한꺼번에 눌러 짜서 마신 적도 있다.[15]

어쨌든 청주는 맑고 투명할 뿐더러 맛과 향이 좋아서 경제적으로 여유 있는 이들이 주로 마셨고, 탁주는 저렴하므로 상대적으로 서민층이 더 마셨다. 이규보 역시 경제적으로 여유가 있을 때는 청주를 마셨으나, 평소에는 탁주를 자주 마셨던 것이다.

그런데 고려 고종 때 지어진 「한림별곡翰林別曲」에는 당시 귀족들의 삶의 모습이 잘 그려져 있는데, 이 중에는 그들이 즐겨 마셨던 술에 대해 다음과 같이 적고 있다.

黃金酒 柏子酒 松酒 醴酒
竹葉酒 梨花酒 五加皮酒

鸚鵡盞 琥珀盃에 ▽득 브어

위 勸上ㅅ景 긔 엇더ᄒᆞ니잇고

여기서 나오는 황금주黃金酒는 황금빛 색깔이 나는 술이라는 뜻으로 백주 중의 청주를 말한다. 백자주柏子酒는 백자柏子, 즉 잣으로 만든 잣술, 송주松酒는 솔잎으로 만든 솔잎주, 예주醴酒는 식혜로 만든 감주甘酒, 죽엽주竹葉酒는 댓잎을 삶은 물로 빚은 술, 이화주梨花酒는 이화梨花, 즉 배꽃처럼 뽀얀 빛깔의 술로 고급스런 청주의 한 가지로 짐작되며, 오가피주五加皮酒는 오가피나무의 열매나 껍질로 만든 술을 말한다. 이러한 술들을 당시 귀족들은 앵무새 모양으로 특이하게 만든 앵무잔이나, 호박과 같이 진귀한 보석으로 만든 호박배에 담아서 마셨던 것이다

시험장 광경을 노래한 「한림별곡」의 다른 부분에서는 '이정언 쌍운주필李正言 雙韻走筆'이라고 하여 정언 벼슬을 한 이규보도 언급되고 있으므로, 이규보도 위의 「한림별곡」에 등장하는 술을 자주 마셨을 것이다. 그런데 이 술의 공통점은 바로 발효주라는 것이다. 백주 역시 전통적인 발효주이다.

증류주는 중동中東 지방에서 처음 만들어진 이래 중국을 통해 고려 후기에 도입되었다. 당시 이색李穡은 선물로 받은 아라길阿剌吉을 마신 적이 있는데,[16] 이 술은 알코올을 뜻하는 아랍어 아라그(Arag)를 한자로 음역한 것으로, 뒤에는 흔히 소주燒酒라고 불리며 널리 알려졌다. 그러므로 고려 후기에 전파된 소주와 같은 증류주는 당시에는 아직 등장하지 않았기 때문에, 이규보가 살던 당시까지의 사람들은 주로 발효주를 마셨던 것으로 짐작된다.

백주와 같은 발효주는 만드는 방법이 비교적 간단하여 가정에서도 쉽게 만들 수 있었다. 이규보 역시 술을 전문으로 만드는 도가都家에서 사 오기도 했지만, 집에서 직접 제조한 술을 마시기도 했다. 그리고 정말 울적할 때는 문을 닫아걸고, 아내와 둘이서 대작하는 애주가이자 애처가이기도 했던 것이다.

(3) 질그릇 잔

그런데 백주와 같은 발효주는 상하기 쉬웠으므로, 보관의 문제가 항상 발생했다. 이규보는 자신의 집에 있는 질항아리가 술맛을 변하지 않게 잘 보존해 준다고 하여 무척 소중하게 아끼면서, 그 항아리를 소재로 다음과 같은 글을 지었다.

내게 조그마한 항아리가 있는데 쇠를 두드리거나 녹여 만든 것이 아니라 흙을 반죽하여 불에 구워 만든 것이다. 목은 잘록하고 배는 불룩하며 주둥이는 나팔처럼 벌어졌다. 영병(英瓶)에 비하면 귀가 없고, 추전(雛甄)에 비하면 주둥이가 크다. 닦지 않아도 마치 칠한 것처럼 광채가 난다. 어찌 금으로 만든 그릇만 보배로 여기랴. 비록 질그릇이라 할지라도 추하지 않다. 무겁지도 가볍지도 않아서 한 손에 들기가 알맞으며, 값도 매우 싸서 구하기가 쉬우니 비록 깨진다고 하더라도 아까울 것이 뭐가 있겠는가. 술이 얼마쯤 담기는가 하면 한 말도 들지 않는데, 가득 차면 다 마시고 다 마시면 다시 붓는다. 진흙을 잘 구워서 정밀하게 만든 까닭에 변하지도 않고 새지도 않으며, 공기가 잘 통해서 목이 막히지 않으므로 따라 넣기도 좋고 부어 마시기도 편리하다. 잘 부어지는 까닭에 기울어지거나 엎어지지도 않고 잘 받아들이는 까닭에 계속 술이 저장되어 있다. 한평생 동안 담은 것을 따진다면 몇 섬이나 되는지 셀 수가 없다. 마치 겸허한 군자처럼 떳떳한 덕이 조금도 간사하지 않다. 〈하략〉

(「질항아리에 대한 부[陶罌賦]」, 『동국이상국집』 전집 권1 부)

이 글로 미루어 볼 때 아마 쇠로 만든 술독도 당시에 많이 사용되고 있었음을 알 수 있다. 그 술독은 어쩌면 술을 보관하기에 훨씬 효과적이었을 것이다. 그러나 천하의 술꾼인 이규보는 한 손으로도 들기에 적당한 크기의 질항아리를 더 아꼈다. 물론 값이 싸다는 이유도 있었지만, 경제적 능력에 앞서 소탈하고 서민적인 그의 취향을 더 높이 평가해야 하지 않을까.

이규보가 살던 당시는 고려 상감청자의 전성기였다. 지금의 전라남도 강진군 대구면 가마 같은 곳에서 예술적으로도 매우 수준 높은 청자가 많이 만들어졌는데, 그중에는 당연히 술 주전자나 술잔도 있었다. 어릴 적부터 친구이던 김철金轍은 이와 같은 청자[綠瓷] 술잔을 구한 뒤, 이규보에게 시를 지어 달라고 요청할 정도로 아끼며 자랑했다.

이에 이규보는

진흙을 이겨 빚은 솜씨를 알겠으니	迺知埏埴功
하늘의 기술을 빌린 듯하네	似借天工術
보이지 않는 듯 가늘게 꽃무늬를 새겨 넣으니	微微點花紋
교묘함이 단청의 붓으로 그린 것 같네	妙逼丹靑筆

「김철 군이 평소 마시는 녹자 술잔에 시를 지어달라고 하기에 백 공 시의 운을 써서 같이 짓다
[金君乞賦所飮綠甆盃 用白公詩韻同賦]」, 『동국이상국집』 전집 권8 고율시)

라고 하여 그 빼어난 솜씨와 아름다움을 찬미했다. 또 유경현庾敬玄 같은 이는 동료들을 집으로 초청하여 자신의 수정배水精杯를 자랑했다.[17] 이규보는 수정으로 만든 술잔의 촉감과 그에 담긴 상쾌한 술맛도 칭송했지만, 한편으로는

금옥으로 만든 잔이 없다면 오히려 질그릇 잔으로	杯無金玉尚可瓦盞傾
마시는 것도 좋을 것이네	
술이 없는 것이 걱정이지 무엇이 근심되랴	但恐無酒奈愁何
유 군의 잔을 아쉬워 할 필요가 없으니	庾君之杯不必惜
모든 물건은 사람에 따라 맞게 되어 있네	凡物於人隨所適
내가 가진 자기 잔은 참으로 가소로워	我有瓷杯眞可笑
눈에 비해도 희지 않고 물에 비해도 푸르지 않지만	比雪未白比水亦未碧
그대를 맞이하여 우리 집 술을 맛보게 하려 하니	意欲邀君試此吾家蓄
남들은 업신여기더라도 그대는 그렇게 하지 않으리	他人可瀆君難瀆

「단공 전순이 화답하므로 다시 앞의 운을 써서 답하다[田端公珣見和 復用前韻答之]」,
『동국이상국집』 전집 권17 고율시)

라고 하여, 자신이 애용하는 질 나쁜 자기 잔을 떳떳하게 내세웠다. 술이 있느냐 없느냐가 중요한 것이지, 앵무잔이나 호박배나 수정배 같은 잔에 마시는 따위는 아쉬울 것 하나 없다는 것이다. 이와 같은 이규보의 자세는 호사가가 아니라, 물욕 없이 소박한 주당의 면모를 잘 보여 준다고 생각한다.

술은 집에서도 마시지만, 어디 먼 곳으로 출타해야 할 경우에도 술은 필요했다. 그러나 항아리나 술통을 노상 들고 다닐 수도 없는 노릇이고, 말가죽으로 만든 부대 같은 것도 번거롭기는 마찬가지였다. 이를 대비해 이규보는 칠호漆瓠를 가지고 있었다. 이것은 호리병박[瓠]에 광채가 나도록 칠漆을 입혀서 병으로 만든 것이다. 생김새가 목은 길고 배는 불룩하여 목이 메지도 않고 요란한 소리도 내지 않았다. 이 휴대용 술병을 이규보는 보배로 여기다 못해 호공瓠公으로 책봉하고, 주관酒官의 임무를 맡길 정도였다.[18]

더운 날 먼 길을 가다가 한숨을 돌리면서 반들반들 윤이 나는 호리병을 꺼내 들고 목을 축이는, 그리고 내킨 김에 시도 한 수 읊조리는 이규보의 모습이 보이는 것 같지 않은가.

2. 풍류

다른 전통사회에서와 마찬가지로 고려시대에도 지식인들은 동시에 교양인이었다. 그들은 학문을 닦아 나라를 다스린다는 본업 이외에도 몇 가지 필수적인 기예를 익혀서 사교나 취미, 풍류 등에 적절하게 이용했다. '풍류風流'라는 말의 사전적 의미는 '멋스럽고 풍치가 있는 일 또는 그렇게 노는 일'이라고 되어 있다.[19] 이러한 생활을 즐기기 위해 그들은 '6예六藝'니 '4예四藝'니 하는 것들을 익혔던 것이다

6예란 예의[禮]·음악[樂]·활쏘기[射]·말타기[御]·서예[書]·산학[數]을 말하고, 4예란 거문고[琴]·바둑[碁]·글씨[書]·그림[畵]을 말한다. 그러나 이것

들을 정확하게 구분하지는 않아서, 일반적으로 기예라고 하면 글씨와 그림, 악기 연주, 활쏘기, 말 타기, 바둑 이외에도 술과 차[茶], 장기와 투호 같은 잡기들도 포함되는 넓은 의미로 통했다. 당시의 교양인들은 이러한 다양한 기예를 익히고 서로 공유함으로써 멋스럽고 풍치 있게 노는 풍류를 즐겼던 것이다.

이규보는 풍족한 가운데 여유롭고 사치스러운 생활을 한 것이 아니라 대부분의 생애를 가난하게 살았다. 그렇다고 하여도 소탈하고 대범하며 낙천적인 그의 성격대로, 검소하면서도 질박한 형태의 풍류를 즐겼을 것이다. 이러한 점에서 그가 즐기던 풍류의 모습을 찾아보기로 하자.

(1) 서실 풍경

20대 중반에 가정을 꾸린 이규보는 오랫동안 서울 변두리의 초당草堂에서 살았다. 그 집의 규모가 어느 정도 되는지는 알 수 없지만, 일생을 가난하게 지냈으므로 그렇게 크거나 화려하지는 않았을 것이다. 그 반대였을 가능성이 더 컸으리라 생각된다. 그러나 이규보는 자신이 사는 초당을 전혀 부끄럽게 여기지 않았다. 오히려 그 세부적인 것 하나하나에 소중함과 애착을 느꼈고 그것을 대하는 심정을 또 섬세하게 글로 적었다.

이 초당에서 이규보가 가장 시간을 많이 보낸 곳이 그의 서실書室이었다. 지식인으로서나 시인으로서 독서와 창작, 손님 접대와 휴식 등 소소하면서도 중요한 많은 일들이 이곳에서 이루어졌기 때문이다. 그러므로 서실은 풍류가 시작되는 곳이기도 했다. 물론 시간이 흐르면서 풍류의 관심도 바뀌고 서실 내부에도 여러 변화가 있었겠지만, 가장 기본적이고 중요한 풍류의 대상들은 바뀌지 않았을 것이다.

그렇다면 이규보는 자신의 서실을 어떻게 꾸몄고 그곳에서 어떤 생활을 했을까.

이규보는 27세 때 지은 글에서 자신이 가장 아끼는 초당의 세 가지 물건을 소개한 적이 있다. 바로 소금素琴, 소병素屛과 죽부인竹夫人이 그것이다.[20] 이들이 이규보에게 어떤 의미가 있었는지 하나씩 보기로 하자.

소금素琴의 원래 뜻은 아무런 장식이 없이 소박한 거문고나, 무현금無絃琴이라고 하여 줄이 없는 거문고를 말한다. 거문고는 악기 중에서도 으뜸으로 치는 것으로 군자의 몸에서 결코 떠나지 않는다고 하는데, 중국의 도연명은 음률을 몰랐지만 줄이 없는 거문고를 하나 가지고 술에 취하면 그것을 어루만지며 실제로 타는 것 이상의 기분을 만끽했다.

오동나무로 만든 이규보의 소금도 원래는 줄이 없는 것이었다. 그러나 어떤 이가 다섯 개의 줄을 달아 주자, 이규보는 이를 사양하지 않고 그 뒤부터 이 거문고로 마음대로 음악을 타면서 즐겼다. 특히 이 악기의 등에 자신의 호인 '백운거사의 거문고[白雲居士琴]'라는 글씨를 새긴 것을 보면 거문고에 대한 애착이 대단했음을 알 수 있다.[21]

비록 스스로는 연주 솜씨가 신통치 않다고 겸양하고 있지만,[22] 이미 10대 후반의 젊은 시절부터 거문고를 타고 놀던 경력으로 보아 상당한 연주 실력을 갖추었던 것으로 짐작된다. 25세 무렵에는 자신의 호를 '삼혹호선생三酷好先生'이라고 지어, 거문고와 술과 시를 가장 좋아한다고 고백한 적도 있었다.[23] 60대에 들어서서는 유배나 피난 같은 여러 일이 겹치면서 7년가량 악기 연주를 멀리 하다가, 은퇴한 이듬해인 71세부터는 박인저朴仁著 학사의 것을 빌려서 가야금을 처음으로 타기 시작했다.[24] 이것을 돌려준 다음에는 문생 조염우趙廉右가 가야금 하나를 구해 주어,[25] 늘그막에 전유하는 악기가 생겼다.

당시 이규보는 손톱이 빠져서 손가락 살로 가야금을 탔기 때문에 소리가 예리하지 않고 탁하다고 불만을 나타내기도 했다.[26] 이러한 사실은 평생 동안 이규보가 악기 연주를 그만큼 좋아했음을 말해 준다. 특히 노년의 세 가지 즐거움이 거문고[琴] 타기, 술 마시기, 책 읽기로, 이들을 다 물리치기 어렵다고 고백한 바 있다.[27] 그러나 '거문고 줄은 차라리 잊을지언정 술은 끊을 수 없다'고 하여[28] 어쩔 수 없는 주당의 진면모를 확인해 주기도 했다.

소병素屛은 그림이나 글씨를 붙이지 않고 흰 종이로만 바른 병풍을 말한다. 그러나 요란한 그림이 아닌 소박한 그림이 그려진 것을 말하기도 한다. 이규보는 자신의 병풍에 대해,

나에게 소병이 하나 있어	我有一素屛
침실 앞에 우애 있게 펼쳐 놓으니	展作寢前友
흰 달은 내 얼굴을 비추고	素月炤我容
흰 구름은 내 머리맡으로 떨어진다	白雲落我首

「초당의 세 가지를 읊다[草堂 三詠]」 중 「소병素屛」, 『동국이상국집』 전집 권3 고율시)

라고 적었다. 아마 한밤중에 병풍에 어리는 달빛이나 구름 그림자를 묘사하지 않았을까 싶다. 그러므로 이 병풍은 울긋불긋 요란하게 채색된 병풍과 달리 수묵담채와 같은 정갈한 분위기를 온 방 가득 연출해 주었을 것이다.

죽부인은 대나무를 길고 둥글게 엮어 만든 기구로 여름에 서늘한 기운을 느끼기 위해 끼고 자는 것이다. 이규보도 무더운 여름날 서실에서 잠깐 낮잠을 잘 때 대자리를 깔고 누워서 이 죽부인을 애용했을 것이다. 일반적으로 죽부인은 시원한 기운을 느끼기 위해 사용한다고 하지만, 이규보는

고요한 것이 가장 내 마음에 든다	靜然最宜我
어찌 서시의 찡그리는 미소가 필요하랴	何必西施嚬

「초당의 세 가지를 읊다[草堂 三詠]」 중 「죽부인竹夫人」, 『동국이상국집』 전집 권3 고율시)

라고 하여, 죽부인의 말없이 고요한 점이 가장 마음에 든다고 했다. 자신을 평생 괴롭히던 세 가지 마魔 중에서 색마色魔를 물리쳤노라고 자부한 이규보답다는 생각이 든다.

대자리 위의 죽부인 옆에는 더위를 쫓는 부채도 하나 있었을 것이다. 이규

보는 푸른 대에 흰 비단을 씌운 둥근 부채를 가지고 있었는데,

서늘한 바람이 저절로 오네	涼風自來
부르지 않아도 손짓하지 않아도	不召不招

(「둥근 부채에 대한 명[團扇銘]」, 『동국이상국집』 전집 권19 명)

라고 했다. 이 부채는 부르지 않아도 손짓하지 않아도 서늘한 바람을 저절
로 보내 주었는데, '불소불초不召不招'라고 쓴 구절이 부채를 부쳐대는 시인
의 언어적 유희를 보는 듯하다.

죽부인을 끼고 부채를 부치자면, 베개를 베고 누워 있어야 제맛이었다. 이
규보는 청자 베개를 하나 가지고 있었는데,

푸른 사기를 다듬어 만든 베개, 물보다 맑고	綠瓷琢枕澄於水
손을 뻗어 어루만지면 옥 같은 살결이 보드랍구나	入手如捫玉肌膩

(「푸른 사기 베개[綠瓷枕]」, 『동국이상국집』 전집 권16 고율시)

라고 했다. 이규보는 청자靑瓷 대신 녹자綠瓷라는 용어를 쓰고 있는데, 고려
청자의 빛깔은 당시의 중국인들도 인정한 천하제일의 비색翡色이었다. 이
규보는 옥같이 보드랍고, 물보다 맑은 빛깔의 이 베개를 베고 자면서 어떤
꿈을 꾸었을까.

이규보의 서실에는, '서실書室'이니만큼 많은 책들과 함께 책상도 하나 있
었다. 당시에는 입식立式생활도 하지 않았고 의자도 사용하지 않았으므로,
그 책상은 물론 앉은뱅이책상[几]이었다. 그런데 그 책상은 언제인가 다리가
부러졌는데, 이규보는 이 책상을 버리지 않고 부러진 다리를 고쳐서 사용했
다. 그리고 그 책상을 향해

내 고달픈 몸을 부축해 준 이는 너이고	扶翁之憊者爾乎
네 절름발이를 고쳐 준 이는 나다	醫爾之躄者翁乎
같이 병들자 서로 고쳐 주었으니	同病相救
누가 그 공을 차지할 것인가	孰尸其功乎

(「다리가 부러진 궤를 고치고 쓴 명[續折足几銘]」, 『동국이상국집』 전집 권19 명)

라는 글을 지었다. 평생을 같이하면서 동지애를 느낄 정도였던 것이다.

그 책상 위에는 이규보가 아끼는 세 가지 물품이 있었다. 작은 화분 하나와 연적硯滴, 벼룻집이 그것이다.[29] 작은 화분에는 석창포石菖蒲가 심겨 있다. 석창포는 산골의 물이 흐르는 돌이나 바위틈에 붙어서 잘 자라기 때문에 그런 이름이 붙었으며, 석창포 뿌리를 달인 차는 머리를 맑게 한다고 한다.[30] 이규보가 책상 위에 석창포 화분을 둔 것은 산골짝에서 흐르는 물소리를 떠올리면서 머리를 맑게 하고자 함이었을까.

연적은 베개와 마찬가지로 녹자로 만들어졌는데, 청의동자靑衣童子가 물병을 들고 허리를 굽혀 물을 따르는 모양으로 되어 있었다. 이 연적을 특별히 이규보가 사랑한 이유는 다음의 시에 자세하게 밝혀져 있다.

꼬마 청의동자 한 명	幺麼一靑童
꼼꼼하게 옥을 다듬듯이 살을 만들었구나	緻玉作肌理
무릎을 굽힌 모양 매우 공손하고	曲膝貌甚恭
이목구비도 또렷하다	分明眉目鼻
온종일 게으른 기색 없이	竟日無倦容
병을 들고 물을 따르는도다	提瓶供滴水
내가 본래 읊조리는 것을 좋아하여	我本好吟哦
날마다 종이 천 장씩 시를 지으니	作詩日千紙
벼루가 말라서 게으른 종을 불러도	硯涸呼倦僕
게으른 종은 짐짓 귀먹은 척하지	倦僕佯聾耳

천 번을 불러도 여전히 대답 없다가	千喚猶不應
목이 쉬어야 들은 척하네	喉嗄乃始已
네가 곁에 있어 주면서부터	自汝在傍邊
내 벼루가 날마다 물이 맑게 하니	使我硯日泚
너의 은혜 어찌 갚을 것인가	何以報爾恩
조심스레 간직해서 부서져 내버릴 일 없도록 하겠네	愼持無碎棄

(「책상 위의 세 가지를 읊다[案中三詠]」 중 「녹자 연적[綠甆硯滴子]」,
『동국이상국집』 전집 권13 고율시)

이렇게 충직한 꼬마 하인이 세상 천지에 또 있을까. 이규보는 이것을 조심스럽게 간직하겠노라고 굳게 다짐했다.

그다음, 책상 위의 벼룻집은 대나무로 만든 것이다. 값비싼 옥돌이나 자개로 장식한 것이 아닌 수수한 모양이지만, 이것 역시 이규보는 매우 아꼈다. 다음 시에서 보듯이 이규보의 책상 위에 오르기까지의 내력을 벼룻집에게 직접 들었기 때문이다.

외로운 대나무 풍상을 다 겪었는데	孤竹飽霜雪
남녘 사람들이 경솔하게 싹둑 잘랐구나	南人輕剪截
묻노니 네 생각에 무엇이 되고 싶었느냐	問爾心所屬
무릇 백 가지가 모두 달갑지 않았어요	凡百皆不悦
사람들이 부는 피리가 되면	被人作笛吹
입술과 혀 닿는 것 부끄럽고	恥趁脣與舌
아이들이 타고 노는 죽마가 되면	被兒作馬騎
샅에서 나와야 하니 더러움을 어쩔 수 없어요	出胯無奈劣
바라기는 책상으로 가	願來几案間
날마다 시인과 친해지는 것이었지요 〈하략〉	日與詩人媟 〈下略〉

(「책상 위의 세 가지를 읊다[案中三詠]」 중 「대나무 벼룻집[竹硯匣]」,
『동국이상국집』 전집 권13 고율시)

이 대나무가 밭에 있을 때, 입에 대고 부는 피리나 아이들이 타고 노는 죽마가 아니라 시인의 책상 위에 올라가 그와 친하게 지내게 되기를 바랐다고 한다. 그런데 그 소원이 이루어져서 마침내 벼룻집으로 만들어지고, 이규보의 책상 가운데로 오게 되었다는 것이다. 이렇듯 이규보는 벼룻집과 서로 대화를 나눈 것이다.

벼룻집이 있으니 그 안에는 당연히 벼루도 있게 마련이었다. 이규보가 아끼던 벼루는 물웅덩이의 깊이가 한 치 정도밖에 되지 않는 조그만 것이었다. 그러나 6척 장신인 이규보의 마음속 뜻을 다 받아 적게 해 주니, 벼루와 자신은 일심동체와 같아 생사를 함께 하자고 약속했다.[31] 이규보는 약속한 대로 떨어져서 깨진 벼루를 차마 버리지 못하고 실제로 간직하면서 다음과 같은 시를 지었다.

떨어져 쓰지 못하게 된 것을	墮落己無及
가지고 있으면서 차마 버리지 못하네	提携未遽捐
시를 지어내는 창자만 상하지 않는다면	詩腸如未破
어떤 돌엔들 먹을 갈지 못하랴	何石不堪研

(「벼루가 깨어지다(硯破)」,『동국이상국집』후집 권2 고율시)

좋은 시를 끊임없이 지어내는 것만이 궁극적인 목표이지, 명품 벼루 따위는 안중에도 없다는 것이다.

책상 위에는 그 밖에도 많은 물건이 있었을 것이다. 문방사보文房四寶 이외에 원고 뭉치는 물론이고, 이규보가 좋아하는 시인인 도연명이나 백낙천의 시집도 펼쳐져 있었을 것이고, 만년에는『충허경沖虛經』같은 도가道家 서적과 불경인『능가경楞伽經』도 함께 놓여 있었다. 이규보는 한때 자신의 서실을 '지지헌止止軒'이라 부르면서 오갈 데 없이 꽉 막힌 절망감을 나타내기도 했지만,[32] 은퇴한 뒤에는 서실을 '남헌南軒'이라 이름 짓고 스스로는 '남헌장로南軒長老'라고 부르면서 그와 같은 도가서와 불서를 읽고 좌선도 하는 등 유유자적한 생활을 즐겼던 것이다.[33]

책상 옆에는 언제나 바둑판도 빠지지 않고 놓여 있었다. 10대에 이미 바둑을 두었던 그는 친구들과 수담手談을 즐겼다는 기록도 많이 남겼다. 실력을 정확하게는 알 수 없으나, 승부욕 강한 그가 적당하게 바둑을 두었을 리는 없었을 것이다.[34] 또 그가 최우 앞에서 바둑을 둔 신동神童 국수國手에 대한 시를 쓴 것도 그의 바둑에 대한 관심이나 실력이 결코 만만하지 않았음을 보여 주는 것이 아닌가 한다.[35]

그 밖에 서실에 있는 중요한 물품으로 찻주전자와 찻잔도 꼽아야 할 것 같다. 이규보는 쇠로 된 병[鐵甁]을 하나 선사받은 적이 있는데, 종에게 차가운 샘물을 길어 오게 하여 벽돌 화로에 그것을 올려놓고 직접 차를 달여 마시고는 했다.[36] 또 차를 가는 맷돌도 가지고 있었다.[37] 일암거사逸庵居士 정분鄭奮은 새잎을 따서 만든 차를 하얀 종이에 풀을 발라 만든 상자에 싸고 정성스럽게 붉은 실로 묶어서 여러 해 보내 주었다.[38] 또 어릴 적부터의 친구로 당시 운봉雲峰에 있던 규珪 선사가 지리산 화계花溪에서 딴 조아차早芽茶를 얻어 보내 주자, 이규보는 이것을 '유차孺茶'라고 이름 짓고 한림원의 여러 동료들과 나누어 마시면서 그 귀한 맛을 음미하기도 했다.[39]

이런 기록을 보면 이규보도 차에 대해 나름대로의 취미와 감식안을 가지고 있었음이 분명하다. 그런데 그는 차보다는 술을 더 좋아했던 것 같다. 친한 친구인 유승단 시랑의 집에 갔을 때 일행 중 세 명은 차를 마시는데 이규보 혼자서 술을 마셨다는 기록도 그러하고,[40] 역시 친한 친구인 전이지가 집으로 찾아오자 마침 집에 술을 사올 돈이 한 푼도 없어서 처음에는 마주 앉아 청담淸談만을 나누었으나 결국 옷을 전당포에 맡기고 술을 사와 서로 대취했다는 일화가 그러한 점을 잘 말해 준다.[41]

그러나 무엇보다도 차를 따는 수고로움에 대한 부담이 가장 컸다. 즉 차는 공납물貢納物로 할당량이 일정하게 배당되어 있었다. 이 양을 채우기 위해 노약老弱을 가리지 않고 백성들이 험한 산속을 뒤져 가며 간신히 따 모은, 그들의 피와 땀이 서려 있는 것이었다. 전주에서 재직하면서 백성들의 고된 생산 현장을 직접 목격한 적이 있는 이규보는 차도 공납을 중지시키면 백성들의 고생을 그만큼 줄일 수 있다고 믿었다. 그러므로 그는

술에 취해 한숨 자면 이미 달콤한데	酒酣謀睡業已甘
어찌 차를 달이느라 물을 허비할 것인가	安用煎茶空費水
일천 가지를 부러뜨려 한 모금을 만드니	破却千枝供一啜
곰곰이 생각하면 이 이치는 참으로 해로운 것이네	細思此理眞害耳

(「손득지 한장이 다시 화답하기에 차운하여 주다[孫翰長復和 次韻寄之]」,
『동국이상국집』 전집 권13 고율시)

라고 하여, 차보다는 술 쪽으로 기우는 그의 마음을 밝혔던 것이다.

한편 서실 벽에는 책장과 함께 글씨나 그림이 그려진 족자도 걸려 있었다. 이규보가 명필이라는 기록은 없다. 그 대신, 주필로 시를 급하게 짓다 보면 글씨가 어지러워질 뿐 아니라 변이나 점이나 획도 빠뜨려서 글자 모양이 이루어지지 않아, 누군가가 곁에서 글자를 따로 써 두지 않으면 나중에 이규보 본인조차도 자신의 글자를 알아보지 못했다고 한다.[42] 이렇듯 이규보의 글씨에 대해서는 논란이 있을 수 있지만, 서예에 대한 심미안만큼은 대단했다.

우리나라 역대의 명필들을 두루 평가한 뒤, 최고의 서예가 네 명을 뽑아 '신품4현神品四賢'이라고 이름을 붙인 이가 바로 이규보였기 때문이다. 그는 신라의 김생金生과 고려의 왕사王師 탄연坦然, 진양공 최우晉陽公 崔瑀, 원외랑員外郞 유신柳伸을 최고의 서예가로 꼽았다. 그러나 이규보에게 이 선발을 위촉한 사람이 하필이면 바로 진양공 최우였다는 점에서, 심사의 공정성 여부를 두고 논란의 소지를 남겼다. 최우도 이러한 점을 의식하여 자신을 선발에서 빼도록 하면 좋겠다는 의사를 내비치기도 했다. 이에 대해 이규보는 아첨도 아닐 뿐더러, 후세에 품평하는 이의 견해가 자신의 지금의 논의

와 같다면 피하고 싶어도 피할 수 없다고 하여, 이 결정을 밀어붙였다.[43] 어떻든 이 정도의 심미안을 가진 이규보였으므로, 그의 서실 벽에 걸린 글씨는 당시 내로라하는 사람이 쓴 것이었음은 분명하다.

만년에는 이 서실 벽에 당대 최고의 화가인 정이안丁而安이 그려 준 묵죽墨竹 네 그루와 함께 초상화도 걸리게 되었다. 어느새 70대에 접어든 자신의 모습을 마주 보면서, 이규보는 다음과 같은 글을 남겼다.

수염은 거칠고 더부룩하며 입술은 두텁고 붉네	鬚麤而麾 脣厚且頳
이는 어떤 사람인가, 춘경(이규보의 字)과 닮은 듯하네	此何人者 似若春卿
과연 춘경이라면 그림자인가, 실제인가	果是春卿 影耶形耶
실제라면 오히려 허망하여 다만 꿈과 같을 것이고	形尙虛妄 惟夢之似
더구나 그림자라면 꿈속의 꿈일 따름이네	何況是影 夢中夢爾
60여 년 세월의 부침이 이 한 몸에 담겼으니	五紀升沈 區區一身
여덟 폭 흰 비단 가운데 엄연히 사람과 같네	八幅素中 儼然似人
마음을 그리기는 비록 어렵겠지만 조금은 진실을 드러내었으니	寫心雖難 微露于眞
무릇 내 자손들은 못난 내 모습을 비웃지 말고	凡我子孫 毋笑予醜
단지 그 마음만 전해 주면 조상들에게도 욕됨이 없으리	但傳其心 無忝祖考

(「정이안이 내 초상화를 그렸기에 스스로 찬을 지어 말하다
[丁而安寫予眞 自作贊曰]」, 『동국이상국집』 후집 권11 찬)

지금까지 우리도 함께 보아 왔듯이, 정말 하 많은 세월의 부침浮沈 속에서 꿈같이 살아온 한평생이 담겨 있는 그림이었다.

서실에는 이 밖에도 여러 가지 물건들이 더 있었겠지만, 이 정도 소개로 충분하지 않을까 싶다. 이 서실을 둘러보면서 잊지 말아야 할 한 가지 중요한 사실은 그 물품들이 값지고 호화로운 것들이 아니라 대부분은 수수하고 평범한 것들이고, 심지어는 망가진 것을 고쳤거나 깨진 것도 있다는 점이다. 그러나 이들 하나하나에 대해 이규보는 섬세한 관심과 무한한 애정을 가지

고 돌보면서, 자신과 동일시하거나 인간처럼 특별한 감정을 가진 존재로 대우해 주기도 했다. 이러한 면에서 이규보는 검소하고 소탈하면서도, 한편으로는 무척 섬세하고 여린 감정을 가지고 있던 사람이었다고 할 수 있다.

(2) 사륜정四輪亭

술은 물론이고 차, 글씨, 그림 이외에도 거문고, 바둑 등에 이르기까지 이규보는 잡기에 능통하다고 할 정도로 여러 방면에 걸쳐 상당히 수준 높은 안목과 솜씨를 갖추고 있었다. 심지어 6예 중의 활쏘기와 말 타기 같은 것도 엉뚱한 기회에 나름대로 실력을 키우게 되었다.

즉, 구직에 애태우던 그는 자포자기하는 심정으로 35세 때에 동경의 반란군을 진압하는 군대에 수제원修製員으로 자원하여 종군한 적이 있었다.[44] 당시 반란군들은 운문산에서 항거하고 있었는데, 이때 군막에서 이규보가 친구인 전이지와 박환고가 보낸 문안 편지를 받고 답장을 한 내용 중에 다음과 같은 구절이 있다.

> 나는 본래 서생으로 활쏘기나 말 타기에는 익숙하지 못하나, 우연찮게 쫓기듯이 몰려서 겁을 먹은 채 종군하게 되었네. 처음에는 팔다리가 무척 떨리다가 점차 군대에 익숙해져서 그 이른바 만궁彎弓을 쏘는 것이나 말 달리기도 근자에는 또한 조금씩 하게 되었으니, 만일 이 일을 (개경의) 사림士林들에게 퍼뜨리면 반드시 한바탕 웃음거리를 제공하게 되겠지.
>
> 「전이지·박환고 두 친구가 서울에서 문안한 것에 답하는 편지」,
> 『동국이상국집』 전집 권27 서)

이와 같이 종군하는 동안 뜻하지 않게 활쏘기와 말 타기를 배웠는데, 전쟁터의 군인들에게 직접 배운 그 솜씨가 결코 녹록하지는 않았을 것으로 짐작된다. 이 편지에서 자신의 솜씨를 본다면 아마 서울 사람들이 깜짝 놀랄 것이라고 하면서, 친구들에게 은근히 자랑을 늘어놓는 것을 보면 더욱 그러하다.

그러나 어릴 때부터 말 타는 것을 겁내서 말이 빨리 달리면 얼굴이 파랗게 질리면서 어쩔 줄 몰라 했던 그는 늙마에도 반드시 걸음이 느린 말을 가려 탔다.[45] 이러한 사실을 보면 그는 승마만큼은 그다지 즐기지 않은 것 같다. 그렇지만 늘그막에 타고 다니던 말이 나이 들어 야위어 가는 것을 가슴 아파하다가,[46] 마침내 그 말이 죽자 문밖에 나와 한참을 바장이면서 애잔한 마음을 애써 가라앉히던 이규보이기도 하였다.[47]

다재다능한 재주를 갖춘 이규보였지만 그가 원하는 진정한 풍류생활은 시끌벅적하고 요란한 것이 아니었다. 그는 마음에 맞는 몇 사람이 모여 조용한 가운데 술을 마시면서 시를 읊거나 악기를 연주하거나 바둑을 두는 그러한 풍류를 원했던 것 같다. 이규보는 그러한 꿈을, 자신이 직접 설계하고 건축하려고 했던 '사륜정四輪亭'이라는 정자를 통해 실현하려고 했다.

이 정자는 바퀴를 네 개 달아서 여름날에는 햇볕을 피해 정자를 이리저리 옮길 수 있게 한 것이, 그야말로 획기적인 발상이라고 할 수 있다.

정자가 이동해도 정자 위의 사람들은 움직이지 않고 그대로 앉은 채 술도 마시는 등 풍류를 계속해서 즐길 수 있는데, 네 바퀴 달린 이 정자를 끄는 것은 아이종의 몫이다. 물론 아이종이 지치면 주인이 내려가서 어깨를 걷어붙이고 끌기도 하고, 주인이 지치면 손님들이 교대로 내려가서 도울 수도 있다. 또 굳이 그늘을 찾아다닐 필요 없이, 술이 취하면 가고 싶은 곳으로 가면 된다.

이규보는 자신의 구상을 마치 건축가의 설계도처럼 자세하게 적어 두었는데, 그 글에서 우선 사륜정의 기본 설계를 보면 다음과 같다.

> 바퀴를 넷으로 하고 그 위에 정자를 짓되, 정자의 사방이 6척이고, 들보가 둘, 기둥이 넷이며, 대나무로 서까래를 하고 대자리를 그 위에 덮는데 그것은 가벼움을 취한 것이다. 동서에 각각 난간이 하나씩 있고, 남북이 또한 같다. 정자가 사방이 6척이므로, 그 칸수를 총계하면 모두가 36척이다.
>
> (「사륜정기」, 『동국이상국집』 전집 권23 기)

즉, 네 개의 바퀴가 달리고 네 개의 기둥 위에 지붕을 대자리로 덮은 사방 여섯 자인 네모난 정자를 짓는다는 것이다. 그러면 그 칸수가 36척이 된다. 36척이나 되는 이 바닥은 어떻게 구획을 나눌 것인가. 이규보는 그림으로 그려 보이면서 다시 다음과 같이 자세하게 설명했다.

세로를 계산하고 가로를 계산하면 모두가 6척인데, 그 네모난 것이 바둑판 같은 정자이다. 판 안에 또 둘레로 돌아가며 자로 헤아려 보면 한 자의 평방이 바둑판의 네모난 정간과 같다—정간[罫]은 선 사이의 정井처럼 네모난 것이다—. 정간이 각 1 평방척이니, 36칸은 곧 36평방척이다. 여기에 여섯 사람을 앉게 하는데, 두 사람 은 동쪽에 앉으니 4평방 정간에 앉는 것이다. 각 평방은 세로 가로가 모두 2척이 므로, 두 사람분을 총계하면 모두 8평방척이다.

나머지 4평방 정간을 쪼개어 둘로 만들면 각각 세로가 2평방척이다. 2평방척에 는 거문고 하나를 놓는다. 짧은 것이 흠이라면 남쪽 난간에 걸쳐 반쯤 세워 둔다. 거문고를 탈 적에는 무릎에 놓는 것이 반은 된다. 2평방척에는 술동이·술병·소 반·그릇 등을 놓아두는데, 동쪽이 모두 12평방척이다. 두 사람이 서쪽에 앉는 데 에도 또한 이와 같이 한다.

나머지 4평방 정간은 비워 두고 잠깐씩 왕래하는 자는 반드시 이 길로 다니게 한 다. 서쪽도 모두 12평방척이다. 한 사람은 북쪽에 앉고 주인은 남쪽에 앉는데 또 한 이와 같다. 중간 4평방 정간에는 바둑판 하나를 놓는다.

(위와 같음)

즉, 사방 36평방척의 정자 바닥을 바둑판의 눈금과 같은 모양으로 나누어 구획을 구분하되, 우선 동쪽과 서쪽에 각각 두 명씩 앉고, 남쪽에는 주인이, 북쪽에는 다른 한 명이 앉도록 자리를 정했다. 그리고 두 사람의 자리를 제 외한 나머지 자리에는 거문고와 술동이, 술병, 소반 등을 놓고 사람들이 다 닐 수 있는 통로로 확보한다. 그리고 중앙에는 바둑판 하나를 놓을 자리를 만들었다. 여기에 여섯 명이 다 앉게 되면 어떻게 되는가?

남쪽과 북쪽 중간이 모두 12평방척이다. 서쪽의 한 사람이 조금 앞으로 나와 동쪽의 한 사람과 바둑을 두면, 주인은 술잔을 가지고 한 잔씩 부어서 돌려 가며 마신다. 안주와 과일 접시는 각각 앉은 틈 사이에 적당하게 놓는다.

(위와 같음)

이렇게 여섯 명의 공간을 확보했을 뿐만 아니라, 바둑을 두는 자리, 거문고를 타는 자리도 모두 정해졌다. 거기에 더하여 술잔과 안주가 담긴 접시를 놓을 자리까지 군데군데 확보하게 되었다.

이규보는 정자 내부의 이러한 설계를 모두 직접 구상하고 좌석 배치와 동선까지 모두 도면으로 그려서 일일이 계산했다. 이러한 점을 보면 이규보는 매우 정밀한 공학적 심성까지 갖춘 인물로, 6예 중에서 하나 남은 산학[數]까지 통달한 것이라고 할 수 있다. 한때 미치광이라는 소문도 나돌았지만, 그는 덤벙대거나 모든 일을 적당히 넘기는 유형은 결코 아니었던 것이다. 이 점에서 이규보는 소탈할 때는 한없이 소탈하지만, 한편으로는 모든 일을 꼼꼼하게 정리하고 계산하는 인물이었다고 할 수 있다.

그러면 이규보는 왜 하필이면 여섯 명만이 앉을 수 있는 크기의 정자를 구상했던 것일까?

이른바 여섯 사람이란 누구인가 하면, 거문고 타는 사람 한 명, 노래하는 사람 한 명, 시에 능한 중 한 명, 바둑 두는 사람 두 명에, 주인까지 여섯이다. 사람을 한정시켜 앉게 한 것은 동지同志임을 보인 것이다.

(위와 같음)

마음이 가장 잘 맞는 동지같이 친한 친구 여섯 명이 모여서, 바둑 두고 싶은 사람은 바둑을 두고, 거문고 타고 노래하고 싶은 사람은 그렇게 하고, 시를 짓고 술 마시고 싶은 사람은 또 그렇게 하도록 배려한 것이다. 무엇보다 중요한 것은 그들이 모두 마음이 잘 맞는 친구들이라는 점, 즉 동지 같은 친구들과 어울리고 싶다는 소원이 아닐까 싶다.

이규보는 이 사륜정에 대한 구상을 32세 되던 해인 1199년에 처음으로 했다. 그때는 조영인 등 네 명의 재상이 벌인 구직 운동도 어처구니없이 실패로 돌아가는 등 관직에의 길이 아득히 멀어져 가면서, 절망감이 바야흐로 커질 때였다. 이러한 때에 이와 같은 정자를 지어 친한 친구들과 어울리겠다는 생각은 당시 그의 심정이 어떠했는가를 잘 보여 준다. 그러나 설계가 끝난 직후인 그해 6월에 이규보는 전주목사록으로 발령을 받고, 그해 9월에는 현지로 부임하는 바람에 착공이 늦어졌다. 또 전주에서 파직당해 돌아온 다음에는 어머니의 병환으로 또 기회를 놓쳐 버렸다. 이에 이규보는 그 구상마저 잃을까 봐 2년 뒤인 1201년에 설계했던 내용을 기록으로 남긴 것이다.

이규보는 훗날 사륜정을 꼭 짓겠다고 다짐했다. 그러나 야심 차면서도 조촐하게 설계한 이 정자를 끝내 만들지 못했다. 처음에는 가난에 시달려서 그러한 여유가 생겨나지 않았을 것이다. 그 뒤 고위 관직에 오르고 출세를 거듭하면서부터는 시간적 여유도 없었을 뿐더러, 성대한 연회에도 초대받아 가고, 또 여러 사람들과 어울리는 자리가 많아지다 보니 그와 같이 작은 규모의 정자는 필요하지 않게 되었을 가능성도 크다.

그렇다고 하더라도 이규보가 이 정자를 통해 구현하려던 정말 멋진 풍류는 다음과 같은 것이었다.

여름날 손님과 함께 동산에 자리를 깔고, 혹은 누워서 자기도 하고, 앉아서 술잔을 들기도 하고, 바둑도 두고, 거문고도 타며, 뜻에 맞는 대로 하다가 날이 저물면 파한다. 이것이 한가한 자의 즐거움이다.

(위와 같음)

아무 격식도 필요 없이, 그저 뜻에 맞는 사람끼리, 하고 싶은 대로 즐기면 되는 것이다.

어쩌면 이규보는 이미 자신의 마음속에 이 정자를 지어 놓고, 세파에 시달릴 때마다 그가 그리던 진짜 멋진 풍류생활을 혼자서 마음으로만 즐겼는지도 모른다. 꿈과 현실 사이에는 언제나 거리가 있게 마련이었다.

주

1 「연보」 무술년.

2 「연보」 경술년.

3 「꽃과 술」, 『동국이상국집』 후집 권1 고율시.

4 「이튿날 하과의 제생이 지은 시의 운을 빌려서」, 『동국이상국집』 전집 권14 고율시.

5 「국선생전」, 『동국이상국집』 전집 권20 전.

6 「陶潛에 대한 찬」, 『동국이상국집』 전집 권19 찬.

7 「윤세유 학록의 '봄날 새벽에 취하여 잠들다'에 차운하다 2수」, 『동국이상국집』 전집 권
   2 고율시.

8 「아들과 조카들에게 장단구를 지어 보이다」, 『동국이상국집』 후집 권3 고율시.

9 「이백전 학사가 정이안 공의 운을 써서 또한 동지력과 감귤에 대해 감사한 시에 차운하다」
   (『동국이상국집』 후집 권5 고율시) 이외에, 초화주에 대한 언급은 여러 군데 나온다.

10 「이지 주서가 불러 주어 임원에서 술을 마시다」, 『동국이상국집』 전집 권17 고율시. 예
   주는 식혜로 만든 감주, 즉 단술을 말한다.

11 예컨대, 「중양절[九日]」, 『동국이상국집』 전집 권16 고율시 참고.

12 조은자, 『한국전통식품연구』, 성신여자대학교 출판부, 2008.

13 「김밀직 승용」, 『역옹패설』 후집 권1.

14 「5월 그믐에 이백전 학사가 술을 보내 주어 주필로 감사하다」, 『동국이상국집』 후집 권6
   고율시.

15 「술 거르는 소리를 들으며」, 『동국이상국집』 후집 권1 고율시.

16 「서린 조판사가 아라길을 가지고 왔는데, 이름이 천길이다」, 『목은시고』 권33 시.

17 「유경현 대간이 동료를 불러 술을 마시다가 가지고 있는 수정배를 꺼내어 내게 글을 지
   어 주기를 청하기에」, 『동국이상국집』 전집 권17 고율시.

18 「漆壺銘」, 『동국이상국집』 전집 19 명.

19 『표준국어대사전』, 국립국어원(http://stdweb2.korean.go.kr/)

20 「초당의 세 가지를 읊다」, 『동국이상국집』 전집 권3 고율시

21 「소금의 등에 새긴 것에 대한 志」, 『동국이상국집』 전집 권23 지.

22 「김충의 동각이 이 시에 화답하여 와서 준 것에 차운하다」, 『동국이상국집』 후집 권4 고
   율시.

23 「백운거사전」, 『동국이상국집』 전집 권20 전.

24 「박인저 학사에게 시를 부치며 가야금을 돌려보내다」, 『동국이상국집』 후집 권4 고율시.

25 「문생인 조염우 유원이 가야금을 가져다 준 것에 감사하며」, 『동국이상국집』 후집 권4
   고율시.

26 앞의 주 22와 같음.

27 「세 가지 일을 물리치려고 하나 아직도 하지 못했기에 우선 시로 스스로를 격려한다」,
   『동국이상국집』 후집 권5 고율시. 71세 때의 가을에 지은 이 시의 원문에는 이 악기를
   '琴'이라고 했다. 이규보는 이 시를 짓기 몇 달 전부터 거문고 대신 가야금을 처음 타기
   시작했는데(앞의 주 24 참고), 이 琴은 아마도 가야금을 말하는 것 같다. 그러나 이규보

가 젊을 때부터 평생 타 온 악기가 거문고였으므로, 여기서는 거문고로 번역해 둔다.

28 「陶潛에 대한 찬」, 『동국이상국집』 전집 권19 찬.

29 「책상 위의 세 가지를 읊다」, 『동국이상국집』 전집 권13 고율시.

30 「석창포 무엇인가」, 한국의 식물, 한국토종야생산야초연구소(http://jdm0777.com. ne.kr) 참고.

31 「작은 벼루에 대한 명」, 『동국이상국집』 전집 권19 명.

32 「지지헌기」, 『동국이상국집』 전집 권23 기.

33 「남헌에서 희롱삼아 짓다」, 『동국이상국집』 후집 권2 고율시.

34 「양국준 장과 바둑을 두어서 졌는데 양이 시로 자랑하므로 차운하다」 및 「양장이 화답하므로 다시 답하다」, 『동국이상국집』 전집 권11 고율시.

35 「신동 국수시─곽씨 성을 가진 어린 아이가 바둑을 잘 두었는데, 항상 진양공[최우] 앞에서 두었다」, 『동국이상국집』 후집 권10 고율시.

36 「남쪽 사람이 보내 준 쇠병[鐵甁]을 얻어 차를 끓이며」, 『동국이상국집』 전집 권3.

37 「차 가는 맷돌을 준 이에게 감사하며」, 『동국이상국집』 전집 권14.

38 「일암거사 정분 군이 차를 보내왔기에 감사하며」, 『동국이상국집』 전집 권18 고율시.

39 「운봉의 주지인 규 선사가 조아차를 얻어 보여 주자 내가 '孺茶'라고 이름을 붙였는데, 스님이 시를 청하므로 짓는다」 및 「손득지 옥당·이윤보 사관·왕숭 사관·김철 내한·오주경 사관이 화답하므로 다시 차운하여 답하다」, 『동국이상국집』 전집 권13 고율시.

40 「유승단 시랑 집에서 술을 마셨는데 이튿날 시로 감사하다」, 『동국이상국집』 전집 권16 고율시.

41 「전이지가 찾아오자 함께 술을 마시고 크게 취하여 주다」, 『동국이상국집』 전집 권11 고율시.

42 「주필의 일을 논한 간단한 글」, 『동국이상국집』 전집 권22 잡문.

43 「동국제현의 글씨를 평론한 서」, 『동국이상국집』 후집 권11 서.

44 「연보」 임술년.

45 「'사마온 공이 항아리를 깨뜨리는 그림' 뒤에 쓰다」, 『동국이상국집』 전집 권22 잡문.

46 「백낙천의 '병중 15수'에 화답하여 차운하다」 중 「'검은 갈기의 흰 말을 팔며'를 '야윈 말을 가슴 아파하다'로 바꾸다」, 『동국이상국집』 후집 권2 고율시.

47 「12월 12일에 말이 죽자 가슴이 아파 짓다─앞에서 가슴 아파했던 야윈 말이다」, 『동국이상국집』 후집 권2 고율시.

제6장

질병

병이 약한 체질과 인연을 맺었는지	病將衰質結因緣
갔다가는 다시 오고 그쳤다가는 도로 이어지네	去復還來斷復連
노목은 이미 말라 거의 쓰러질 듯하지만	老木已枯垂欲仆
다행히 바람에 뽑히지 않고 의연하게 서 있네	幸無風拔立依然

(「병이 다시 나다[病復作]」, 『동국이상국집』 후집 권3 고율시)

1. 젊은 시절

혈기왕성하던 시절의 이규보를 두고 친구들은 3첩捷이라고 불렀다. 걸음이 잰 것이 1첩, 말을 빨리 하는 것이 2첩, 시를 빨리 짓는 것이 3첩이라는 것이다. 이규보도 이러한 별명을 자랑스럽게 여겼다.[1] 시를 빨리 지을 뿐만 아니라 시상도 끊이지 않고 떠올랐다. 그러나 나이가 들면서 도도하던 시흥은 점차 자신도 통제할 수 없는 상태로 고질화되더니, 마침내는 시벽詩癖으로, 시마詩魔로 변해 갔다. 자신의 건강을 해치는 존재가 되고 만 것이다. 이러한 상태를 두고 이규보는 다음과 같이 적었다.

어찌할 수 없는 마가 있어 　　　　　　　無奈有魔者

이른 아침부터 밤중까지 몰래 따라 다니는데 　　　　夙夜潛相隨

한번 붙자 잠시도 놓아 주지 않아 　　　　　一着不暫捨

나를 이 지경에 이르게 했네 　　　　　　使我至於斯

날마다 심장과 간을 깎아 　　　　　　日日剝心肝

몇 편의 시를 짜내니 　　　　　　　汁出幾篇詩

기름기와 진액이 　　　　　　　　滋膏與脂液

다시는 몸에 남아 있지 않네 　　　　　不復留膚肌

앙상한 뼈에 괴롭게 읊조리는 　　　　　骨立苦吟哦

이 모습이 참으로 우습기만 하네 　　　　此狀良可嗤

（「시벽詩癖」, 『동국이상국집』 후집 권1 고율시）

이와 같이 이규보는 자신의 건강을 해친 것이 바로 시벽, 시마라고 했지만, 사실 그는 갓난아이 때에 큰 병을 앓은 적이 있었다. 태어난 지 석 달 만에 피부병이 온몸에 번져 생사를 걱정할 지경에까지 이르렀던 것이다.

「연보」에는 이에 대해 다음과 같이 적었다.

공이 태어난 지 석 달 만에 악성 종기[惡疽]가 온몸에 번져, 여러 가지 약을 써도 잘 낫지 않았다. 부친이 화가 나서 송악松嶽의 사우祠宇로 들어가 산算가지를 던져서 생사를 점쳤는데, 점괘에 '산다'라고 나왔다. 다시 무슨 약을 쓸 것인지 점을 치자, 약을 쓰지 않아도 저절로 나을 것이라고 했다. 그 뒤부터는 다시 약을 붙이지 않자 온몸이 헐어서 얼굴을 분별할 수 없게 되었다. 유모는 늘 양쪽 어깨에 흰 가루[白麵]를 뿌린 다음 안고 다녔다. 어떤 노인이 지나가다가 이르기를, "이 아이는 천금같이 귀한 아이인데 왜 이렇게 내버려 두는 거요? 잘 보호해서 기르시오"라고 했다. 유모가 빨리 달려가 부친에게 말하니, 부친은 신인神人인가 하여 사람을 보내 뒤쫓아 가도록 했다. 길이 세 갈래로 되어 있어 세 사람을 보냈으나, 모두 그 노인을 만나지 못하고 되돌아왔다.

（「연보」 무자년）

백일이 채 되지 않은 이규보의 온몸에 악성 종기가 번지기 시작했는데, 마침내는 온몸이 헐어서 얼굴을 분별하지 못할 정도가 되었다는 것이다. 장차 크게 될 인물의 통과의례와도 같은 이야기 형태로 적혀 있지만, 이 일화 속에는 갓난아이가 앓았던 병의 증세와 진행과정, 치료 등이 자세하게 들어 있다.

우선, 이 병에 대해 '악성 종기[惡瘇]'라고만 적었으므로 정확하게 무슨 병인지는 알 수 없으나, 증세가 '온몸이 헐었다[皮皆爛]'고 했다. 이와 같은 병이 생기자 이규보의 아버지는 일단 여러 가지 약을 써 보았다. 그 약 역시 어떤 것인지 알 수 없으나, 의료기관에서 정확한 진단을 받고 처방된 약이었을 것이다. 그러나 증세가 호전되지 않자 전통적으로 내려오는 민간요법도 병행하여 사용했음 직하다. 이규보를 늘 안고 다니던 유모가 양쪽 어깨에 발랐다는 흰 가루[白麵] 역시 구체적인 이름이나 성분은 알 수 없지만, 흐르는 진물을 막으려는 용도였거나 아니면 질환의 전염을 막기 위한 조치였을 것이다. 어떻든 가능한 치료는 다 했다고 보인다.

병이 더 악화되자 아버지는 송악의 사우에 가서 점을 쳤다. 산다는 점괘와 함께, 약을 쓰지 않아도 나을 것이라는 처방이 나왔다. 이 예언을 믿고 약을 쓰지 않은 채 저절로 낫게 되었는지는 몰라도 다행히 이규보의 피부병은 완치되었다. 점을 친다는 것은 아마 최후의 수단으로 선택한 방법이었겠지만, 어쨌든 당시 질병 치료의 한 수단으로 무속 신앙도 상당히 큰 비중을 차지했다는 사실을 잘 보여 준다. 당시에 공적 의료기관이 제도화되어 있기는 했으나, 식자층 사이에서도 민간요법이나 무속에 의한 치료도 광범위하게 시행되었던 것이다.

아주 어린 나이에 큰 병을 앓으면서 생사의 고비를 넘긴 이규보는 그 이후, 청년기를 보내면서는 특별한 질병을 앓았다는 기록은 없다. 이규보가 10대 후반부터 이미 친구들과 어울리면서 술을 즐겨 마셨다는 점을 감안하면, 기억할 만한 병치레는 하지 않았으리라 짐작된다.

그러나 29세 되던 해 5월에 서울을 떠나서 6월에 어머니가 계신 상주로 내려갔는데, 한열병寒熱病에 걸려 고생하다가 10월에야 서울로 돌아왔다고 한다.[2] 한열병은 오한과 발열이 교대로 일어나는 병인데, 그가 여러 달 동안 이 병에 시달렸다고 하는 기록을 보면, 상태가 때로는 심각했을 것으로 짐작된다. 그러나 상주로 갔다가 서울로 다시 되돌아오기까지, 이규보는 여러 곳을 여행하면서 다양한 사람들과 만나 술도 마시고 시도 많이 지었다.

이때 남긴 여행기를 보면, 6월 14일에 처음 상주에 들어간 그는[3] 최소한 8월 1일에는 친구가 있는 용담사龍潭寺에 머무르고 있었다.[4] 이 절로 가기 전에는 화개사花開寺에 있었는데, 이곳에서 쓴 시에 '병으로 화개사에 잠시 머무르고 있다'라고 적었다.[5]

이러한 사실을 종합해 보면, 아마도 이르면 6월 하순이거나 아니면 7월 어느 때에 한열병 증세가 나타났음을 알 수 있다. 또, 이규보가 8월 7일 새벽에 용담사를 떠나[6] 여러 곳을 다니면서 여행을 즐겼다는 사실을 감안하면, 실제로 병석에 누웠던 기간은 대략 한 달 남짓이었던 것으로 보인다. 이때의 남행이 사실상 최충헌의 난을 피하기 위한 일종의 도피성 여행이라는 성격이 강했으므로, 병을 앓았다는 기간은 실제보다 많이 부풀려졌을 가능성도 충분하다.

그런데 이때 한열병을 앓기 이전부터 그는 다른 병을 가지고 있었다.

전부터 문원의 병이 있었는데	舊有文園病
한여름에 다시 멀리 여행을 떠나네	盛夏復遠遊
시험 삼아 한 사발의 차를 마시니	試嘗一甌茗
얼음과 눈이 목으로 들어가는 듯하다	氷雪入我喉
소나무 우거진 정자에서 다시 잠깐 쉬노라니	松軒復暫息
온몸에 벌써 가을 기분이 느껴지는데	已覺渾身秋
어린 종은 영문도 모른 채	童僕殊未解
내가 오래 머무는 것을 이상하게 여기네	怪我久夷猶

(「시후관에서 쉬며[憩施厚館]」, 『동국이상국집』 전집 권6 고율시)

이 시는 상주로 가던 해 5월에 서울에서 떠난 직후, 아직 임진강을 건너기 전에 시후관施厚館에서 쉬면서 지은 것이다. 그런데 이 시의 첫머리에서 자신이 그전부터 문원文園의 병을 앓았다고 했다. 문원은 중국 한漢의 사마상여司馬相如를 말하는데, 그는 소갈병消渴病을 앓았다. 그러므로 문원의 병이라는 것은 곧 소갈병을 말한다.

소갈병은 갈증을 자주 느끼는 병으로, 당뇨병과 비슷한 것으로 알려지고 있다. 언제인가부터 이규보는 이 소갈병을 앓고 있었는데, 상주로 막 여행을 떠나려는 길목에서 이 병이 잠시 악화된 것이 아닌가 한다. 이규보를 수종隨從하던 어린 종이 이상하다고 여길 정도로 오랫동안 휴식을 취했다는 점도 눈여겨볼 필요가 있다. 때 이른 가을 기분을 느낀다고는 했지만 혹시 그의 몸 상태가 그다지 좋지 않았음을 의미하는 것이 아닐까. 그가 하필이면 이 여행 동안 한여름에 한열병을 앓은 것도 이러한 증후와 관련이 있을지도 모르겠다.

서울로 돌아온 이듬해에는 손에 병이 났다. 즉, 30세이던 가을에 오른손에 생창生瘡이 났는데, 그 용어로 보아 흔히 생손앓이라고 하여 손가락 끝에 종기가 나는 생인손을 말하는 것이 아닌가 한다. 이때 이규보는 붓을 잡거나 먹을 갈지도 못할 상태였을 뿐만 아니라,[7] 9월 9일의 중양절에는 밖으로 나가서 꽃구경도 하지 못했다고 한다.[8] 작년에 이어 연거푸 두 해 동안 중양절 놀이를 즐기지 못할 정도로 병세가 심했던 것이다. 돌침[砭]을 놓고 뜸[灸]을 떠도 낫지 않아서, 결국 성한 왼손으로 술잔을 들고 살진 게를 안주로 하여 취하도록 마신 뒤 잠드는 것이 이규보가 선택한 최후의 치료법이었다.

이렇듯 갓난아기 때 한 차례 생사를 가름하는 중병을 앓은 이규보는 20대 후반 무렵부터 몇 가지 병에 시달리게 되었다. 그리고 점차 집요해지는 시마의 공격과 더불어 다양한 병세가 나타나기 시작했던 것이다.

2. 질환

병과 자신의 약한 체질이 인연을 맺은 듯하다고 탄식했던 이규보는 나이가 들면서 다양한 질환에 시달렸다. 특히 50대 중반 이후부터는 궁궐의 연회와 숙직을 거르거나,[9] 또 친한 친구나 선배의 죽음에도 조문을 가지 못할 정도로 병석에 눕는 일이 자주 일어났다.[10]

이가 빠지고, 머리가 벗겨지고, 귀가 어두워지는 것은 어쩔 수 없는 노화현상이라고 쳐도,[11] 몇 개 남지 않은 이는 때때로 극심한 고통을 안겨 주었다. 찬물도 뜨거운 물도 마실 수 없는 상태에서 고기를 씹기는커녕 죽도 식은 뒤에 겨우 핥아 먹을 정도가 된 데에, 두통까지 엄습하면서 이대로 죽을 것만 같다는 공포를 느끼기도 했다.[12]

허열虛熱로 온몸이 옴이 오른 듯 가렵고 아팠는가 하면,[13] 무더위 철이 되면 온몸에 붉은 실마디 같은 땀띠[赤顙]가 생기고 천식이 있어서 목구멍이 막히기도 했다.[14] 수전풍手顫風이 아닌가 의심이 들 정도로 자주 손이 떨리고,[15] 손톱이 빠져서 손가락살로 가야금을 타기도 했다.[16] 다리에도 병이 들어 여름철 시냇물에 잠시라도 담그지 못할 정도를 넘어,[17] 절뚝대다가 아예 외출도 하지 못할 상태에 이르렀다.[18] 뱃병도 있어서, 소화가 잘 되지 않아 배가 부어오른 채 늘 더부룩했다.[19]

환갑을 앞둔 59세 때에는 입술과 손가락에 동시에 병이 났는데, 손가락 끝은 가시랭이가 모여 있는 듯 따끔거려 신발 끈도 매지 못할 정도였고, 입술은 목사슬로 고정시킨 것 같아 말도 하지 못한 채, 오전이 다 가도록 그저 베개에 엎드려 신음할 따름이었다.[20] 이때 김인경金仁鏡 학사가 직접 집으로 문안 온 것을 보면, 중세도 상당히 심각했고 오래 고생했던 것이 아닌가 한다.

이렇게 보면 이규보는 그야말로 머리끝에서 발끝까지 아프지 않은 곳이 없었다고 해도 지나친 말이 아닐 것이다. 물론 이 병들을 동시다발적으로 앓은 것은 아니었다. 각종 병을 번갈아 가면서 앓았을 것이다. 그러나 그 와중에서도, 선배인 백낙천이 그랬던 것처럼, 이규보는 병석에 누우면 평소보다 곱절이나 더 많은 시가 지어졌다.[21] 시마가 본격적으로 활동한 것인데, 이 시마는 주마와 연합해서 이규보를 협공하기도 했다.

술이 없으면 시도 멈춰지고	無酒詩可停
시가 없으면 술도 물리쳐지니	無詩酒可斥
시와 술은 모두 즐기는 것으로	詩酒皆所嗜
서로 만나 둘 다 가져야 하네	相值兩相得
손이 시키는 대로 한 구를 쓰고	信手書一句
입이 시키는 대로 한 잔을 기울이니	信口傾一酌
어쩌다가 이 늙은이가	奈何遮老子
시벽과 주벽을 모두 갖추었네 〈중략〉	俱得詩酒癖 〈中略〉
이로 인해 병 또한 깊어졌으니	由此病亦深
바야흐로 죽은 뒤에야 비로소 쉬게 되리라	方死始可息

(「우연히 읊다[偶吟]」, 『동국이상국집』 후집 권9 고율시)

어느 한쪽이 죽어야 승패가 결정 나는 처절한 싸움이었다.

3. 의료지식

　여러 종류의 병을 앓으면서 이규보는 질환에 대해 수동적으로 당하지만은 않았다. 스스로 의료지식을 쌓는 한편 나름대로의 요법으로 대처해 나갔던 것이다.

　이규보는 전주에 재임하고 있을 때, 『본초本草』를 읽으면서 의원이 되고 싶다는 심정을 밝힌 바 있다.[22] 이때가 33세였으므로, 일찍부터 이 방면에 관심이 많았음을 알 수 있다. 이규보가 언급한 『본초』는 『본초경本草經』을 말하는데, 고려 인종 14년(1136)에 제정된 의업醫業과 주금업呪噤業 시험 과목에도 포함된 의서醫書였다.[23] 이보다 앞서 29세에 홍시를 두고 지은 시에도 '홍시가 일곱 개의 뛰어난 점[七絶]을 가졌다'라고 하여 『본초』를 인용한 구절이 있으므로,[24] 이규보는 젊은 시절에 이미 이 책을 직접 읽었고 그에 대한 내용도 잘 알고 있었다고 해야 할 것이다.

한편, 이규보는 59세인 고종 13년(1226)에 간행된 『신집어의촬요방新集御醫撮要方』의 서문을 다음과 같이 썼다.

대저 삶에서 중요한 것은 몸과 목숨일 뿐이다. 비록 태어남과 죽음, 장수와 요절이 모두 하늘에 매어 있지만, 만일 몸을 조섭하는 것이 적절하지 못하여 질병이 침범하더라도 좋은 처방과 신묘한 약으로 다스리지 못한다면 그 목숨을 어이없이 잃는 자가 어찌 없겠는가. 이것이 옛 성현들이 『본초本草』·『천금千金』·『두문斗門』·『성혜聖惠』 등 여러 처방문을 지어서 만 사람의 목숨을 구하도록 만든 까닭이다.

그러나 이 책들은 권수가 너무 커서 찾아보기가 어렵다. 만일 병이 들어 오래갈 것 같으면, 의원을 찾아보는 것도 좋고, 여러 책들을 다 뒤져서 그 처방을 찾는 것도 또한 좋다. 그러나 갑자기 중한 병을 얻었다면 당황하고 급한 가운데 어느 틈에 의원에게 보이고 책을 뒤질 수 있겠는가. 아예 요점만을 뽑아서 급할 때에 대비하는 것과 같지 못하다.

우리나라에서는 다방茶房이 모은 약방문 한 부가 있는데, 글이 간략하고 효능이 신기하여 만 사람을 구할 수 있으나, 세월이 가면서 빠진 곳이 많아 거의 없어지게 되었다. 지금 최종준崔宗峻 추밀 상공이 보고 애석하게 여기고 인쇄하여 널리 전할 것을 생각하여, 이를 임금께 아뢰니 흔연하게 허락했다.

공은 이에 두 권으로 나누고, 또 여러 처방 중에서 가장 긴요한 것을 첨부하여 사람에게 베끼게 하고 이름을 『어의촬요御醫撮要』라고 하자, 서경유수관에게 칙명을 내려 인쇄하여 세상에 유포하게 했다. 〈하략〉

(『신집어의촬요방』 서」, 『동국이상국집』 전집 권21 서).

이 책은 위급할 때 간단하고 편리하게 이용할 수 있도록 최종준이 새로 편집한 의학 서적이었다. 현대의 한국인에게도 널리 사용되는 우황청심원牛黃清心圓도 이 책에서 처음 소개되었다고 하는데,[25] 이규보는 석곡환石斛丸이나 신명단神明丹같이 이 책에 나오는 처방에 대해서도 해박한 지식을 가지고 있었다.[26] 최종준과 이규보는 친한 친구 사이이긴 했지만, 이 책의 서문을 이규보가 썼다는 사실은 그의 의학적 지식이 상당한 수준이었음을 잘 말해 준다.

『본초경』이나 『신집어의촬요방』 같은 책은 국가의 공식 의료체제에 속한 정통 의학서였다.[27] 고려는 공식 의료기관으로 수도 개경에 태의감太醫監을 두어 지배층의 치료와 의학 교육을 담당하게 했고, 상약국尙藥局이나 다방茶房도 의료기관 구실을 했다. 또 국립 의료기관인 동東·서대비원西大悲院과 혜민국惠民局을 설치하여 일반 백성들에게 의료도 베풀고 약도 처방했다. 서경에도 개경과 마찬가지로 동·서대비원과 분사 태의감分司 太醫監을 두었다. 지방의 군현에는 약점藥店을 두고, 향리 중에서 약점사藥店史를 임명하여 지방민의 의료를 맡게 했다. 사찰도 의료기관 노릇을 했다. 많은 기록이 있지만 앞에서 보았다시피, 상주에서 한열병에 걸린 이규보가 그 지역의 사찰인 화개사에서 요양했다는 사실이 그러한 점을 잘 말해 준다.

그러나 이러한 시설은 의료 수요에 제대로 부응하지 못해, 개인들이 사적으로 약국을 설치하여 의료행위를 하기도 했다. 항상 약제를 지어 사람을 살렸으므로 구걸하는 이들이 온종일 문에 줄을 이었다는 고려 후기의 원선지元善之나,[28] 집에 약방인 활인당活人堂을 지어 사람들에게 도움을 주었다는 채홍철蔡洪哲 같은 이가[29] 그 대표적인 사례이다.

이규보도 약재에 대해서 해박한 지식을 가지고 있었다. 예컨대 토란土卵을 두고 시를 쓰면서, 기氣를 돋구어 비장[脾]을 보해 주고, 더부룩한 속을 가라앉혀 소화가 잘 되게 해 주며, 토란을 바르면 벌이나 벌레에 쏘여 부어 오른 것을 낫게 해 준다고 하는 등 다양하게 토란의 효능을 언급하고 있는 것

이 그러한 사실을 잘 보여 준다.[30]

이규보는 합리주의자였던 만큼 무속에 의한 의료행위는 배격했을 것으로 짐작된다.[31] 또 『본초경』이나 『신집어의활요방』 같은 의학서에도 조예가 깊었으므로, 정통 의료, 즉 국가의 공식 의료기관도 상당히 신뢰했다고 믿어진다. 그러나 투병하는 과정에서 이와 같은 신뢰에 금이 가는 사건이 발생하기도 했다. 이규보의 성격을 잘 보여 주는 사례라고 생각되므로, 자세하게 살펴보기로 한다.

이규보는 70세 때에 아주 심한 피부병을 앓았다. 그 병은 그해 8월 30일에 시작해서 해를 넘겨 완치될 때까지 꼬박 130여 일이나 걸렸다. 날짜를 정확하게 기억하는 것도 그렇지만, 다음에서 보듯이 병이 진행되는 증세를 자세하게 서술하고 있는 것을 보면 아마도 병상일지 같은 것을 쓰지 않았을까 하는 생각이 든다. 예전에 사륜정이라는 정자를 설계하면서 보여 준 매우 치밀하고 정확한 그의 수리 감각을 감안하면, 전혀 틀린 추측만은 아닐 것이다.

어쨌든 8월 그믐날에 붉은 좁쌀과 같은 것이 온몸에 돋았다. 의원을 찾아갔더니 단독丹毒이라고 진단을 내렸으나 아닌 것 같다는 사람도 있고, 또 누구는 옴疥이라고 하나 그렇지 않다고 하는 사람도 있어서, 병명을 정확하게 알 수가 없었다. 주는 대로 처방을 받아 약을 발라 보았지만, 가려움을 참을 수 없어서 빗으로 긁었더니 시원한 것도 잠시였고, 빗질을 멈추자 통증은 곱절이 되어 더 아프고 쓰라렸다. 다시 처방을 받아 오자 다행히 통증은 그쳤는데, 이제는 그것이 모래알처럼 굳어지면서 색깔도 진한 먹물을 뿌린 것처럼 변하고, 다시 가려워지기 시작하는데 도저히 참을 수가 없었다. 할 수 없이 다시 긁었더니 이번에는 긁은 곳에서 조금씩 진물이 나왔는데, 곧 뾰루지나 혹처럼 변해서 두꺼비 등짝과 다를 것이 없었다.

그동안에 병원을 여러 차례 찾아가서 용하다는 의원의 처방도 몇 번이나 받았으나, 전혀 효험이 없었던 것이다. 의원들은 모두가 좋은 말로 조금만 기다려 보자고, 지시에 잘 따르면 곧 나을 것이라고 친절하게 말하지만, 결과에 대해서는 아무도 책임지려 하지 않았다. 그러나 몸은 여전히 괴롭고 낫지를 않으니, 이제 포기할 길밖에 남지 않았다.

그러던 차에 누군가가 바닷물로 씻으면 나을 것이라는 항간의 요법을 일러 주었다. 그렇게 간단한 방법으로 나을 수 있다는 말이, 반은 믿고 싶고 또 반은 그럴 리가 없다는 생각이 들었다. 그러나 다른 치료법도 없는 실정이라 한번 따라 보기로 했다. 과연 바닷물을 길어 와서 한 번 씻었더니 그날 밤에 가려움이 가라앉고, 두 번째로 씻었더니 온몸이 맑고 편안해졌다. 이럴 수가. 오히려 어처구니없을 정도로 간단한 그 민간요법이 신기하기만 했다.

그제야 그동안의 모든 노력이 헛된 것이었고, 세상에서 내로라하는 명의들이 한결같이 의술에 어둡다는 것을 실감한 것이다. 이규보는 자신의 이러한 경험을 시로 지으면서, 그 서문을 다음과 같이 썼다.

내가 지난 8월 30일부터 병이 들었다. 단독과 같은 것이었는데, 지금까지 130여 일이 지났다. 여러 의원들이 주는 약이 모두 효험이 없었으나, 우연히 항간의 풍속에서 쓰는 말에 따라 바닷물을 가져와 목욕을 했더니 그날 밤에 곧 가렵지 않게 되고, 모래알처럼 딱딱하던 것들도 모두 없어졌다. 그래서 시를 지어 여러 의원에게 두루 보여 부끄러움을 느끼게 했다.

(「병을 다스린 시[理病詩]」, 『동국이상국집』 후집 권2 고율시)

거들먹거리기만 하는 사이비 명의들에 대한 불신을 노골적으로 표시하면서, 그 '돌팔이' 의원들을 향해 부끄러운 줄 알라고 직격탄을 날린 것이다. 이규보의 직선적인 성격이 70대의 나이에도 그대로 살아 있음을 다시 한 번 보여 준 것이기도 하다.

4. 노병老病과 시병詩病

이규보가 앓았던 질병 가운데 마지막까지 가장 끈질기게 그를 괴롭힌 것은 눈병[眼疾]이었다. 그 증세를 느끼기 시작한 것은 44세가 되던 무렵이었다.[32] 처음에는 두 눈이 침침해지기 시작하기에 벌써 늙어 가는 증세가 나타나는가 보다고 생각했지만, 점차 봄 안개가 가리운 듯이 뿌옇게 보이더니 마침내는 눈앞에 있는 사람도 구별하지 못할 지경이 되었다.

이에 의원을 찾아가자 의원은 간肝이 좋지 못하거나, 젊었을 때 등잔 밑에서 책을 지나치게 많이 읽은 것이 원인일 것 같다는 진단을 내렸다. 당시까지도 가난에 시달렸던 터라 이규보는 영양을 제대로 섭취하지 못한 탓이 아닐까라고 생각하면서 애써 그 진단을 무시했다.

그러나 병은 점차 악화되어 가다가, 73세가 되자 증세가 급격하게 나빠졌다. 특히 왼쪽 눈의 통증이 심해지면서, 시야도 '구름이 낀 듯이, 달이 월식을 하는 듯이 어두워지면서', 마침내는 책도 제대로 읽지 못하고 글씨도 쓸 수 없는 지경에 이르렀다.[33]

그러나 그 고통 중에서도 계속 떠오르는 시상을 두고, 이규보는 다음과 같이 썼다.

눈이 어두워져서 글자를 쓸 수 없으니	目暗不成蕢
이 같은 졸작 짓는 것도 마땅히 그만두어야 하는데	宜停此鄙作
입술 사이에서는 언제나 읊조리고 있으니	尙吟脣吻間
이것이야말로 진짜 시벽이라고 해야겠구나	是謂眞詩癖

(「또 읊다[又吟]」, 『동국이상국집』 후집 권8 고율시)

고통이 심해서 글씨도 쓸 수 없는 지경인데, 입술로는 계속 시가 읊어지다니. 이제 노병老病과 시병詩病과의 싸움이 본격화된 것이다. 이 싸움에 주마까지 가세했다.

> 병 뒤에는 술을 마실 수가 있으니 病後猶能飮
> 오늘 아침에도 한 잔을 기울였네 今朝酌一觴
> 사람들이 와서는 병에 대해서 묻지 않고 人來莫問疾
> 술이 있는가 없는가를 먼저 묻네 先問酒存亡

(「병을 앓은 뒤 술을 마시고[病後飮]」, 『동국이상국집』 후집 권8 고율시)

일대 혼전이 벌어진 것이다. 누가 아군이고, 누가 적군인가.

74세로 접어들자 이제는 눈동자 안에 흰 막膜이 덮이기 시작하고, 세상은 구름이 낀 듯 흐릿하게 보이는 등 증세는 더욱 악화되었다. 이 질환에는 용뇌龍腦가 특효라고 하는 의원의 말을 듣고, 백방으로 알아보았다. 용뇌는 용뇌수龍腦樹로부터 얻은 결정체를 말하는데, 동남아시아가 원산지로 당시 귀한 수입산 약재였다.[34] 전쟁 통의 피난지에서 겨우 구해서 매우 기뻐했으나, 그것이 가짜라는 감정을 받고서 다시 절망에 빠지기도 했다.[35]

결국 이규보가 최우에게 사정하여 용뇌를 구해 줄 것을 부탁하자, 최우는 용뇌와 함께 의관을 보내 주었을 뿐만 아니라, 쌀까지 보내 주면서 병을 구완하게 했다.[36] 이에 이규보는 감사하는 시를 지어 바치면서 '하루아침에 천금 같은 선물을 받으니 봉투를 열기도 전에 눈이 이미 밝아진 듯합니다'라고 했다.[37] 그러나 밝아졌다고 느낀 것도 그 순간뿐이었다.

그에 앞서 3월 3일에는 아들 함이 홍주洪州(지금의 충청남도 홍성군) 태수로 발령받아 멀리 떠났다. 3년 뒤에야 돌아올 터인데, 잘 다녀오라는 인사를 하면서도 마지막 작별이라는 생각이 앞서서, 청백과 근신과 겸손을 신조로 삼으라고 당부하는 말이 꼭 유언처럼 느껴졌다.[38]

눈이 어두워진 것에 더하여 다리까지 병이 들어 바깥출입을 전혀 못한 채 병석에 홀로 누워 있게 되자, 이규보는 자신의 울적한 심정을 다음과 같은 시로 적었다.

다리가 약해져서 다니지도 못하니	脚軟行未得
마음에는 오랫동안 울적함만 쌓이네	久積心中鬱
게다가 눈조차 더 어두워지니	申之目又昏
이제는 노물이 되고 말았네	已矣遮老物
오늘 아침에는 갑자기 상념이 일어나	今朝瞥起念
몸에 두 날개가 돋아나 온 천지를 훨훨 날아다니면서	擬欲身生雨翮橫出六合飛奮逸
아래로는 강과 바다를 뛰어넘고	下則超江海
위로는 해와 달을 어루만졌는데	上焉摩日月
이 생각 또한 어찌 하나의 좁은 것이 아니랴	此亦一何狹
남도 아니고 북도 아니며 여기에도 없고 저기에도 없는 것이 바로 도의 실체네	不南不北無彼無此迺道之實

(「병중에 홀로 앉아 있으려니 울적한 마음에 장단구 한 수를 지었으나 보내서 보일 곳이 없으므로 이수 시랑에게 주다 [病中獨坐鬱懷 得長短句一首 無處寄示 因贈李侍郎], 『동국이상국집』 후집 권9 고율시)

얼마나 갑갑했을까? 두 날개가 돋아 온 세상을 두루 다니는 상상까지 한 것이다. 그러다가 병든 몸으로 다시 되돌아오자, 이 몸 또한 이것도 저것도 아닌 '무無' 바로 그 자체라는 깨달음이 문득 찾아왔다. 즉 병마에 시달리는 육신은 '참[眞]' 이규보가 아니었던 것이다.

이러한 느낌은 며칠 전부터 생겨난 것이었다.

나는 죽는 것은 오히려 두렵지 않으니	我尚不畏死
이 병 따위야 되는 대로 맡겨 두려네	此病堪任置
고통을 끝내 이겨내지 못하는 것은	其痛竟難堪
이 육신이 있기 때문이네	爲有此身耳
육신이 본래 참이 아니라는 것은	四大本非眞

자못 또한 깨달은 이치인데	頗亦悟斯理
지금 통증을 느낀다는 것을 느끼고 있으니	如今覺痛覺
- 『능엄경』에서 필릉가바차가 말한 것이다	-楞嚴畢陵伽婆蹉所云
아직은 삼매의 경지에 들어가지 못했네	未入三摩地

(「또 눈병을 슬퍼하다[又傷目病]」, 『동국이상국집』 후집 권9 고율시)

내 육신은 '참나'가 아니다. 그런데 지금 병들어 고통을 받고 있는 것은 육신이므로, '내'가 아픈 것이 아니다. 지금의 나는 아직은 고통을 느낀다는 것을 느끼기는 하지만, 삼매[三摩]의 경지에 들어가면 그조차도 느끼지 못할 것이다.

노병老病과 시병詩病과 주병酒病이 서로 싸우고 있는데, 이제 아군과 적군이 분명해졌다. 그동안 끈질기게 괴롭힌다고 여겨 온 시마와 주마는 오히려 이규보 자신을 참된 주인으로 만들어 주는 친구들이었고, 정작 그 이규보를 괴롭힌 것은 노쇠한 육신을 점령한 병마였던 것이다. 그러므로 주마를 자기 편으로 끌어들인 이규보는 다음과 같이 주마와 화해하는 시를 읊었다.

정군이 나를 후하게 생각해	丁君顧我厚
이 한 병의 술을 보냈네	送此一壺酒
꾹 참고 맛보지 않으려고 했으나	能忍不之嘗
그 고마운 뜻 저버리기 어렵네	此意良難負
왼쪽 눈은 비록 막이 덮였으나	左目雖被翳
입술과 혀는 다행히 탈이 없고	脣舌幸無慮
두 손 또한 움직일 수 있으니	兩手亦得存
마신다고 해도 어찌 해될 일이 있을까	持飲庸何害

(「정이안 학사가 보낸 술을 마시며 짓다[丁學士而安 送酒酌飲有作]」,
『동국이상국집』 후집 권9 고율시)

병든 것은 병마가 점거한 왼쪽 눈이지, 나머지 오른쪽 눈, 입술과 혀, 두 손, 이 모두는 자유롭기만 한 이규보의 본체였던 것이다.

주마와 친구가 된 이규보는 드디어 시마와도 화해했다.

요즈음 왼쪽 눈이 아픈 탓으로	比因左目患
오랫동안 시를 짓지 못했다	久矣不作詩
오히려 오른쪽 눈이 남아 있는데	猶有右目存
어찌 이와 같이 말할 수 있는가	云何迺如斯
그대는 아는가 손가락 하나를 다쳐도	君看一指傷
온몸이 괴로워 견딜 수 없다는 것을	滿身苦難支
눈이 슬퍼하는데	安有目官慟
어찌 같은 무리로서 따르지 않고 편히 지낸다면	同類恬不隨
흥이 어디에서 다시 나와	興復從何出
시를 짓는 일을 하겠는가	而事作詩爲

「7월과 8월에는 안질 때문에 시를 짓지 못하다(七月八月因患眼不作詩)」,
『동국이상국집』후집 권10 고율시)

비록 왼쪽 눈은 아플지라도 성한 오른쪽 눈만으로도 충분히 시를 지을 수 있다. 즉, '왼쪽 눈'이라는 육신을 점거하여 고통을 주는 노병老病에 대적하기 위해, '성한 오른쪽 눈'을 가진 이규보의 자유로운 실체와 그 눈으로 시를 짓게 하는 시마가 이제 서로 힘을 합칠 수 있다는 것이다. 나아가, 병마가 점거한 왼쪽 눈이나 참나의 본질을 간직하고 있는 오른쪽 눈은 본디 동류이므로 아픔과 슬픔도 같이 나누어야 한다고 하여, 병마와도 화해할 수 있음을 내비쳤다.

그러나 모든 것이 너무 늦은 화해였다. 이규보는 극심한 고통 속에서 7월과 8월, 두 달 동안 전혀 시를 짓지 못하다가 8월 29일에 이 시를 지었다. 이 시를 마지막으로 사흘 뒤인 9월 2일에 이규보는 사망했다. 74세의 나이였다.

문순공文順公이라는 시호가 추증되었고, 그해 12월 6일에 강화도 진강산
鎭江山 동쪽 기슭에 장례 지냈다.[39] 이규보는 생전에 자신보다 23년 연하이
지만 익우益友라고 부르면서 존경했던 이수李需에게 묘지명을 써 주기를 부
탁해 두었다. 이「이규보 묘지명」의 전문은『동국이상국집』의 맨 마지막 권
에 실려 있다.

그런데 이규보의 무덤에서 나온 실물 지석誌石이 서울의 국립중앙박물관
에 소장되어 있다. 이 지석이 언제 출토되었는지, 이 무덤이 진강산 어디쯤
에 있었는지 지금은 아는 사람이 없다.[40]

주

1 「백낙천의 '병중 15수'에 화답하여 차운하다」 중의 「병중의 다섯 절구」, 『동국이상국집』 후집 2 고율시.

2 「연보」 병진년.

3 「6월 14일에 처음으로 상주에 들어가다」, 『동국이상국집』 전집 권6 고율시.

4 「화개사에서 친구 혜운 스님이 머물던 용담사에 이르러 머물며 쓰다」 및 「8월 1일에 당두에게 보여 주다」, 『동국이상국집』 전집 권6 고율시.

5 「화개사에 머물면서 당두에게 주다」, 『동국이상국집』 전집 권6 고율시.

6 「8월 7일 새벽에 용담사를 떠나서」, 『동국이상국집』 전집 권6 고율시.

7 「손에 병이 나서 짓다」, 『동국이상국집』 전집 권7 고율시.

8 「중구일에 손에 병이 나서 나가 놀지 못하자」, 『동국이상국집』 전집 권7 고율시.

9 「동년 유승단 사랑이 처음으로 등석연에 시종함을 축하하다」, 『동국이상국집』 전집 권16 고율시 및 「7월 9일에 내성에서 숙직하며 벽 위에 쓰다」, 『동국이상국집』 전집 권18 고율시.

10 「김인경 추밀이 금의 상국을 곡한 시에 차운하다」, 『동국이상국집』 전집 권17 고율시.

11 「유충현 공이 화답하므로 다시 차운하여 답을 올리다」, 『동국이상국집』 전집 권17 고율시 및 「왼쪽 귀가 약간 어두워지다」, 『동국이상국집』 후집 권1 고율시.

12 「다시 이가 아파서」, 『동국이상국집』 후집 권1 고율시.

13 「백낙천의 '병중 15수'에 화답하여 차운하다」 중의 「처음 풍을 잃으며」, 『동국이상국집』 후집 권2 고율시.

14 「무더위」, 『동국이상국집』 전집 권17 고율시.

15 위의 주 14와 같음.

16 「김충의 동각이 이 시에 화답하여 와서 준 것에 차운하다」, 『동국이상국집』 후집 권4 고율시.

17 「귀법사 시냇가에서 느낌이 있어」, 『동국이상국집』 전집 권14 고율시.

18 「이인식 평장사가 술자리에 불러 주어 취한 뒤에 바치다」, 『동국이상국집』 후집 권6 고율시 및 「병중에 홀로 앉아 있으려니 울적한 마음에 장단구 한 수를 지었으나 보내서 보일 곳이 없으므로 이수 사랑에게 주다」, 『동국이상국집』 후집 권9 고율시.

19 「이수 사랑이 시 두 수와 토란을 보내 주어 내가 세 수로 차운하여 답하다」, 『동국이상국집』 후집 권7 고율시.

20 「병중에 김인경 학사가 찾아와 준 것에 감사하다」, 『동국이상국집』 전집 권17 고율시.

21 「백낙천의 '병중 15수'에 화답하여 차운하다」 서, 『동국이상국집』 후집 권2 고율시.

22 「『본초』를 읽으며」, 『동국이상국집』 전집 권10 고율시.

23 『고려사』 권73 선거지 1 과목 1, 인종 14년 11월의 判 중 醫業式·呪噤業式.

24 「야인이 홍시를 보내오다」, 『동국이상국집』 전집 권5 고율시.

25 이경록, 『고려시대 의료의 형성과 발전』, 혜안, 2010, 209~217쪽 참고.

26 「유공권이 석곡환을 하사받아 감사하는 표」, 『동국이상국집』 전집 권29 표 및 「기해년 설날에 신명단을 마시면서 희롱삼아 짓다」, 『동국이상국집』 후집 권5 고율시.

27 이현숙, 「고려시대 관료제하의 의료와 민간 의료」, 『동방학지』 139, 2007.

28 『고려사』 권107 열전 원부전 부 원선지.

29 『고려사』 권108 열전 채홍철 전 및 「채홍철 묘지명」, 『집성』, 508쪽.

30 「이수 시랑이 시 두 수와 토란을 보내 주어 내가 세 수로 차운하여 답하다」 및 「이수 시랑이 다섯 수로 화답하므로 내가 차운하여 일곱 수로 답하다」, 『동국이상국집』 후집 권7 고율시.

31 '제3장 제1절 (4) 자녀' 참고.

32 「눈이 침침해짐에 느낌이 있어 전이지에게 주다」, 『동국이상국집』 전집 권14 고율시.

33 「왼쪽 눈이 수십 일이나 쑤셨는데 통증이 덜해지기에 구음으로 짓다」 및 「또 읊다」, 『동국이상국집』 후집 권8 고율시.

34 「용뇌」, 『표준국어대사전』, 국립국어원 및 「생약종합정보시스템」, 식품의약품 안전평가원(www.kfda.go.kr) 참고.

35 「눈병이 오래 치료되지 않았는데 사람들이 말하기를 눈동자 가에 허연 막이 끼었다고 하므로, 이를 탄식하며 짓다」, 『동국이상국집』 후집 권9 고율시.

36 「진양공[최우]이 용뇌와 의관을 보내어 눈병을 치료해 준 것에 감사하다」 및 「또 진양공[최우]이 흰 쌀을 보내 준 것에 감사하다」, 『동국이상국집』 후집 권9 고율시.

37 위의 주 36의 앞의 시.

38 「신축년 3월 3일에 홍주 태수로 부임하는 맏아들 함을 보내며 짓다」, 『동국이상국집』 후집 권9 고율시.

39 「연보」 신축년. 조선 중종 때에 편찬된 『신증동국여지승람』에도 이규보의 묘가 진강산 동쪽 기슭에 있다고 하였다(권12 강화도호부 능묘). 진강산은 인천광역시 강화군 양도면 능내리에 있다. 그러나 지금의 이규모 묘소는 강화군 길상면 길직리에 있는데, 조선 중·후기 이후 언제인가 진강산에서 이장해 왔음이 분명하다.

40 유물번호 No.新5873으로 국립중앙박물관이 소장하고 있는 「이규보 묘지명」은 유물카드에 '1981년 창덕궁으로부터 이관되었다'는 기록만 있을 뿐, 언제 어디서 어떻게 출토되어 창덕궁이 소장하게 되었는지에 대해서는 전혀 남아 있는 기록이 없다.

나
머
지
말

1236년 가을의 어느 날, 이규보는 우물에 비친 자신의 모습을 보고 다음과 같은 시를 썼다.

청동거울 보지 않은 지 오래되어	不對靑銅久
내 얼굴이 어떠했는지 기억할 수가 없네	吾顔莫記誰
우연히 왔다가 우물에 비친 것 보니	偶來方炤井
예전에 알았던 모습과 서로 조금 닮았네	似昔稍相知

(「우물에 비친 모습에 희롱 삼아 짓다[炤井戱作]」, 『동국이상국집』 전집 권18 고율시)

그 우물이 어디에 있었는지, 그가 어떤 일로 우물에 왔는지는 알 수 없다. 어쩌면 마을 어귀의 모퉁이를 돌면 바로 나오는 동네 우물일 수도 있고, 어쩌면 친구들과 어울려 과음한 뒤 밤늦게 귀가하던 길에 무심코 한 바가지의 물을 퍼마시러 들렀을 수도 있다. 또 어쩌면 철 이르게 떨어진 나뭇잎 하나가 달빛을 받으면서 물 위에 고요하게 떠 있었을지도 모른다. 그러나 그날 우물가에는 아무도 없이 조용한 가운데, 바람도 불지 않아 물결도 잔잔했을 것임은 분명하다.

이미 69세. 당시의 이규보는 머리가 거의 벗겨져 빗질이 필요 없을 정도 였고, 거칠고 덥수룩한 구레나룻은 허옇게 변해 있었다.[1] 끼니마다 병자처 럼 두서너 수저밖에 들지 않아서, 창백한 얼굴에 입술만 두텁고 붉었다.[2] 다 만 술은 매일 마시다 보니 6척 가까운 몸에 배만 불룩하게 나와 있었다.[3]

되돌아보면, 피난지에서 각박한 살림은 예전과 다름없이 그대로 이어지 고 있지만 재상직까지 올랐으니, 더 이상 출세를 바랄 것도 아니었다. 이곳 저곳 몸은 아파져 오지만 주량도 거의 줄지 않았다. 시흥도 젊은 시절과 다 름없이 여전히 순간순간마다 도도하게 피어오르고 있었다.

문득 우물에 비친 모처럼의 모습을 보는 순간, 이규보는 무슨 생각을 했을 까. 무척 익숙하면서도 어딘가 낯선 얼굴. 그 익숙함과 낯섦의 이유는 무엇 이었을까.

그로부터 약 700여 년이 지난 1939년의 가을날, 9월처럼 드넓은 만주 벌판 한 자락에서 자신의 모습을 보러 외딴 우물로 찾아간 한 사나이가 있었다.

산모퉁이를 돌아 논가 외딴우물을 홀로
찾아가선 가만히 드려다 봅니다.
우물속에는 달이 밝고 구름이 흐르고
하늘이 펼치고 파아란 바람이 불고 가
을이 있습니다.
그리고 한 사나이가 있습니다.
어쩐지 그 사나이가 미워저 돌아갑니다
돌아가다 생각하니 그사나이가 가엽서집
니다. 도로가 드려다 보니 사나이는 그
대로 있습니다.
다시 그사나이가 미워저 돌아갑니다.
돌아가다 생각하니 그사나이가 그리워집
니다.

우물속에는 달이 밝고 구름이 흐르고 하늘이펼치고 파

아란 바람이 불고 가을이 있고 追憶처

럼 사나이가 있습니다.

(윤동주, 「자화상自畵像」, 『하늘과 바람과 별과 시』, 1939. 9)[4]

20대에 갓 접어든 젊은 사나이가 자신의 모습을 보러 외딴 우물까지 일부러 찾아간 이유는 무엇이었을까. 미움과 가엾음과 그리움. 달이 밝고 구름이 흐르고 파아란 바람이 불던 그 가을날 밤, 우물 속에 비친 그 시인의 모습도 추억처럼 익숙하면서도 낯설었을까. 그 추억의 뿌리는 700년이라는 세월을 거슬러 올라갔던 것일까.

또 그로부터 70년을 훌쩍 넘긴 세월이 흐른 현대의 대한민국. 이 땅에는 이제 '우물'이 거의 사라졌다. 우리는 우리의 모습을 추억하고 기억하기 위해 어디로 가야 할까.

이규보는 말한다. 아, 옛날에 거울을 대한 사람은 그 맑은 것을 취하고자 함이었지만, 내가 거울을 대하는 이유는 그 희미한 것을 취하기 위함이라고.[5]

주

1 「머리가 벗겨진 것을 스스로 조롱하며」, 『동국이상국집』 전집 권18 고율시.
2 「정이안이 내 초상화를 그렸기에 스스로 찬을 지어 말하다」, 『동국이상국집』 후집 권11 찬.
3 「부질없이 짓다」, 『동국이상국집』 후집 권1 고율시.
4 『하늘과 바람과 별과 詩—원본대조 윤동주전집』, 연세대학교 출판부 2004, 13쪽에서 재인용함.
5 「거울에 대한 설[鏡說]」, 『동국이상국집』 전집 권21 설.

▶ 1168년(의종 22, 무자), 출생[1]

　12월 16일에 태어나다. 본관은 황려현黃驪縣(지금의 경기도 여주시). 증조부 이은
백李殷伯은 향리, 조부 이화李和는 교위, 아버지 이윤수李允綏는 호부낭중을 역임
하다. 어머니는 금양군金壤郡(지금의 강원도 통천군) 출신으로, 과거에 급제하고
울진현위를 역임한 김중권金仲權(뒤에 施政으로 개명)의 딸이다

　초명은 인저仁氐였으나, 22세 때에 네 번째로 국자감시에 응시하면서 규보奎報로
개명하였다. 자는 춘경春卿. 24세 때에 백운거사白雲居士라는 호를 스스로 지어 사
용하였다.

▶ 1169년(의종 23, 기축), 2세

　출생 후 석 달 만에 악성종기가 온몸에 퍼져 사경을 헤매다가 겨우 낫다.

▶ 1171년(명종 1, 신묘), 4세

　성주成州(지금의 평안남도 성천군)의 수령으로 부임하는 아버지를 따라 함께 내려
가다.

▶ 1174년(명종 4, 갑오), 7세

　아버지가 내시로 불리어 오게 되자, 함께 서울로 오다.

▶ 1176년(명종 6, 병신), 9세

글을 읽을 줄 알게 되다.

▶ 1178년(명종 8, 무술), 11세

숙부인 이부李富 직문하성이 이규보의 글 솜씨를 자랑하여 성랑들 앞에서 직접 글을 짓게 하자, 이규보가 지은 대구對句를 보고 성랑들이 기동奇童이라고 탄복하다.

▶ 1181년(명종 11, 신축), 14세

최충崔沖이 세운 학교인 문헌공도文憲公徒의 학생이 되어 성명재誠明齋에 입학하다.

하과夏課의 급작시急作詩에서 잇달아 일등을 차지하므로 선비들이 뛰어나게 여기다.

▶ 1182년(명종 12, 임인), 15세

6월에 하과에서 지은 급작시가 일등으로 뽑히다.

▶ 1183년(명종 13, 계묘), 16세

봄에 아버지 이윤수가 수주水州(지금의 경기도 수원시)의 수령으로 나갔으나, 이규보는 서울에 남아 5월에 시행된 국자감시國子監試(사마시司馬試)에 응시하다. 그러나 불합격하자 가을에 수주로 가서 아버지를 모시다.

▶ 1185년(명종 15, 을사), 18세

봄에 수주에서 서울로 올라와 5월에 시행된 국자감시에 응시했으나, 다시 낙방하자 가을에 수주로 되돌아가다.

당시 53세인 오세재吳世才와 망년우忘年友가 되어 교유하다.

▶ 1186년(명종 16, 병오), 19세

봄에 임기가 끝난 아버지를 따라 서울로 올라오다

오세재가 죽림고회竹林高會의 모임에 항상 데리고 가다.

▶ 1187년(명종 17, 정미), 20세

7월에 시행된 국자감시에 응시했으나 다시 낙방하다.

▶ 1189년(명종 19, 기유), 22세

5월에 유공권柳公權이 주관한 국자감시의 십운시 분야에 응시하여 1등으로 합격하다.

시험에 앞서 규성奎星이 장원할 것이라고 알려 주는 꿈을 꾸고 이름을 인저仁氐에서 규보奎報로 바꾸다.

▶ 1190년(명종 20, 경술), 23세

5월에 지공거 이지명李知命 동지공거 임유任濡가 주관한 예부시 제술과禮部試 製述科에 동진사同進士로 합격하다.

이규보는 과거의 성적이 낮은 것에 불만을 품고 사양하려 했으나, 아버지가 엄하게 꾸짖고 전례도 없어서 사양하지 못하다.

▶ 1191년(명종 21, 신해), 24세

1월에 예부시 지공거이던 이지명이 사망하다

8월 20일에 아버지 이윤수가 사망하다.

이후 천마산天磨山에 우거하며 스스로 백운거사白雲居士라 칭하다.

▶ 1192년(명종 22, 임자), 25세

천마산에 계속 우거하면서 「백운거사전」·「백운거사어록」을 짓다.

이 해에 결혼했을 가능성이 크다. 부인은 대부경을 역임한 진승晉昇의 둘째 딸이다.

▶ 1193년(명종 23, 계축), 26세

4월에 「동명왕편」을 짓다.

이 해에 장녀가 태어나다.

▶ 1194년(명종 24, 갑인), 27세

당 현종의 고사를 노래한 「개원천보영사시開元天寶詠史詩」 43수를 짓다.

이 해부터 성동 봉향리城東 奉香里의 앵계초당鸎溪草堂에 본격적으로 거처를 정하다.

▶ 1195년(명종 25, 을묘), 28세

오세문吳世文의 삼백운시三百韻詩에 화답하여 삼백운시를 짓다.

삼백운시를 짓던 날 아들이 태어나자 아명을 삼백三百이라 짓다.

▶ 1196년(명종 26년, 병진), 29세

4월에 최충헌崔忠獻이 이의민을 죽이고 집권하자, 큰 매형이 황려로 귀양 가다.

5월에 큰누이를 데리고 황려로 매형을 찾아가다.

이 해 봄에 상주尙州 수령인 둘째 매형에게 가 있던 어머니를 문안하러 6월 1일에 황려를 출발하여 상주로 내려가다. 한열병寒熱病에 걸려 고생했으나 여러 곳을 유람하다가 10월 2일에 개경으로 돌아오다.

6월에 국자감시 지공거이던 유공권이 사망하다.

귀경 후 4세 된 딸이 사망하다.

▶ 1197년(신종 즉위년, 정사), 30세

12월에 조영인 총재 등의 적극적인 추천에도 불구하고 구직이 실패로 돌아가다.

▶ 1198년(신종 1, 무오), 31세

내성의 여러 낭관과 학사들이 이규보의 글을 보고 추천하려 한다는 소문을 듣고 이들에게 시를 지어 올려 구직을 부탁하였으나, 관직을 얻지 못하다.

▶ 1199년(신종 2, 기미), 32세

5월에 최충헌의 집에 불려 가서 천엽유화千葉榴花를 감상하며 시를 짓다.

6월 정기 인사 때에 전주목사록 겸 장서기에 임명되다.

9월 13일에 서울을 떠나, 9월 23일에 전주에 도착하다.

11~12월에 속군인 마령군, 부령군, 변산 등지를 다니며 업무를 수행하다.

▶ 1200년(신종 3, 경신), 33세

이 해에 전주목의 속군과 현 등의 여러 곳을 다니며 업무를 수행하다.

모함을 받고 12월에 파직되어, 12월 19일에 전주를 떠나다.

12월 29일에 광주廣州 서기인 처형 진공도晉公度의 집에 가서 묵다.

▶ 1201년(신종 4, 신유), 34세

1월에 서울로 돌아오다.

5월에 죽주竹州로 가서 누이와 함께 병든 어머니를 모시고 서울로 돌아오다.

이후 비방과 조롱을 감수하면서 초당에서 은둔에 가까운 생활을 하다.

▶ 1202년(신종 5, 임술), 35세

5월에 어머니가 사망하다.

12월에 운문산의 반란군을 토벌하는 막부에 자원하여 병부녹사 겸 수제원이 되다.

이 해에 성동 봉향리의 옛집을 떠나 성남의 안신리 색동安申里 塞洞으로 이사하여 20여 년 거주하다.

▶ 1203년(신종 6, 계해), 36세

이 한 해 동안 정동 막부征東 幕府에 있었는데, 관직은 병마녹사 겸 수제 양온령동 정이 되다.

박인석朴仁碩 시랑과 함께 양주, 동래, 부계 등지를 다니다.

▶ 1204년(희종 즉위년, 갑자), 37세

3월에 경주의 반란이 진압되고 서울로 돌아왔으나, 논공행상에서 제외되다.

12월에 최선 상국과, 그의 사위이자 절친한 친구인 조충에게 각각 글을 올려 구직을 청하다.

▶ 1206년(희종 2, 병인), 39세

이 해에 양온승동정(정9품)이라는 산관직에 있었으나, 식량이 떨어져 옷을 전당 잡히는 등 심한 가난에 시달리다.

▶ 1207년(희종 3, 정묘), 40세

3월 10일에 거처하던 초당을 '지지헌止止軒'이라고 이름 지어, 자신의 불우한 처지와 낙담을 표현하다.

5월에 최충헌의 모정에 불려가「모정기茅亭記」를 짓다.

12월에 권직한림이 되다.

▶ 1208년(희종 4, 무진), 41세

6월에 권직한림에서 직한림이 되다.

이 해에 장인인 진승晉昇이 사망하다.

▶ 1210년(희종 6, 경오), 43세

아들을 낳다.

▶ 1212년(강종 1, 임신), 45세

1월에 천우위녹사 참군사가 되어 한림원에서 나왔으나, 6월에 본직을 그대로 가진 채 겸 직한림원으로 복직하다.

시 원고 300여 수를 불태우다.

▶ 1213년(고종 즉위년, 계유), 46세

최우의 소개로 최충헌의 부府에 불려가 시를 지은 뒤, 12월에 6품인 사재승이 되다.

▶ 1215년(고종 2, 을해), 48세

7월에 우정언 지제고가 되다.

▶ 1217년(고종 4, 정축), 50세

2월에 우사간 지제고가 되고 자금어대를 받았으나, 잠시 면직되었다가 복직되다.

▶ 1218년(고종 5, 무인), 51세

1월에 좌사간으로 옮기다.

▶ 1219년(고종 6, 기묘), 52세

봄에 탄핵을 받고 면직되었다가, 4월에 계양도호부부사 병마검할이 되어, 5월에 계양에 부임하다.

9월에 최충헌이 사망하자 아들 최우崔瑀가 집권하다.

▶ 1220년(고종 7, 경진), 53세

6월에 예부원외랑(정6품)에서 시예부낭중(정5품) 기거주 지제고로 소환되어, 8월에 서울로 돌아오다.

11월에 11세 된 아들이 출가하여 법원法源이라는 승명을 받다.

12월에 시태복소경이 되다.

▶ 1221년(고종 8, 신사), 54세

6월에 보문각대제가 되다.

▶ 1222년(고종 9, 임오), 55세

2월에 승려인 아들 법원이 13세의 나이로 사망하다.

6월에 태복소경이 되고, 보문각대제와 지제고 직은 그대로 보유하다.

▶ 1223년(고종 10, 계미), 56세

12월에 조산대부 시장작감이 되고, 대제 직은 그대로 보유하다.

▶ 1224년(고종 11, 갑신), 57세

6월에 장작감이 되다.

12월에 조의대부 시국자제주 한림시강학사 지제고가 되다.

▶ 1225년(고종 12, 을유), 58세

1월에 몽고로 돌아가던 사신 저고여著古輿가 압록강가에서 살해되면서 고려와 몽고와의 관계가 악화되다.

2월에 국자감시 좌주가 되다.

12월에 좌간의대부가 되다.

▶ 1226년(고종 13, 병술), 59세

12월에 진眞국자제주가 되다

▶ 1227년(고종 14, 정해), 60세

9월에 완성된 『명종실록』 편찬에 참여하다.

11월의 팔관회에서 술을 마시다가 국왕 앞에서 취중에 예를 범하여 처벌을 감수하였으나, 최우의 적극적인 비호로 무마되다.

▶ 1228년(고종 15, 무자), 61세

1월에 중산대부 판위위사가 되고 나머지 관직은 그대로 보유하다

3월에 예부시의 동지공거가 되다.

▶ 1230년(고종 17, 경인), 63세

노년에 『주역』을 좋아하여 책을 덮고 외울 경지에 이르다.

11월 21일에 위도猬島(지금의 전라북도 부안군 위도면)로 유배가다.

유배를 떠나던 날 저녁에 친구 최종번의 사망 소식을 숙소에서 듣다.

12월 26일 위도로 출발하여 이튿날 섬으로 들어가다.

▶ 1231년(고종 18, 신묘), 64세

1월 15일에 고향인 황려현으로 양이量移되었다가, 7월에 사면을 받아 서울로 돌아오다.

8월에 몽고가 압록강을 건너 고려를 침입하여 개경을 위협하자, 9월에 백의종군하면서 몽고의 침입에 대비하여 보정문保定門을 지키다. 이후 산관散官으로 있으면

서, 몽고와의 외교문서를 도맡아 짓다.

▶ **1232년(고종 19, 임진), 65세**

4월에 옛 관직으로 복구되어 정의대부 판비서성사 보문각학사 경성부우첨사 지제 고가 되다.

6월에 강화로 수도를 옮기자, 이규보는 집을 짓지 못해 하음河陰 객사의 행랑채에 서 몇 달 동안 기거하다.

9월에 유수 중군지병마사가 되다.

▶ **1233년(고종 20, 계사), 66세**

6월에 은청광록대부 추밀원부사 좌산기상시 한림학사승지가 되었으나, 아들 이함 李涵이 직한림원이 되었으므로 친혐親嫌 때문에 보문각학사로 바꾸다.

12월에 금자광록대부 지문하성사 호부상서 집현전대학사 판예부사가 되다.

▶ **1234년(고종 21, 갑오), 67세**

5월에 예부시 지공거가 되다.

6월에 절친한 친구인 승려 혜문惠文이 사망하다.

12월에 정당문학 감수국사가 되다.

▶ **1235년(고종 22, 을미), 68세**

1월에 태자소부가 되다.

12월에 참지정사 수문전대학사 판호부사 태자대보가 되다.

▶ **1236년(고종 23, 병신), 69세**

5월에 예부시의 지공거가 되다.

12월에 수대위가 되고, 퇴직하기를 바라는 표를 올렸으나 반려되다.

▶ **1237년(고종 24, 정유), 70세**

예부시 동기생 중 마지막으로 살아 있던 한광연韓光衍이 사망하다.

8월 30일부터 피부에 병이 생기기 시작하여 130여 일 동안 고생하다가 이듬해 2월 에야 나았는데, 이 밖에도 여러 가지 병에 시달리다.

10월에 퇴직하기를 바라는 표를 두 차례 더 올린 끝에, 12월에 금자광록대부 수대 보 문하시랑평장사 수문전대학사 감수국사 판예부사 한림원사 태자대보로 치사하다.

이 해에 아들 이함이 부친의 문집을 편찬하다.

▶ 1238년(고종 25, 무술), 71세

1월 29일에 4남인 막내아들 제濟가 결혼하다.

윤4월에 경주 황룡사탑이 불타다.

5월 11일에 네 차례에 걸쳐 뽑힌 이규보의 문생들이 합동으로 잔치를 벌여 주다.

12월에 왕명으로 몽고황제 등에게 보내는 표를 짓다.

당대 최고의 화가로 칭송받던 정이안鄭而安이 묵죽과 함께 초상화를 그려 주다.

갖가지 병에 시달리면서도 시와 술, 가야금을 스스로 즐기며, 『능엄경』을 읽다.

▶ 1239년(고종 26, 기해), 72세

이 해에 몽고에 보내는 표장表狀 등 외교문서를 짓다.

▶ 1240년(고종 27, 경자), 73세

왼쪽 눈이 수십 일 동안 쑤시다.

병마病魔만큼이나 자신을 괴롭히는 시벽詩癖을 자주 언급하다.

▶ 1241년(고종 28, 신축), 74세

3월 3일에 아들 이함이 홍주洪州(지금의 충청남도 홍성군) 태수로 부임하다.

눈병이 악화되다.

7월에 병이 심해지자 진양공 최우가 명의 등을 보내 문병과 진료를 하게 하고, 평생 지은 작품을 정리한 문집 간행을 독려하다.

8월에 『동국이상국문집』의 서문을 이수李需 예부시랑이 쓰다.

8월 29일에 시를 지었는데 마지막 시가 되다.

9월 2일 밤에 사망하다. 시호를 문순文順이라 추증하고, 뇌서를 정지鄭芝 우사간이, 묘지명을 이수 시랑이 짓다.

12월 6일에 진강산 동쪽 기슭에 장례지내다.

12월에 『동국이상국문집』 41권에 빠졌거나 새로 지은 작품 800여 편을 모아 후집 12권을 덧붙여 총 53권의 『동국이상국집』이 간행되었는데, 아들 이함이 서문을 쓰다.

주

1 이 연보는 이규보의 아들 이함이 만들어 『동국이상국집』 첫머리에 실은 「연보」와, 이규
보의 생애 및 작품 전체를 정리한 『이규보 연보』(김용선 편저, 일조각, 2013)를 토대로
하여 만든 것이다. 보다 자세한 내용은 『이규보 연보』를 참고하기 바란다.

끝머리에

나탈리 제먼 데이비스Natalie Zemon Davis의 『마르탱 게르의 귀향The Return of Marten Guerre』(1983)을 처음 읽었을 때, 16세기 중엽의 프랑스 시골 마을이 아니라 새로운 세계를 보는 느낌이었다. 이러한 역사도 있구나! 그리고 조너선 D. 스펜스Jonathan D. Spence의 『왕 여인의 죽음The Death of Woman Wang』(1979)을 대했을 때에는 충격 그 자체였다. 이러한 역사학도 있구나! 17세기 후반의 중국 산둥성 구석, 한 이름 없는 사람의 이야기를 이렇게 쓸 수도 있다니!

그 이후 미시사와 생활사 또는 일상사나 문화사에 대한 여러 책과 글을 읽으면서, 그 충격은 점차 내 가슴속에서 꿈틀대는 호기심으로 변해갔다. 한국사 연구, 특히 내가 전공하는 고려시대에 이러한 방법론을 적용해 보면 어떠한 세상이 나타날 것인가?

그 결과 『생활인 이규보』라는 이 책이 태어나게 되었다. 책이 나오기까지 여러 형태로 도움을 주신 분들께 감사를 표하고자 한다.

우선 주명철·조한욱·곽차섭·백승종 교수와 또 그 밖에 일일이 이름을 언급하지는 못하지만, 미시사 등에 관한 좋은 책과 글을 쓰거나 소개해 준 여러분께 감사를 드린다. 이 글들은 내 학문의 토양에 튼실한 밑거름이 되어 주었다.

그다음 여러 학기 동안 이규보에 대한 강의를 열심히 들어 준 한림대학교 사학과 학생들에게 감사를 드린다. 그들의 진지한 태도와 열의가 담긴 토론은 새로운 이규보의 상상(像)을 정립하는 데 큰 도움이 되었다.

또 이 과제를 인문저술 지원사업의 하나로 선정해서 연구비를 지급해 준 한국연구재단과 이름을 알지 못하는 심사위원(들)께도 감사를 드린다. 연구재단은 저자의 게으름을 너그럽게 받아들여 연구 기간을 연장해 주었고, 심사위원(들)은 적절한 지적과 날카로운 비판을 통해 저자의 안일한 생각을 바로잡아 주었다.

일조각의 김시연 사장, 편집부의 안경순 편집장과 이주연 씨에게도 깊은 감사를 드린다. 이 책의 출간을 흔쾌하게 맡아 주었을 뿐만 아니라, 뛰어난 재능을 가진 편집자를 만나는 것이 저자에게는 얼마나 행운인지를 실감하게 해 주었기 때문이다. 또 훌륭한 예술작품을 이 책의 표지에 이용하도록 허락해 준 외우畏友 유형택 울산대학교 미술학과 교수에게도 감사를 드린다. 온몸으로 쪼아 낸 그의 묵직한 형상 언어를 보면서 나도 내 무딘 사유를 다듬는다.

마지막으로 이기백 선생님 생각을 하지 않을 수 없다. 선생님께서는 언제나 허다한 결점 속에서도 단 하나의 장점이 있으면, 그것만을 앞에 두고 격려와 칭찬을 아끼지 않으셨다. 아마 이 책을 보셨더라면 또 당연히 그렇게 하셨으리라 믿는다. 어느새 돌아가신 지 9년. 지나온 길과 가야 할 길을 함께 보여 주신 선생님의 은덕을 다시금 기린다.

2013년 11월
김용선

찾아보기

ㄱ

가야금伽倻琴 156, 191
　　연주 191~192
각촉부시刻燭賦詩 30, 32
각월覺月(승) 152, 169
　　→ 각훈覺訓(승)
각훈覺訓(승) 152, 169
　　→ 각월覺月(승)
간관諫官 82
감문위監門衛 93
감악사紺岳寺 37
갑과甲科 45
강경룡康慶龍 35
강화江華 94, 169
　　천도遷都 94, 137
개명改名 41~42
개반改班 103
개천사開天寺 170
거문고[琴] 191
　　연주 191~192
겸겸謙 선사(승) 170
경사 6학京師 六學 26
경업재敬業齋 26
경학經學 26, 29
계양桂陽 83, 84
계양도호부부사桂陽都護府副使 83, 114

좌천 83~85
고백정高伯挺 118
고영충高瑩忠 65
곡령鵠嶺 131
곡산鵠山 115
공납물貢納物 197
과거장의 글 49
과외課外 33
광릉후 왕면廣陵侯 王沔 170
광주廣州 71
교도敎導 29
9경九經 29
구사평丘思平 34
9재九齋 25, 26
9재도회九齋都會 32
구종龜從 116
「국선생전麴先生傳」 184
국자감國子監 26
국자감시國子監試 22, 38~41
　　동년 150~151
　　좌주 42, 58~59, 149~150
　　응시 39
　　불합격 39~40
　　합격 41~42
국자학國子學 26, 27
권근權近 35

권부權溥 122

귀법사歸法寺 29, 31, 32, 87, 166

귀향형歸鄕刑 92

규규 선사(승) 169, 197

규성奎星 41, 42

근곡촌根谷村 126, 127, 128

금양군金壤郡 24

금양현金壤縣 102, 103

금의琴儀 81, 83, 180

급작急作 30

기동奇童 25

김광정金光鼎 34

김구金坵 38

김극기金克己 66

김민성金敏誠 27

김방경金方慶 27

김사미金沙彌의 난 73

김생金生 198

김수자金守雌 34

김시정金施政 24, 102, 103

　→ 김중권金仲權

김신윤金莘尹 37

김양감金良鑑 48

김연성金練成 155

김연수金延脩 152

김영부金永富 40

김의화金義和 27

김인경金仁鏡 214

김적후金迪侯 65

김중권金仲權 102

　→ 김시정金施政

김창金敞 27, 32

김철金轍 188

김충金冲 65

ㄴ

나홍유羅興儒 34

낙성재樂聖齋 26

남헌장로南軒長老 167, 196

녹자綠瓷 193

　→ 청자靑瓷

녹자연적綠瓷硯滴 195

『논어論語』 27, 29

눈병[眼疾] 220

『능가경楞伽經』 196

『능엄경楞嚴經』 167

ㄷ

다방茶房 217

단독丹毒 218

달단達旦 93

　→ 몽고蒙古

당당 선사(승) 169

대빙재待聘齋 26

대중재大中齋 26

대화재大和齋 26

도연명陶淵明 40, 113, 196

도우道友 161

도참설圖讖說 42

돈식敦軾(승) 169

돈유敦裕(승) 170

동경東京·운문산雲門山 반란 73

『동국이상국집東國李相國集』 13

　간행 13

　편찬 153

동년同年 45, 149

동·서대비원東·西大悲院 217

동·서학당東·西學堂 25

동심우同心友 165
동지공거同知貢擧 44, 49, 149
동진사同進士 45, 46, 50
두목杜牧 112
두보杜甫 164
등석연燈夕宴 161

□

만선사萬善寺 92
망년우忘年友 145, 146
명경과明經科 43
모정茅亭 77, 78
몽고蒙古 93
　→ 달단達旦
몽여夢如(승) 170
묘엄妙嚴(승) 169
묵죽墨竹 199
문생門生 45, 149, 156, 157
　이규보의 문생 155~158
문순공文順公(이규보 시호) 225
문원文園의 병 213
문한관文翰官 78
문한직文翰職 59, 76
문헌공도文憲公徒 25, 28, 31
민간요법 219
민식閔湜 65
민영모閔令謨 47

ㅂ

바둑 197
박순朴純 46
박인저朴仁著 191
박정규朴廷揆 156
박환고朴還古 106, 162, 163, 164, 200

박훤朴暄 159
박희朴曦 156
백낙천白樂天 115, 196, 215
백운거사白雲居士 56, 130, 167
백운시百韻詩 58
백자주柏子酒 186
백주白酒 184, 185
「백주시白酒詩」 184
법원法源(승) 119, 170
『법화경法華經』 167
벼루[硯] 196
벼룻집[硯匣] 194, 195
벽곡술辟穀術 123
병과丙科 45
병마病魔 224
보정문保定門 93
보제사普濟寺 161, 170
『보한집補閑集』 165
보현사普賢寺 161
『본초경本草經』 215, 216, 217, 218
봉향리奉香里 132
부채[扇] 192
분사 태의감分司 太醫監 217

ㅅ

사가재四可齋 129, 130
『사기史記』 29
사륜정四輪亭 132, 200, 201~205
사마상여司馬相如 213
사문학四門學 26, 27
4예四藝 189
4인계四人契 158~162
사학私學 25
사학 12도私學徒 26, 31

→ 12도徒

산학算學 26

삼마三魔 116, 177

삼백三百 110, 119, 147

삼백운시三百韻詩 147

3사三史 29

3익우三益友 158, 162~165

3장연권법三場連卷法 38, 44

삼해주三亥酒 184

삼혹호선생三酷好先生 191

상약국尙藥局 217

상장尙長 123

상주尙州 60

색동塞洞 132

색마色魔 116, 117, 177, 192

생창生瘡 213

서교 초당西郊 草堂 129

서균형徐均衡 38

서대犀帶 82

서류부가혼留婦家婚 108

서실書室 190

서학書學 26

석곡환石斛丸 217

석창포石菖蒲 194

성동 초당城東 草堂 125

성명재誠明齋 21, 25, 26, 32, 33

성서城西 145

성서선생城西先生 130

성주成州 21

소갈병消渴病 213

소금素琴 191

소병素屛 191, 192

소주燒酒 186

손관孫冠 48

손득지孫得之 46

솔거노비 128

솔성재率性齋 26, 27

송광사松廣寺 170

송순宋恂 89, 91

송악 사우松嶽 祠宇 210, 211

송주松酒 186

수전풍手顫風 214

수정배水精杯 188, 189

수제원修製員 73, 74, 200

　자원自願 73~75

수주水州 21, 40

시마詩魔 116, 117, 177, 209, 210, 215, 223,
　224

시벽詩癖 210, 220

시후관施厚館 213

신 대장申 大丈 33

신례申禮 152, 154

신서申諝 36

『신집어의촬요방新集御醫撮要方』 216, 218

신품4현神品四賢 198

십운시十韻詩 42

12도徒 26, 28, 31

　→ 사학 12도私學 12徒

ㅇ

아라길阿剌吉 186

악성 종기[惡腫] 210~211

안신리安申里 132

안질眼疾 163, 220~224

　→ 눈병

안화사安和寺 169

　승려 169

안화사 연의정安和寺 漣漪亭 166, 169

앉은뱅이책상[几] 193
앵계리鸎溪里 130
앵무잔鸚鵡盞 186, 189
약점藥店 217
약점사藥店史 217
양 각교梁 閣校 131
양신성梁信成 156
양이量移 92
어류환御留歡(기생) 158
연적硯滴 194
영통사靈通寺 14, 79
예부시禮部試 43, 151
　동년 152~155
　좌주 45~ 47, 151~152
　합격 46~50
예주醴酒 184, 186
오가피주五加皮酒 186
오덕전吳德全 145, 164
　→ 오세재吳世才
오세공吳世功 147
오세문吳世文 110, 120, 147
오세재吳世才 60, 68, 145, 146, 148, 165
　→ 오덕전吳德全
　→ 현정선생玄靜先生
오천유吳闡猷 42, 91, 150
옥대玉帶 82
옴[疥] 218
왕王 선사(승) 169
왕유王猷 89, 90, 91
외거노비 128
용뇌龍腦 221
용담사龍潭寺 212
용두사龍頭寺 36
용흥사龍興寺 31, 32

우왕禑王 38
운문사雲門寺 161
운문산雲門山 200
운봉雲峰 169, 197
운제현雲梯縣 70
원부元傅 32
원선지元善之 217
원양윤元良允 155
원정국사圓靜國師(승) 36
월송화상月松和尙(승) 161
　→ 혜문惠文(승)
위도猬島 91, 150, 160
　유배 88~92
유경柳璥 47
유경현庾敬玄 188
유공권柳公權 42, 58, 59, 66, 70, 149, 151,
　152
유관儒官 77
유관 재상儒官 宰相 77
유서정兪瑞廷 120
유승단兪升旦 152, 153, 162, 197
　→ 유원순兪元淳
유신柳伸 198
유원순兪元淳 153
　→ 유승단兪升旦
유차孺茶 197
유천유兪千遇 47
유충기劉冲基 68, 114, 152, 158, 160, 161,
　162
6예六藝 189, 200, 203
윤동주尹東柱 231
윤우일尹于日 152
윤위尹威 65, 70
윤의尹儀 152, 153

율학律學 26
을과乙科 45
이 이부李 吏部 33,65
이경필李景泌 48
이계장李桂長 65
이관李灌 118,119
이규보 가문 102
　　　아내 109~118
　　　자녀 118~126
　　　처가 107~108
　　　친가 102~107
　　　외가 103
「이규보 묘지명」88,102,225
이균李囷 147
이담지李湛之 66,145,148
이돈李敦 155
이동민李棟民 27
이맹균李孟畇 36
이백李白 164
　→ 이태백李太白
이백순李百順 121,150,155
이백전李百全 122,150
이부李富 25,104
이색李穡 32,36,122,186
이세장李世長 65
이세화李世華 156
이수년李守年 156
이수심李守深 156
이수李需 165,225
이수진李守眞 156
이승장李勝章 27
이승휴李承休 32,36
이원로李元老 77
이유신李惟信 118,121,155,157

이윤보李允甫 77
이윤수李允綏 21,22,23,24,28,33,39,102,
　　103
이은백李殷伯 23,102
이의민李義旼 60,61
이인로李仁老 25,37,66,77,80,145,147,
　　179
이인저李仁氐(이규보 初名) 41
이정李程 148
이제李濟 118
이제현李齊賢 36,37,44,122
이종선李種善 36
이지명李知命 39,45,46,47,59,151,152,
　　154
이지저李之氐 47
이징李澄 33,118,121
이태백李太白 9,31,40
　→ 이백李白
이함李涵 13,95,118,153,221
이화李和 23,102
이화주梨花酒 186
익양후益陽侯 35
익우益友 165
인주 이씨仁州 李氏 147
일부일처제一夫一妻制 115
일암거사逸庵居士(승) 197
　→ 정분鄭奮
임유任濡 45,62,63,151,152,154
임춘林椿 48,49,60,145,148,164

ㅈ
자금어대紫金魚袋 82
자기 잔瓷杯 188
자녀균분상속子女均分相續 126

자오당自娛堂 84

잡과雜科 43

잡학雜學 27

장자목張自牧 58, 66, 144, 145

장주승선掌奏承宣 64

저고여著古輿 93

전당포典當鋪 전당 133~135, 163~164, 182

전이지全履之 106, 162, 163, 164, 197, 200

　→ 전탄부全坦夫

전주목사록 겸 장서기全州牧司錄 兼 掌書記

　67~68

　파면 69~70

전탄부全坦夫 163

　→ 전이지全履之

정문갑鄭文甲 120

정분鄭奮(승) 197

　→ 일암거사逸庵居士

정서鄭敍 92

정유鄭柔 106

정이안丁而安 18, 199

제술과製述科 43, 45

조강祖江 83, 115

조도재造道齋 26

조아차早芽茶 197

조염우趙廉右 156, 191

조영인趙永仁 17, 39, 62, 63, 64, 66, 113,

　152, 159

조충趙冲 63, 76, 152, 159, 169

조통趙通 145

종의鍾義(승) 168

『좌전左傳』 36

좌주座主 45, 149, 151, 157

주마酒魔 116, 117, 177, 215, 223, 224

『주역周易』 29, 36

주필走筆 16, 148

주필 이당백走筆 李唐白 9, 31

죽림7현竹林七賢 145

죽림고회竹林高會 39, 40, 145, 147

죽림고회 7현七賢 145, 164

　→ 7현七賢

죽부인竹夫人 191, 192

죽엽주竹葉酒 186

죽주竹州 92

지각知覺(승) 167, 168

지공거知貢擧 44, 149

지관止觀(승) 167, 168

지지헌止止軒 76, 196

진 수재晉 秀才 33

진강공晉康公 83

　→ 최충헌崔忠獻

진강산鎭江山 225

진강후晉康侯 80~81, 179~180

　→ 최충헌崔忠獻

진공도晉公度 68, 71, 109

진관사眞觀寺 36

진덕재進德齋 26

진승晋昇 107, 110

진식陳湜 152, 153

진아우眞我友 165

진양공晉陽公 198

　→ 최우崔瑀

진주眞珠(西京 기생) 116

진화陳澕 153, 161

질그릇 잔[瓦盞] 188

질항아리[陶罌] 187

ㅊ

차茶 197~198

차척車倜 89, 90
참직叅職 81, 180
채홍철蔡洪哲 217
천마산天磨山 56, 110, 130
천수사天壽寺 74, 167, 168
문전門前 166
승려 167~169
천우위 녹사참군사千牛衛 錄事叅軍事 79
천태종天台宗 168
철병鐵甁 197
청의동자 녹자연적靑衣童子 綠瓷硯滴 194~195
청자靑瓷 188, 193
→ 녹자綠瓷
청자 베개[綠瓷枕] 193
청자 술잔[綠瓷杯] 188
청주淸酒 185
초상화[眞] 199
초화주椒花酒 184
최광우崔光遇 65
최극문崔克文 152, 154
최당崔讜 37, 39, 62, 63, 79, 152
최보순崔甫淳 155
최선崔詵 62, 63, 75, 76, 79, 152, 159
최우崔瑀(최이崔怡) 13, 80, 81, 84~94, 148, 179~180, 183, 198, 221
→ 진양공晉陽公
최유崔濡 47
최이崔怡 13
→ 최우崔瑀
최자崔滋 165
최정빈崔正份 86
최종번崔宗藩·崔宗蕃 63, 135, 136, 158, 159, 160, 162
최종원崔宗源 159
최종재崔宗梓 159
최종준崔宗峻 159, 216, 217
최지崔址 156
최지몽崔知夢 87
최충崔冲 25, 28, 31
최충수崔忠粹 60, 61
최충헌崔忠獻 60~62, 64~67, 71, 76~81, 83, 85, 88~89, 148, 161, 179, 180
→ 진강공晉康公, 진강후晉康侯
충렬왕忠烈王 35
충선왕忠宣王 35
치사致仕 94
7현七賢 40, 60, 148, 147
교유交遊 145~148
→ 죽림고회竹林高會
칠호漆瓠 189

ㅌ

탁주濁酒 185
탄연坦然(승) 198
태의감太醫監 217
태학太學 26, 27

ㅍ

팔관회八關會 83, 86, 87, 88
음주 소동 86~88
풍류風流 190
피부병 218~219

ㅎ

하과夏課 29, 32, 181
하과장夏課場 31
하음 객사河陰 客舍 94, 137

하천도회夏天都會 31, 32

한광연韓光衍 152, 154

「한림별곡翰林別曲」 153, 160, 185, 186

한림원翰林院 78

『한서漢書』 29

한소韓韶 68, 71, 105, 109, 162

한열병寒熱病 60, 212

한홍도韓弘道 37

함순咸淳 66, 145, 148

향리鄕吏 가문 23, 28, 102

허열虛熱 214

현규玄規(승) 170

현장玄章(승) 168

현정선생玄靜先生 147

　　→ 오세재吳世才

혜구惠具(승) 36

혜문惠文(승) 136, 158, 161, 162, 169, 171

　　→ 월송화상月松和尙

혜민국惠民局 217

호박배琥珀杯 186, 189

홍원사洪圓寺 37, 43

홍주洪州 94, 221

화개사花開寺 212, 217

화계花溪 197

화악사華岳寺 161

활인당活人堂 217

황국주黃菊酒 184

황려 이씨黃驪 李氏 22

황려현黃驪縣 23, 60, 92, 102, 126

황보위皇甫緯 151, 152

황보탁皇甫倬 39

황보항皇甫抗 145

황빈연黃彬然 37

회동檜洞 130

회찬懷璨 68, 170

『효경孝經』 27, 29, 104, 123

『후한서後漢書』 29

훈訓 장로(승) 168

희希 선사(승) 136, 168

생
활
인
이
규
보

1판 1쇄 펴낸날 2013년 11월 22일
　　2쇄 펴낸날 2014년 9월 20일

지은이 ǀ 김용선
펴낸이 ǀ 김시연

펴낸곳 ǀ (주)일조각
등록 ǀ 1953년 9월 3일 제300-1953-1호.(구 : 제1-298호)
주소 ǀ 110-062 서울시 종로구 경희궁길 39
전화 ǀ 734-3545 / 733-8811(편집부)
　　　733-5430 / 733-5431(영업부)
팩스 ǀ 735-9994(편집부) / 738-5857(영업부)
이메일 ǀ ilchokak@hanmail.net
홈페이지 ǀ www.ilchokak.co.kr

ISBN 978-89-337-0667-1   93910
값 18,000원

* 지은이와 협의하여 인지를 생략합니다.

* 이 도서의 국립중앙도서관 출판시도서목록(CIP)은 서지정보유통지원시스템
  홈페이지(http://seoji.nl.go.kr)와 국가자료공동목록시스템(http://www.nl.go.kr/kolisnet)에서
  이용하실 수 있습니다.(CIP제어번호: CIP2013023367)